4

ESO

ECONOMÍA

RAMÓN CASTRO PÉREZ

W0359374

Usa este código para:

Acceder al
BANCO DE RECURSOS
y descargar el
LIBRO DIGITAL
disponibles en
www.anayaeducacion.es

ANAYA

ASÍ ES TU LIBRO

APERTURA DE UNIDAD

Cada unidad comienza con un breve texto en el que se aborda un aspecto relevante de los contenidos que se van a desarrollar en la unidad, junto con el esquema de esta.

Mediante una serie de ilustraciones y preguntas motivadoras, se te invita a reflexionar sobre los contenidos que abordarás en la unidad.

Economía y vida cotidiana. Casos de la vida cotidiana relacionados con la economía.

Planificamos. Esquema para presentar, de un vistazo, los contenidos de la unidad.

DESARROLLO DE LOS CONTENIDOS Y LAS ACTIVIDADES

Conceptos y argumentos económicos. Apartados en los que se exponen aquellos conceptos y argumentos económicos que favorezcan la comprensión de los contenidos tratados.

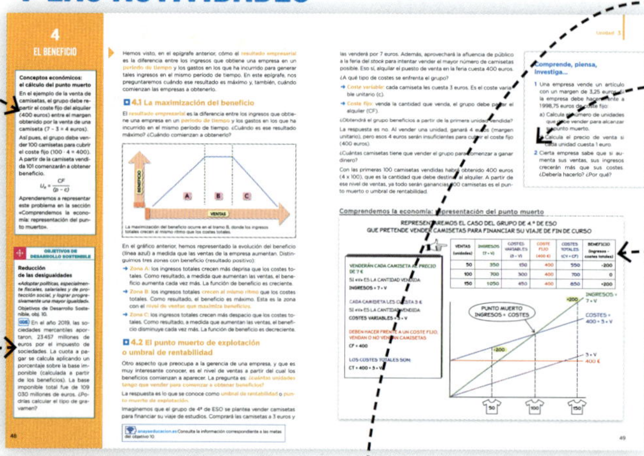

Los **iconos** incluidos en algunas actividades sugieren la clave del proyecto que puede aplicarse en cada caso.

Apartado específico sobre los **Objetivos de Desarrollo Sostenible** promovidos por la ONU.

Comprendemos la economía. Utilización de la técnica del Visual Thinking para destacar información especialmente relevante y hacerla fácilmente comprensible.

LAS CLAVES DEL PROYECTO

Compromiso ODS

Descubre los Objetivos de Desarrollo Sostenible y forma parte activa de nuestro compromiso para lograr un mundo más igualitario y habitable.

Plan Lingüístico

Pon en práctica tus destrezas comunicativas en los diferentes tipos de texto que te proponemos. El lenguaje siempre está presente, ¡comunícate!

Desarrollo del pensamiento

Trabaja estrategias de pensamiento: reflexiona sobre los contenidos que estás aprendiendo, genera ideas, organízalas, priorízalas, arguméntalas, exponlas...

Aprendizaje cooperativo

Implícate en tu aprendizaje y participa en el de todo el grupo; comprobarás que cooperar mejora el rendimiento y la convivencia en clase.

ENTRENA TUS CAPACIDADES

Propuesta para aplicar la clave de **evaluación.**

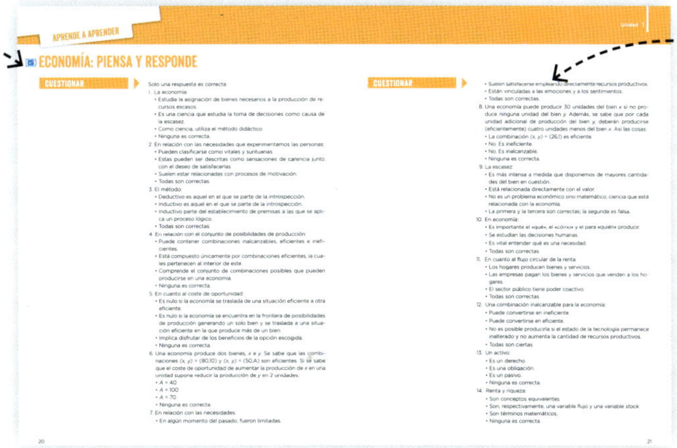
APRENDE A APRENDER
ECONOMÍA: PIENSA Y RESPONDE
CUESTIONAR
CUESTIONAR

Planteamiento de cuestiones que invitan a la aplicación del análisis económico.

CIERRE DE UNIDAD

Actividades para **comprobar lo aprendido** en la unidad que se puede incorporar al portfolio del alumnado.

COMPRUEBA TU APRENDIZAJE
NOTICIAS, REDES Y ECONOMÍA
Economía normativa y positiva
CUESTIONES

Noticias, redes y economía. Análisis de noticias de actualidad relacionadas con la actividad económica.

Propuesta de **autoevaluación interactiva** en la página web anayaeducacion.es.

Presentación de la **Revista digital** de la página web anayaeducacion.es con noticias sobre economía.

Educación emocional

Aprende a conocerte; identifica las situaciones que te generan emociones bloqueantes y gestiónalas con experiencias de autoafirmación constructiva.

Cultura emprendedora

Confía en tus aptitudes y conocimientos, desarrolla la creatividad, adáptate a las situaciones cambiantes y ten una actitud proactiva y responsable.

TIC

Aprende a obtener información, seleccionarla y aplicarla; a planificar, gestionar y elaborar trabajos; a colaborar en Red de forma ética y segura.

Orientación académica y profesional

Valora tus capacidades personales, descubre y despierta tu vocación, entrénate en la toma de decisiones y aprende a orientarte entre distintas opciones.

Evaluación

Descubre diversas estrategias para analizar qué has aprendido y cómo lo has aprendido; entrénate para asumir compromisos o superar dificultades.

ASÍ ES EL PROYECTO DIGITAL

www.anayaeducacion.es

Regístrate en **www.anayaeducacion.es**. Solo necesitas tener un correo electrónico, el código que se indica en la primera página de este libro y el permiso de tu padre, madre, tutor o tutora legales. Así podrás acceder al banco de recursos y descargar el libro digital.

LIBRO DIGITAL

Una versión digital de tu libro, que podrás usar en condiciones *offline* y *online*, con acceso a los recursos digitales tanto agrupados por tipologías como asociados a los contenidos de cada unidad.

BANCO DE RECURSOS

Un espacio con recursos, técnicas y actividades, diseñado para afianzar tus conocimientos.

RECURSOS RELACIONADOS CON LAS CLAVES DEL PROYECTO

Más sobre las claves

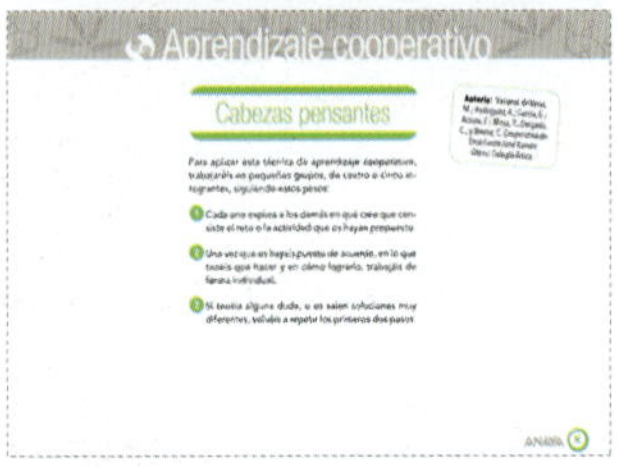

Compromiso ODS, con microvídeos que te ayudarán a conocer cuáles son las metas para alcanzar los Objetivos de Desarrollo Sostenible trabajadas en el proyecto.

Plan Lingüístico, con infografías que te darán las pautas para abordar el trabajo por medio de distintos tipos de textos (descriptivo, narrativo, expositivo, etc.).

Desarrollo del pensamiento, donde se incorporan explicaciones sobre cómo aplicar las distintas estrategias de pensamiento planteadas en el proyecto.

Aprendizaje cooperativo, que incluye la descripción de las técnicas de aprendizaje cooperativo propuestas en el proyecto.

Educación emocional, con orientaciones para superar la inquietud generada en diferentes situaciones de tu proceso de aprendizaje (inicio del curso, enfrentarte a un examen, etc.).

TIC, mediante fichas que reforzarán tu uso saludable, correcto y seguro de las tecnologías de la información y la comunicación.

Orientación académica y profesional, con información sobre diferentes profesiones vinculadas a los contenidos tratados en la asignatura.

Evaluación, se presentan orientaciones para hacer tu portfolio, así como rúbricas y dianas que facilitan tu autoevaluación.

RECURSOS DESTACADOS DE LA MATERIA

- ☐ Economía y vida cotidiana.
- ☐ Observatorio de economía.
- ☐ Actividades interactivas.
- ☐ Autoevaluación.
- ☐ Documentos.

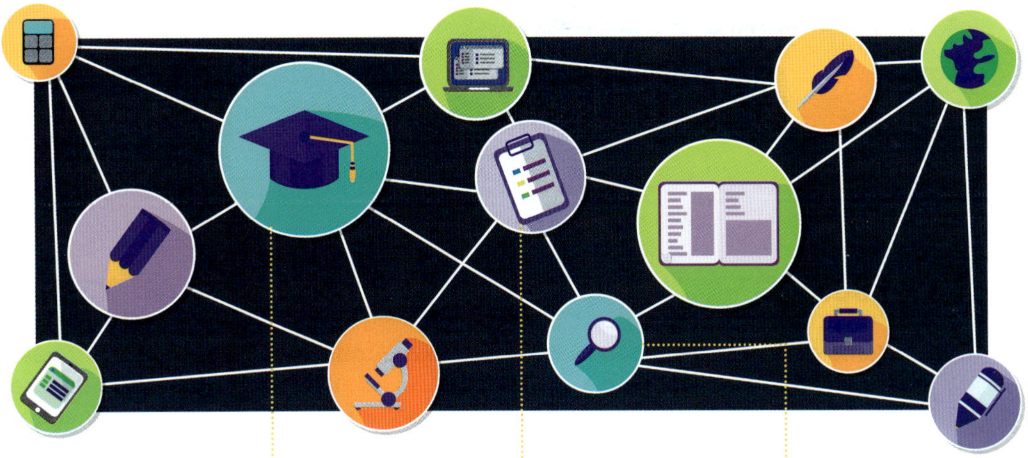

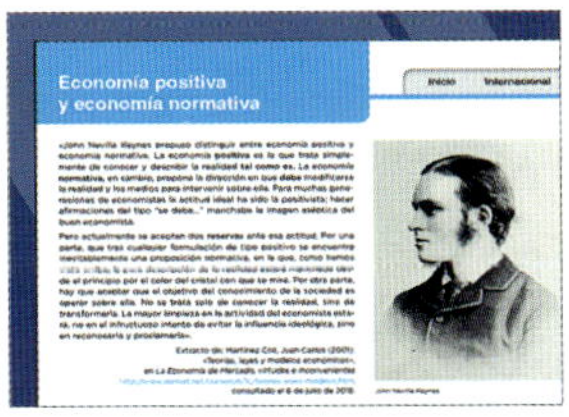

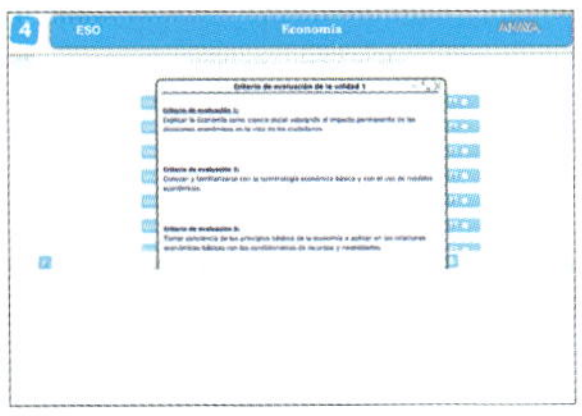

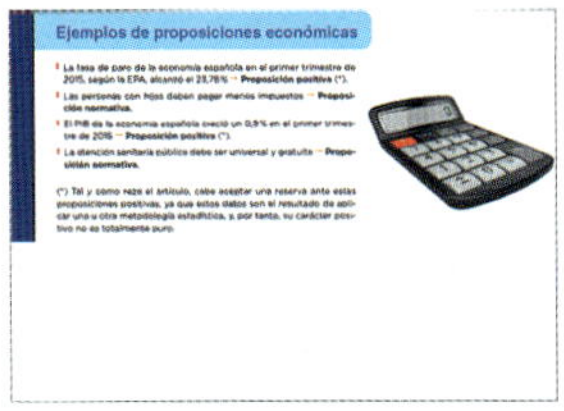

RECURSOS CLASIFICADOS POR UNIDADES

Todos los recursos clasificados para que puedas localizar fácilmente los relacionados con cada apartado de tu unidad.

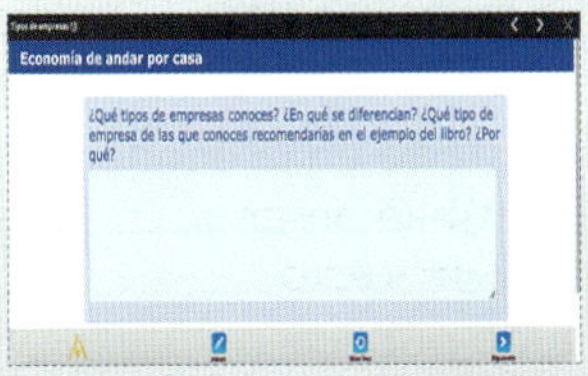

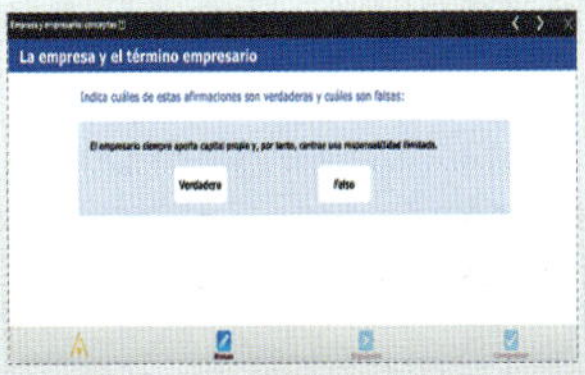

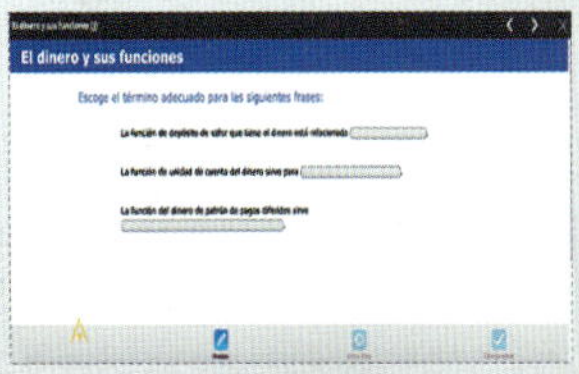

ASÍ SON LOS CONTENIDOS DEL CURSO

1 LA ECONOMÍA

2 LA EMPRESA (I)

3 LA EMPRESA (II)

4 ECONOMÍA PERSONAL

5 DINERO, SEGUROS Y CRÉDITO

6 EL SECTOR PÚBLICO

7 INTERÉS E INFLACIÓN

8 EL TRABAJO

9 ECONOMÍA INTERNACIONAL

1

LA ECONOMÍA

Una ciencia lúgubre

Thomas Carlyle (1795-1881) apostilló este calificativo a la incipiente ciencia económica. El porqué hay que buscarlo en las hambrunas de aquella época y en las conclusiones que parecían desprenderse de los escritos de Thomas Robert Malthus (1766-1834). En aquellos años, en los que la población crecía en progresión geométrica [2-4-8-16-32-64-...] y los alimentos lo hacían en progresión aritmética [2-4-6-8-10-12-...], parecía que la ciencia que debía explicar tales fenómenos no podría llamarse de otra manera.

Afortunadamente, la capacidad del ser humano para innovar y progresar, desarrollando nuevas formas de producción, acabó por paliar tales consecuencias, y la economía ahora es conocida por otros adjetivos, algunos no mejores que aquel. Lo que aquí nos importa realmente es comenzar el estudio de una ciencia que intenta explicar el comportamiento humano. Al fin y al cabo, la economía la hacen las personas en su vida diaria, así que cabría afirmar que existen épocas lúgubres, y no ciencias lúgubres.

anayaeducacion.es Consulta en el apartado «Economía y vida cotidiana» aspectos económicos.

PLANIFICAMOS

LA ECONOMÍA

- EL DILEMA ECONÓMICO
- LAS IDEAS BÁSICAS EN ECONOMÍA
- ¿POR QUÉ LA ECONOMÍA ES UNA CIENCIA?
- EL COSTE DE OPORTUNIDAD
- EL FLUJO CIRCULAR DE LA RENTA

El dilema económico

¿Qué estudia la economía? ¿Cuáles son sus interrogantes? ¿Qué problemas trata de resolver?

Términos básicos en economía

¿Qué leyes rigen el comportamiento económico? ¿Cuáles son sus conceptos básicos?

¿Por qué la economía es una ciencia?

¿Qué es el método científico? ¿Por qué se usa? ¿Qué ventajas tiene? ¿Es la economía una ciencia?

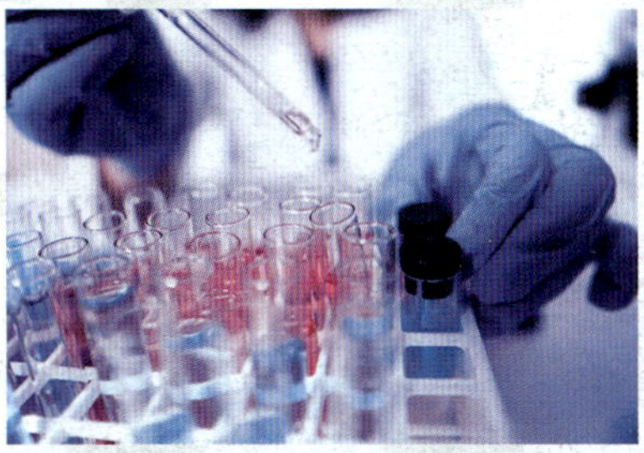

El coste de oportunidad

¿Por qué es tan difícil decidir? ¿Cómo deciden los países qué producir, cómo hacerlo y para quién hacerlo?

El flujo circular de la renta

¿Cuántos agentes económicos existen? ¿Cómo se relacionan entre ellos? ¿Cuáles son sus funciones principales?

1 EL DILEMA ECONÓMICO

eco-nomía → arte de administrar tu casa

La vida está repleta de dilemas cotidianos que las personas debemos resolver tomando decisiones para enfrentarnos al choque de dos conceptos contrapuestos: la **escasez** y las **necesidades humanas.**

1.1 La escasez

economía → la ciencia social que estudia como administrar unos recursos que son escasos para satisfacer unas necesidades que son ilimitadas

Casi todas las personas estamos de acuerdo en lo siguiente: **la escasez es una situación en la que cierto bien o servicio se encuentra en cantidades insuficientes.** (deseo) siempre tenemos el deseo de tener mas

¿Qué hay detrás de la palabra «insuficiente»?

Con toda seguridad, la idea de que podríamos darle un uso valioso a una cantidad adicional de ese bien o servicio. Pensemos, por ejemplo, en una situación cotidiana:

➜ Acudes al supermercado en busca de dos piezas de fruta, aunque únicamente puedes adquirir una de ellas porque posees una cantidad insuficiente de dinero. En este sentido, ¿podrías darle un uso valioso a una cantidad más de dinero? La respuesta es afirmativa, ya que deseas otra pieza de fruta. Acabas de entender que el dinero, como medio de pago, en estas condiciones, es escaso.

Pero, vayamos más lejos:

➜ ¿Es el agua un bien escaso? Sí. Siempre podremos encontrar un uso valioso para una cantidad adicional de agua. ¿Esto significa que el agua siempre tiene el mismo grado de escasez? No. El agua será tanto más escasa cuanto el uso que podamos proporcionarle sea más prioritario. Lo analizamos con mayor detalle en «Comprendemos la economía: escasez, valor y utilidad marginal».

1.2 Las necesidades humanas

Las personas experimentamos una necesidad cuando sentimos la **carencia de algo junto al deseo de satisfacerla.** Las necesidades humanas son, en principio, **ilimitadas.** Es decir, por regla general, las personas siempre experimentan necesidades y, cuando las satisfacen, vuelven a experimentar otras nuevas, más exigentes que las anteriores. Está en nuestra condición **humana.** Veamos una clasificación sencilla estas. Recuerda: una necesidad es la sensación de carencia de algo, unida al deseo de satisfacerla.

Tipo de necesidad	Descripción	Ejemplos
Primarias o vitales	Necesidades que deben satisfacerse para conservar la vida y preservar un mínimo grado de integridad física y dignidad.	Alimento Vestido Cobijo
Secundarias	De orden subjetivo, más o menos relevantes en función de quién las experimente. Por regla general, todas aquellas que no son vitales.	Disponer de un vehículo determinado Pasear por el campo
Individuales	Aquellas que se experimentan de manera individual.	Acudir al teatro Aprobar un examen
Colectivas	Aquellas que son experimentadas por un grupo de individuos.	Sanidad pública Educación pública Seguridad ciudadana

Comprende, piensa, investiga...

1 ¿Qué decisiones deben tomar las sociedades en relación con sus recursos limitados?

2 Clasifica las siguientes necesidades:

- Jugar al videojuego del momento.
- Consulta médica en el consultorio.
- Asistir a un musical.
- Estabilidad política.

3 ¿Qué relación crees que existe entre «escasez» y «valor»? Busca información en la red para enriquecer tu respuesta.

4 **Pienso, me interesa, investigo...** Imagina que el bienestar (B) proporcionado por el consumo de un bien X puede calcularse mediante la expresión siguiente:

$$B(X) = 3 \cdot X^{(1/3)}$$

- Calcula el bienestar que proporcionaría consumir las siguientes cantidades del bien X: 0, 1, 4, 9 y 16
- Representa en un eje de coordenadas los resultados anteriores (bienestar en ordenadas y unidades consumidas del bien X en abscisas).
- ¿Qué ocurre a medida que aumentamos el consumo del bien X? ¿Por qué?

1.3 El conflicto y la elección: la economía como ciencia

Los bienes y servicios nos ayudan a satisfacer nuestras necesidades. ¿Cuál es el problema?

- Producimos bienes y servicios a partir de recursos escasos.
- Los recursos pueden ser empleados en producir un bien u otro.
- Por tanto, satisfacer nuestras necesidades (ilimitadas) implica decidir cómo y en qué usamos los recursos (limitados). Esta contradicción (satisfacer necesidades ilimitadas con recursos limitados) solamente puede resolverse de una manera: las sociedades deben decidir qué, cómo y para quién producir.

Conceptos económicos: economía

La economía estudia **cómo las sociedades disponen sus recursos escasos** para producir bienes y servicios con los que **satisfacer sus necesidades ilimitadas.**

Comprendemos la economía: escasez, valor y utilidad marginal

Relacionemos «escasez» y «valor» con un ejemplo cotidiano para comprender estos conceptos económicos.

A. En un principio, esta persona experimenta mucha sed, por lo que el primer vaso de agua del que dispone lo dedica a satisfacer esta necesidad (vital y urgente). Su consumo le produce una gran satisfacción (pongamos, por ejemplo, que su bienestar aumenta en 50 puntos).

B. Esta persona continúa experimentando sed, aunque ya en menor medida. Decide emplear el segundo vaso de agua en satisfacer esta necesidad. Su bienestar sigue aumentando, aunque esta vez en menor medida pues ha mitigado, en gran parte, su sed.

C. Ante la posibilidad de disfrutar de un tercer vaso de agua, esta persona decide regar su planta de interior. Como vemos, una vez atendida la necesidad más imperiosa, comienza a dedicar unidades sucesivas a usos menos urgentes, menos valiosos para ella. Esta dinámica se mantendrá para vasos de agua posteriores (decidirá emplearlos en fregar el suelo y en rellenar el depósito de la plancha).

El mensaje es el siguiente: a medida que satisfacemos necesidades de orden superior, dedicamos las sucesivas unidades a satisfacer necesidades de orden inferior y las valoramos en menor medida. Su utilidad es cada vez menor.

x	Δu (x)	u (x)
	CAMBIO EN BIENESTAR	BIENESTAR TOTAL
1	+50	50
2	+40	90
3	+20	110
4	+10	120
5	+3	123

NECESIDAD

1. TENGO SED (MUCHA)
2. TENGO SED (MENOS)
3. RIEGO LA PLANTA
4. FRIEGO EL SUELO
5. RELLENO EL DEPÓSITO DE LA PLANCHA

EL AGUA SIEMPRE SERÁ UN RECURSO ESCASO, PORQUE SIEMPRE ENCONTRAREMOS UN USO VALIOSO PARA UNA CANTIDAD ADICIONAL DE ESTA. AHORA BIEN, A MEDIDA QUE CONSUMIMOS, **LAS UNIDADES ADICIONALES LAS DEDICAMOS A CUMPLIR NECESIDADES DE ORDEN INFERIOR,** QUE NOS PROPORCIONAN UNA SATISFACCIÓN MENOR.

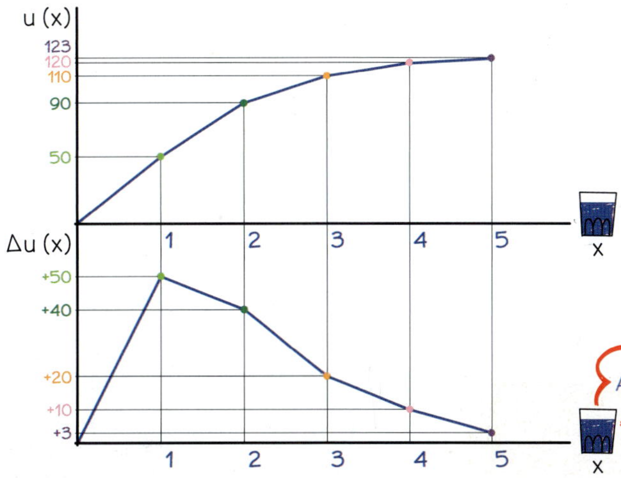

A ESTA EVIDENCIA SE LA CONOCE EN ECONOMÍA CON EL NOMBRE DE UTILIDAD MARGINAL DECRECIENTE.

¡CADA VASO ADICIONAL LO VALORO EN MENOR MEDIDA!

2

TÉRMINOS BÁSICOS EN ECONOMÍA

Comprende, piensa, investiga...

1 **Cabezas pensantes.** Discute en grupo acerca del significado de cada uno de los términos económicos fundamentales que has analizado en el epígrafe 2.1 y, posteriormente, establece un ejemplo cotidiano para cada uno de ellos. Realiza esta última tarea de manera individual.

2 En el año 2017, la renta anual neta media de un hogar español ascendía a 27 558 euros. Se sabe que, en el año 2018, esta renta aumentó un 3,12 por ciento y que, en el año 2019, la renta ascendía a 29 132 euros. Calcula:

a) La renta anual neta media de los hogares en el año 2018.

b) La variación que experimentó esta renta entre 2018 y 2019.

c) La variación que experimentó esta renta entre 2017 y 2019.

3 Según la Encuesta de Población Activa (EPA), en el segundo trimestre de 2020 existían 3368000 personas en situación de desempleo, de las cuales 1667100 eran hombres.

a) ¿Cuántas mujeres se encontraban en situación de desempleo durante ese trimestre?

b) ¿Qué porcentaje de mujeres desempleadas existía?, ¿y de hombres?

Las ideas centrales de la ciencia económica son, lejos de lo que pudiera parecer, sencillos **«Argumentos económicos: las ideas en economía»**. Sin embargo, frecuentemente se critica a quienes tienen que comunicarlas el uso de una jerga compleja para la mayoría de las personas. En este epígrafe, abordaremos alguno de estos conceptos e intentaremos explicar su significado de la manera más cotidiana posible.

2.1 Términos económicos fundamentales

Examinemos, en primer lugar, los términos que aparecen en la definición de economía que hemos proporcionado en el epígrafe anterior. La recordamos:

La economía estudia cómo las sociedades disponen de sus ***recursos*** *escasos para* ***producir bienes y servicios*** *con los que satisfacer sus necesidades ilimitadas.*

- **Bien:** todo aquello que permite satisfacer una necesidad. Puede ser tangible o intangible. En este último caso, lo denominaremos «servicio».
- **Recurso:** todo aquello que es necesario para poder obtener bienes y servicios. Podemos hablar aquí de:
  - Recursos naturales, los cuales pueden ser renovables (o no).
  - Capital: aquellos recursos, tangibles e intangibles, distintos a los naturales, que se emplean para obtener bienes y servicios. Por ejemplo, un vehículo o maquinaria (capital técnico tangible), *software* (capital técnico intangible) o las competencias de trabajo de las personas (capital humano).
- **Necesidad, escasez y elección:** que ya hemos tratado en el epígrafe anterior.

En una segunda aproximación, se encuentran otros conceptos que, aunque no aparezcan en la definición de economía, son importantes. Citamos algunos de ellos:

- **Valor:** cuestión que ha ocupado a muchas escuelas de pensamiento durante la historia de la humanidad. Se ha defendido que era la cantidad de trabajo necesaria para producir un bien. En la actualidad, existe cierto consenso en hacer descansar el valor de un bien sobre la expectativa que genera poder disponer de una unidad adicional de este.
- **Riqueza:** cantidad de bienes y derechos que se poseen en un momento determinado. Es una variable *stock*.
- **Renta:** corriente de ingresos que una actividad económica genera en un intervalo de tiempo y que, normalmente, es destinada a dos usos principales: gasto y ahorro. Su cuantía y empleo afectará al *stock* de riqueza. Es una variable flujo.
- **Activo:** todo aquello que supone un derecho o la posesión de un bien, con valor en el mercado.
- **Pasivo:** todo aquello que supone una obligación.
- **Mercado:** punto de encuentro entre oferta (personas que desean vender) y demanda (personas que desean comprar).

2.2 La economía: una ciencia estática y dinámica

La economía es una ciencia social y, como tal, estudia la acción humana. Esta última acontece en un momento determinado, pero también durante el transcurso del tiempo. Necesitamos, en ese caso, saber medir e interpretar correctamente los componentes de las variables económicas y su dinámica. Veamos un ejemplo sencillo, en relación con el gasto mensual de un estudiante universitario:

Tipo de gasto	Mes de enero (euros)	Porcentaje	Mes de enero año siguiente (euros)	Tasa de crecimiento anual
Alimentación	64	16 %	76,80	20 %
Vestido	8	2 %	8	0 %
Vivienda	156	39 %	159,90	2,5 %
Sanidad	16	4 %	16	0 %
Transporte	52	13 %	54,60	5 %
Ocio	64	16 %	69,12	8 %
Enseñanza	40	10 %	40,80	2 %
TOTAL	400	100 %	425,22	6,31 %

En la segunda columna de la tabla, hemos representado las cantidades que esta persona gasta mensualmente, clasificadas por tipos de gasto. En total, el presupuesto asciende a 400 euros. Pues bien, a partir de esta información:

- Podemos calcular **qué partidas de gasto han sido más importantes durante ese mes.** Esto lo conseguimos comparando cada gasto con el total de este. Así, por ejemplo, el gasto en vivienda del mes de enero supone el 39 por ciento del gasto total (su cálculo es sencillo: [156/400]·100).

Acabamos de calcular el peso relativo del gasto en vivienda. Recuerda: calcular un peso relativo implica comparar (dividir) la parte con el todo.

- También, una vez que dispongamos del gasto en el mismo mes, una vez transcurrido un año (tercera columna), podemos establecer **cómo han crecido cada una de las partidas de gasto en los últimos doce meses.** Tenemos la información en la cuarta columna, calculada a través de una tasa de variación. Por ejemplo, el gasto en alimentación creció un 20 por ciento en los últimos doce meses:

$$\frac{(76{,}80 - 64)}{64} \cdot 100 = 20\,\%$$

Recuerda: para calcular una tasa de variación, tienes que comparar (dividir) la diferencia temporal (valor final – valor inicial) con el valor inicial de la variable.

Argumentos económicos: las ideas en economía

*«Las ideas centrales de la teoría económica son muy simples: se reducen a poco más que la proposición de que **la gente,** por lo general, **aprovechará las oportunidades,** más la observación de que **mis oportunidades dependen a menudo de sus acciones, y viceversa».***

Paul Krugman: *El teórico accidental y otras noticias de la ciencia lúgubre.* Editorial Crítica, Barcelona, 1999.

3 POR QUÉ LA ECONOMÍA ES UNA CIENCIA

Comprende, piensa, investiga...

1 **Consecuencias y resultados (CyR).** Un equipo de investigación económica está preocupado por la relación entre la cantidad de dinero que existe en una economía y los precios de los bienes y servicios que se intercambian en ella. Para ello, parten de la siguiente premisa:

- *«Supongamos que, milagrosamente, a cada persona se le pusieran cinco euros en su bolsillo por la noche»* (texto adaptado de D. Hume. *Ensayos morales, políticos y literarios).*

A partir de esta premisa, realizan el siguiente razonamiento:

- Al despertar, cada persona acudirá al comercio a gastar este dinero «extra» en bienes y servicios.
- Sin embargo, la cantidad de estos bienes y servicios es fija a corto plazo y no pueden producirse más bienes para todos, por lo que los comerciantes terminarán subiendo los precios de venta.
- Los precios subirán, exactamente, hasta que las personas tengan el mismo poder de compra que el día anterior.
- Por tanto, el aumento de dinero no ha servido nada más que para aumentar los precios de venta.

a) Indica qué método científico de los que conoces se está empleando.

b) ¿Crees que el modelo resultante de esta lógica sería válido? ¿Por qué?

La economía cuenta con el **método científico,** de tal manera que la comunidad investigadora encuentre el camino más adecuado para lograr el bienestar social.

3.1 ¿Por qué un método?

Todas las ciencias intentan comprender y explicar una parte de la realidad que nos rodea. A la hora de hacerlo, es necesario reducir al máximo posible la presencia de dos factores presentes en esta realidad:

- La **incertidumbre:** que podemos entender como falta de certeza sobre algo. Si la ciencia pretende explicar un fenómeno, debemos dotarla de herramientas para reducir la incertidumbre.
- El **azar:** los resultados de la ciencia no deben ser producto de la mera casualidad o de la suerte. Ello nos generaría incertidumbre, y nunca sabríamos cuándo va a suceder algo que esperamos.

Para intentar contrarrestar estos dos factores y reducir su influencia, la ciencia usa lo que llamamos **método científico.** Podemos entender por método científico todos aquellos **procedimientos ordenados y sistemáticos** que permiten a la ciencia construir sus argumentos, leyes o tesis con el fin de conocer y explicar los fenómenos que rigen nuestra realidad, reduciendo el papel del azar y de la incertidumbre en ella. Toda ciencia requiere de un método.

3.2 El método inductivo y el método deductivo

La economía utiliza el método inductivo y el método deductivo.

Método inductivo

El método **inductivo** consiste en **explicar la realidad a partir de su observación.** Es un proceso que va **desde lo particular hasta lo general.** Por tanto, se parte de la observación de unos casos concretos y se concluye que la realidad debe comportarse de tal manera. En el proceso, se formulará una ley que explique el fenómeno estudiado.

- A Alicia, estudiante de 4º de ESO, le encanta la fruta y suele consumir cantidades importantes en casa. Sin embargo, reconoce que si tuviera que comprarla, probablemente, reduciría su consumo.
- Bernabé, compañero de Alicia, suele dejarse las luces de casa encendidas. Su familia le recuerda que si él tuviera que hacerse cargo de la factura, probablemente, las apagaría a menudo.
- Sara, hermana de Bernabé, reconoce que le encanta conducir el coche familiar, sobre todo porque no tiene que preocuparse por el precio de los repostajes. Eso sí, una vez que se independice y conduzca su propio vehículo, deberá hacerlo y, en ese caso, preferirá caminar en alguna que otra ocasión.

De la observación de estos casos particulares, **parece inducirse** que las personas desearíamos consumir cantidades altas de bienes y servicios siempre que su precio fuera nulo. Ahora bien, cuando debemos pagar un precio por ellos, estaríamos dispuestos a reducir el consumo. Este comportamiento, que se reproduce en todos los casos que observamos, podría ser expresado mediante una relación entre cantidad deseada (Qd) y precio del bien (p):

$$Q^d = a - b \cdot p$$

Esta expresión deberá ser **contrastada** con la realidad, empleando técnicas estadísticas. Si el contraste tiene éxito, la investigación podrá concluir que, si el resto de variables no varía, **la demanda de un bien depende negativamente de su precio de venta.**

Método deductivo

El método **deductivo** consiste en explicar la realidad a partir de la lógica. Es un proceso que **va desde lo general o abstracto hasta lo particular** (el camino inverso al método anterior). Por tanto, el investigador que usa este método parte de una idea o **premisa** que considera apropiada y, a partir de ella, usa la lógica para alcanzar conclusiones. En el proceso, habrá formulado un comportamiento o ley, el cual utilizará en casos similares. Veamos un ejemplo de ello:

- Las personas contamos con una renta mensual limitada y la empleamos en la adquisición de bienes y servicios que satisfacen nuestras necesidades.
- Los bienes y servicios tienen un precio en el mercado, así que, si el resto de variables permanece constante (gustos, consumo del resto de bienes, precio de otros bienes, renta, etcétera), estaríamos dispuestos a consumir más de un bien si su precio se reduce y menos si su precio aumenta.
- En el límite, si el precio se redujera a cero, nos gustaría consumir una cantidad elevada del bien, si el precio aumentara excesivamente, tenderíamos a dejar de consumirlo.

De la introspección realizada y de la secuencia lógica que se desprende de estas premisas, **parece deducirse** que las personas desearíamos consumir cantidades altas de bienes y servicios siempre que su precio fuera nulo.

Ahora bien, cuando debemos pagar un precio por ellos, estaríamos dispuestos a reducir el consumo. Este comportamiento, que se reproduce en todos los casos que observamos, podría ser expresado mediante una relación entre cantidad deseada (Q^d) y precio del bien (p):

$$Q^d = a - b \cdot p$$

La expresión a la que hemos llegado (a través de la introspección) deberá ser **contrastada** con la realidad, empleando técnicas estadísticas. Si, finalmente, los resultados del contraste garantizan que esta expresión reproduce el comportamiento humano, la investigación podrá concluir que, manteniéndose el resto de variables constantes, **la demanda de un bien depende negativamente de su precio de venta.**

Como hemos visto, es posible llegar a establecer la misma relación entre las variables (Q^d, p) a partir de los dos métodos. Eso sí, una vez planteada, deberemos emplear métodos cuantitativos (matemáticas, estadística) para contrastar el **modelo** con la realidad.

La investigación en economía nos ayuda, por tanto, a conocer las relaciones entre aquellas variables que están presentes en nuestra vida cotidiana y permite que gobiernos, empresas y hogares tomen decisiones óptimas, asumiendo el mínimo **coste de oportunidad,** concepto que estudiaremos en el próximo epígrafe.

Conceptos económicos: los modelos en economía

Los modelos económicos son una simplificación de la realidad, y surgen de la aplicación de los métodos inductivo y deductivo. En los ejemplos que hemos propuesto, el modelo de demanda de un bien quedaría formulado por la ecuación matemática $Q^d = a - b \cdot p$

Los modelos económicos sirven para contrastar las conclusiones a las que llega el investigador tras aplicar el método científico. Si los hechos de la realidad confirman los datos arrojados por el modelo, la teoría es válida (hasta que no se demuestre lo contrario).

4 EL COSTE DE OPORTUNIDAD

La economía se centra en la **elección.** Elegir no es gratis (en realidad, **nada es gratis**). **Elegir tiene un coste:** el «coste de oportunidad».

4.1 El coste de oportunidad

Cada vez que tomamos una decisión entre varias alternativas, incurrimos en un coste de oportunidad, porque dejamos de disfrutar las ventajas que nos hubieran reportado las opciones desestimadas. Cuando elegimos algo, estamos también rechazando otra opción. Aquello que dejamos de ganar, de disfrutar, de experimentar, de producir, es el coste de oportunidad. Veamos un ejemplo:

Supongamos que te encuentras en la disyuntiva «estudiar durante el fin de semana-salir el fin de semana». Cada una de estas opciones tendrá unas consecuencias que dependerán de lo que ocurra el lunes, que puede ser «hay examen sorpresa-no hay examen sorpresa». Debes tomar una decisión, así que te preguntas ¿qué puedo ganar y qué puedo perder en cada opción?

1. Si te quedas a estudiar y, finalmente, hay examen sorpresa, obtendrás una buena nota. Aunque, si no hay examen, te habrás perdido momentos de diversión. Eso sí, habrás estudiado y ya solo tendrás que repasar, por lo que valorarás esta opción con un cinco.
2. Si decides salir y, finalmente, hay examen sorpresa, probablemente suspenderás. Eso sí, en caso de no realizarse el examen, habrás vivido un buen fin de semana, que valorarás con un ocho (al fin y al cabo, ahora tendrás que estudiar durante la semana). Veamos todo esto en la siguiente tabla:

Tabla de satisfacción	Examen sorpresa	Sin examen sorpresa
Estudiar	10	5
Salir	3	8

¿Cuál es el coste de oportunidad de cada decisión?

1. Si, finalmente, hubo examen sorpresa y elegiste salir, obtuviste un 3 y habrías podido obtener un 10, por lo que dejaste de obtener 7 puntos. Si elegiste estudiar, obtuviste la máxima puntuación (coste de oportunidad nulo).
2. Si, finalmente, no hubo examen sorpresa y elegiste estudiar, obtuviste un 5 y habrías podido obtener un 8 (en satisfacción), así que dejaste de obtener 3 puntos de satisfacción. Hemos resumido toda esta información en la tabla siguiente:

Tabla de costes	Examen sorpresa	Sin examen sorpresa
Estudiar	0	3
Salir	7	0

Lo que viene a continuación es cosa tuya. Si decides estudiar y resulta que te equivocas, asumirás un coste de 3 unidades de satisfacción. Si decides salir y te equivocas, asumirás un coste de 7 unidades de satisfacción. ¿Qué eliges? Recuerda: sé racional.

Comprende, piensa, investiga...

1 Consulta la figura de la página siguiente y realiza las siguientes tareas:

a) Comprueba que la combinación gris es inalcanzable, sustituyendo sus valores (M, B) = (1000000, 25000) en la ecuación de la FPP.

b) Comprueba que la combinación verde es eficiente, llevando a cabo las mismas operaciones que en el apartado anterior.

c) Calcula el coste de oportunidad en el que incurre esta economía si, partiendo de la combinación azul, se traslada a la combinación verde. Realiza de nuevo el apartado, invirtiendo el sentido (de la verde a la azul).

d) Partiendo de la ecuación de la FPP, despeja la variable M y explica, sin realizar más cálculos, cuál sería el coste de oportunidad de aumentar la producción de bailes de salón en una unidad. Realiza, también, el problema inverso.

e) ¿Existe coste de oportunidad cuando la economía pasa de la combinación amarilla a la combinación verde? Explica la respuesta.

f) ¿Crees que sería posible alcanzar la combinación gris? Si tu respuesta es afirmativa, indica cómo podría lograrse.

4.2 El conjunto de posibilidades de producción

Imaginemos una economía que es capaz de producir mascarillas (M) y bailes de salón (B).

La pregunta que cabe realizarse es: ¿puede esta sociedad producir toda la cantidad de M y de B que desee? Evidentemente, no. Sus recursos materiales son limitados; también la fuerza de trabajo (población en edad de trabajar), y cuenta con una tecnología determinada por su capacidad de inversión y el conocimiento y la formación de sus habitantes. Esta sociedad deberá elegir qué cantidad de M y de B producirá.

Las combinaciones de M y de B que pueden producirse, dados sus recursos y tecnología, conforman el conjunto de posibilidades de producción (CPP), que hemos representado a continuación.

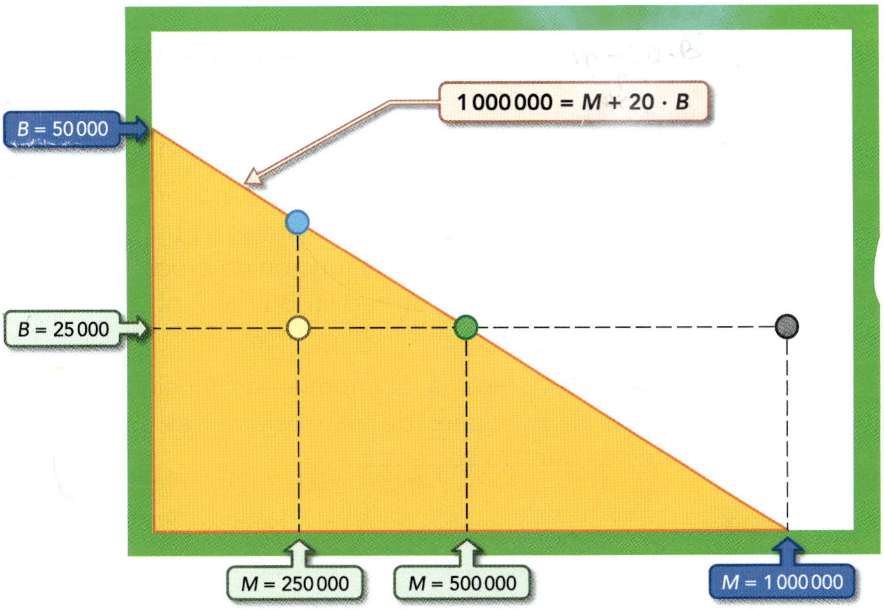

Hemos representado el CPP mediante el área de color naranja.

- **Las combinaciones que pertenecen al CPP son posibles.** Las que están fuera de este se denominan inalcanzables (puedes comprobar cómo la combinación gris lo es).
- Las combinaciones posibles se dividen en dos categorías: **ineficientes** y **eficientes.**
- La combinación amarilla (M, B) = (250 000, 25 000) es ineficiente, porque no se están aprovechando todos los recursos de la economía. Es más, podrían producirse más mascarillas y más bailes de salón si se activaran los recursos desempleados.
- Las combinaciones azul y verde son eficientes, porque se están aprovechando absolutamente todos los recursos de la economía. Estas combinaciones están situadas justo en la frontera exterior del conjunto. Esta línea recibe el nombre de frontera de posibilidades de producción (FPP).

OBJETIVOS DE DESARROLLO SOSTENIBLE

Producción y consumo responsables

«De aquí a 2030, lograr la gestión sostenible y el uso eficiente de los recursos naturales».

Objetivos de Desarrollo Sostenible, obj. 12.

ODS Consulta el documento «El ABC del CPS. Aclarando conceptos sobre el consumo y la producción sostenibles»

FPP. Eficiencia y coste de oportunidad

- **La FPP recoge todas las combinaciones eficientes de la economía.**

$$1\,000\,000 = M + 20 \cdot B$$

- **En la FPP no es posible pasar de una combinación a otra sin incurrir en un coste de oportunidad.**

Si la economía se halla en una combinación eficiente y desea aumentar la producción de un bien, necesariamente debe reducir la producción del resto de bienes.

anayaeducacion.es Consulta la información correspondiente a las metas del objetivo 12.

5 EL FLUJO CIRCULAR DE LA RENTA

Comprende, piensa, investiga...

1 Propón un ejemplo cercano para cada uno de los agentes económicos que has analizado en este epígrafe.

2 Representa gráficamente las relaciones económicas existentes entre los siguientes agentes:

a) Martín trabaja como asalariado en el taller mecánico de Lucía.

b) Elena es propietaria de una cafetería y emplea a Julia.

c) El ayuntamiento ha abierto una guardería pública en la que trabaja Carlos y a la cual Martín lleva a su hijo de dos años.

d) El ayuntamiento financia la guardería a través de los impuestos que recauda de los hogares y las empresas.

Para Alfred Marshall, célebre economista británico, la economía estudia «las acciones de la humanidad en las actividades ordinarias de la vida». En efecto, las personas realizamos actividades económicas, y estas implican la existencia de relaciones económicas. A continuación, estudiaremos cómo son estas relaciones, básicas en las sociedades.

5.1 Los agentes económicos

En las sociedades modernas existen tres tipos de agentes económicos, los cuales se relacionan con intensidad a través de las actividades económicas que llevan a cabo. Son los siguientes:

- **Economías domésticas (hogares):** reciben este nombre todas aquellas unidades de gasto cuya función principal es **consumir** y aportar **trabajo** al sistema económico. Puede decirse que todas las personas formamos parte de una economía doméstica, pues todas consumimos. Para comprender mejor el término, podemos pensar en un hogar, sea del tamaño que sea.
- **Empresas:** las empresas tienen una función principal, que es la de **producir** bienes y servicios que satisfacen necesidades. Para ello, deben emplear a las personas que conforman las economías domésticas y dependen de ellas para vender su producción al mercado.
- **Sector público (Estado):** todas las economías modernas cuentan con la intervención de este agente económico; interviene tanto ejerciendo la función de gasto como la función de producción, además de regular la convivencia y de redistribuir la renta usando su poder coactivo.

Detallamos en «Comprendemos la economía: las funciones de los agentes económicos» las funciones de los tres agentes económicos que están presentes en nuestra sociedad.

Comprendemos la economía: las funciones de los agentes económicos

ECONOMÍAS DOMÉSTICAS	EMPRESA PRIVADA	SECTOR PÚBLICO
FORMADA POR LOS HOGARES, CUALESQUIERA QUE SEA SU TAMAÑO Y CONDICIÓN	FORMADA POR LA INICIATIVA PRIVADA (MICROEMPRESAS, PYMES, GRAN EMPRESA)	FORMADO POR EL SECTOR PÚBLICO EMPRESARIAL Y EL SECTOR PÚBLICO CON FUNCIONES DE ASIGNACIÓN Y GASTO
* Consumen los bienes y servicios producidos por las empresas y por el sector público (gasto en consumo privado). * Aportan trabajo a las empresas y al sector público empresarial (fuerza de trabajo a cambio de remuneración). * Ahorran la parte de renta que no gastan en consumo (el ahorro debidamente canalizado generará inversión).	* Produce bienes y servicios demandados por las economías domésticas. * Recibe ingresos derivados de la venta de tales bienes y servicios. * Contrata fuerza de trabajo de las economías domésticas, pagando por ello una remuneración. * Genera un excedente en forma de beneficios que, debidamente canalizados, genera flujos de inversión.	* Produce bienes y servicios de especial naturaleza (educación, sanidad, defensa nacional, infraestructuras públicas, etc.). * Redistribuye la renta a través de impuestos y subvenciones. * Realiza funciones de gasto (consumo público).

5.2 El flujo circular de la renta

Hogares, empresas y sector público se relacionan generando flujos de renta. A continuación, las abordamos con un mayor detalle:

- Los hogares prestan su fuerza de trabajo a las empresas **(flujo real).**
- Las empresas pagan un salario a los hogares **(flujo monetario).**
- Las empresas, gracias al trabajo proporcionado por los hogares, producen bienes y servicios que venden a los hogares **(flujo real).**
- Los hogares, a cambio, pagan estos bienes y servicios a las empresas **(flujo monetario).**

Esta situación se repite de manera indefinida, como puede apreciarse en el gráfico inferior. Como has podido observar, los flujos reales generan flujos de renta y estos, a su vez, vuelven a generar flujos reales. A este mecanismo se lo conoce en economía con el nombre de «flujo circular de la renta».

¿Qué ocurre con el agente restante, el sector público?

El sector público es un agente económico especial. Su principal característica es que posee **poder coactivo.** Es decir, tiene la capacidad de usar la fuerza para conseguir alguno de los siguientes efectos:

- Que hogares y empresas hagan lo que deben hacer **(obligar).**
- Que hogares y empresas no hagan lo que no deben hacer **(prohibir).**
- Imponer sanciones si hogares y empresas incumplen la Ley **(castigar).**
- Ejecutar acciones que deberían realizar empresas y hogares **(sustituir).**

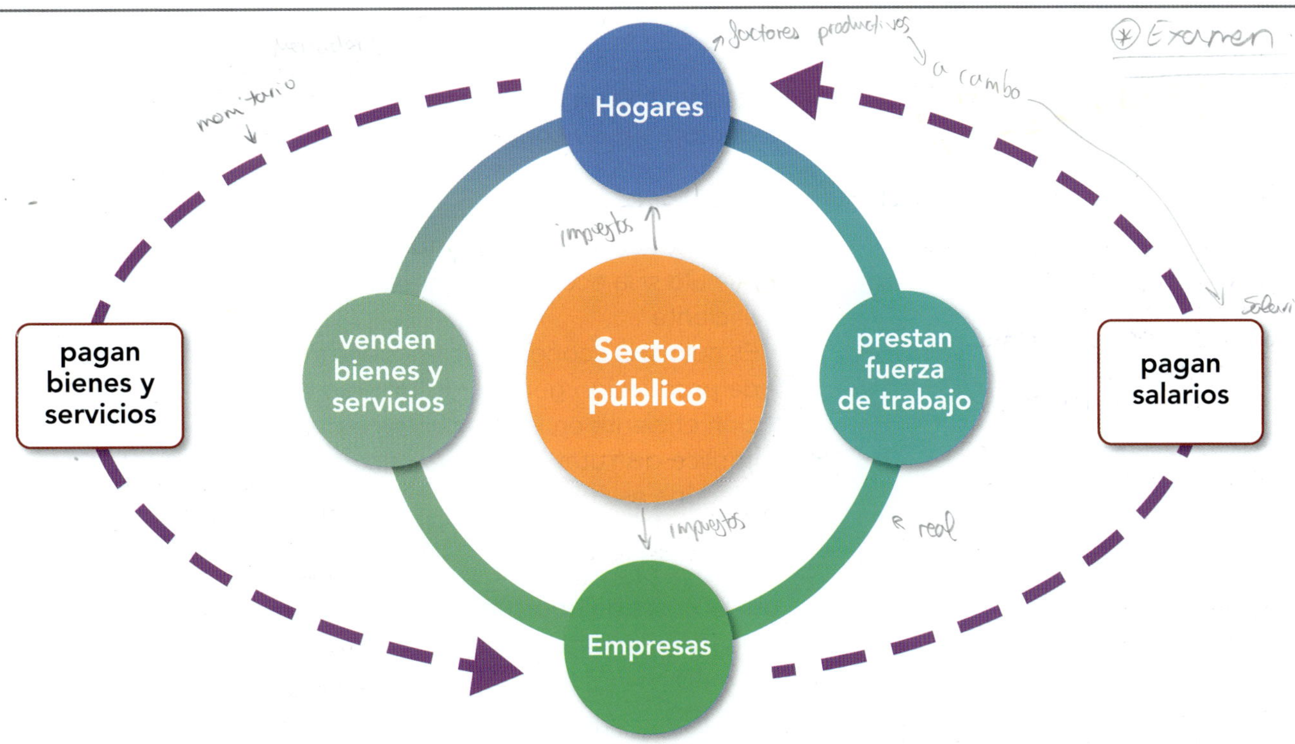

Los agentes económicos generan relaciones reales (entregas de bienes y servicios y prestación de trabajo) que, a su vez, generan flujos monetarios (rentas) que vuelven a ser empleados en nuevos flujos reales. A esta dinámica se la conoce como «flujo circular de la renta».

ECONOMÍA: PIENSA Y RESPONDE

CUESTIONARIO

Solo una respuesta es correcta:

1. La economía:
   - Estudia la asignación de bienes necesarios a la producción de recursos escasos.
   - Es una ciencia que estudia la toma de decisiones como causa de la escasez.
   - Como ciencia, utiliza el método didáctico.
   - Ninguna es correcta.
2. En relación con las necesidades que experimentamos las personas:
   - Pueden clasificarse como vitales y suntuarias.
   - Estas pueden ser descritas como sensaciones de carencia junto con el deseo de satisfacerlas.
   - Suelen estar relacionadas con procesos de motivación.
   - Todas son correctas.
3. El método:
   - Deductivo es aquel en el que se parte de la introspección.
   - Inductivo es aquel en el que se parte de la introspección.
   - Inductivo parte del establecimiento de premisas a las que se aplica un proceso lógico.
   - Todas son correctas.
4. En relación con el conjunto de posibilidades de producción:
   - Puede contener combinaciones inalcanzables, eficientes e ineficientes.
   - Está compuesto únicamente por combinaciones eficientes, la cuales pertenecen al interior de este.
   - Comprende el conjunto de combinaciones posibles que pueden producirse en una economía.
   - Ninguna es correcta.
5. En cuanto al coste de oportunidad:
   - Es nulo si la economía se traslada de una situación eficiente a otra eficiente.
   - Es nulo si la economía se encuentra en la frontera de posibilidades de producción generando un solo bien y se traslada a una situación eficiente en la que produce más de un bien.
   - Implica disfrutar de los beneficios de la opción escogida.
   - Ninguna es correcta.
6. Una economía produce dos bienes, x e y. Se sabe que las combinaciones (x, y) = (80,10) y (x, y) = (50,A) son eficientes. Si se sabe que el coste de oportunidad de aumentar la producción de x en una unidad supone reducir la producción de y en 2 unidades:
   - $A = 40$
   - $A = 100$
   - $A = 70$
   - Ninguna es correcta.
7. En relación con las necesidades:
   - En algún momento del pasado, fueron limitadas.

CUESTIONARIO

- Suelen satisfacerse empleando directamente recursos productivos.
- Están vinculadas a las emociones y a los sentimientos.
- Todas son correctas.

8. Una economía puede producir 30 unidades del bien *x* si no produce ninguna unidad del bien *y*. Además, se sabe que por cada unidad adicional de producción del bien *y*, deberán producirse (eficientemente) cuatro unidades menos del bien *x*. Así las cosas:
   - La combinación *(x, y)* = (26,1) es eficiente.
   - No. Es ineficiente.
   - No. Es inalcanzable.
   - Ninguna es correcta.
9. La escasez:
   - Es más intensa a medida que disponemos de mayores cantidades del bien en cuestión.
   - Está relacionada directamente con el valor.
   - No es un problema económico sino matemático, ciencia que está relacionada con la economía.
   - La primera y la tercera son correctas; la segunda es falsa.
10. En economía:
    - Es importante el «qué», el «cómo» y el para «quién» producir.
    - Se estudian las decisiones humanas.
    - Es vital entender qué es una necesidad.
    - Todas son correctas.
11. En cuanto al flujo circular de la renta:
    - Los hogares producen bienes y servicios.
    - Las empresas pagan los bienes y servicios que venden a los hogares.
    - El sector público tiene poder coactivo.
    - Todas son correctas.
12. Una combinación inalcanzable para la economía:
    - Puede convertirse en ineficiente.
    - Puede convertirse en eficiente.
    - No es posible producirla si el estado de la tecnología permanece inalterado y no aumenta la cantidad de recursos productivos.
    - Todas son ciertas.
13. Un activo:
    - Es un derecho.
    - Es una obligación.
    - Es un pasivo.
    - Ninguna es correcta.
14. Renta y riqueza:
    - Son conceptos equivalentes.
    - Son, respectivamente, una variable flujo y una variable *stock*.
    - Son términos matemáticos.
    - Ninguna es correcta.

COMPRUEBA TU APRENDIZAJE

1 Justifica si las siguientes afirmaciones son verdaderas o no, redactando correctamente las que identifiques como no válidas:

a Los recursos son ilimitados y las necesidades limitadas. De ahí el problema o dilema económico.

b El coste de oportunidad es nulo cuando una economía decide pasar de una combinación productiva eficiente a otra eficiente.

c Las economías domésticas producen bienes y servicios, que venden a las empresas, en las cuales trabajan.

d El método inductivo parte de lo abstracto o general y llega a lo particular. Es, además, propio de las ciencias sociales.

2 Examina el gráfico siguiente, correspondiente a una economía que produce robots (R) y todo lo demás (TLD):

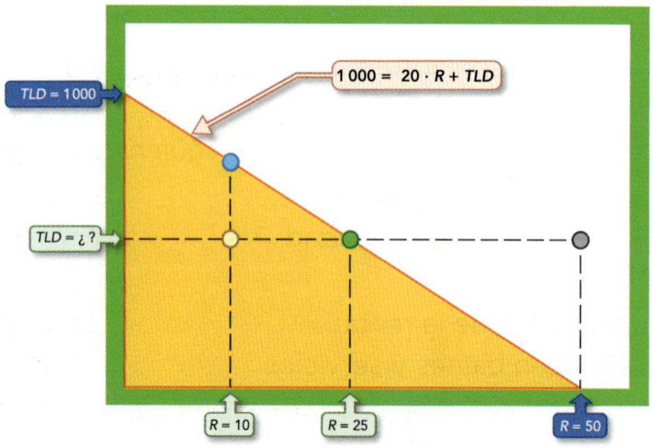

a Calcula, a partir de la expresión de la FPP, el coste de oportunidad de aumentar la producción de robots en una unidad. ¿Cuál será el coste de oportunidad de aumentar la producción de todo lo demás en una unidad? ¿Qué relación guardan los costes de oportunidad que has calculado?

b Encuentra los valores de la combinación amarilla. ¿Cómo es esta combinación? ¿Podría la economía alcanzar las combinaciones verde y azul? ¿Cuáles son sus valores? ¿En qué coste de oportunidad incurriría?

3 Calcula o expresa, según los casos, los diferentes costes de oportunidad que adviertas en las siguientes situaciones:

a La familia de Juan ha decidido marcharse de vacaciones por Europa en agosto, utilizando la paga extra de julio que cobran su padre y su madre.

b Inés cuenta con una paga semanal de 10 euros que emplea normalmente en los recreos y en el fin de semana. Su amiga Elena cumple años la semana que viene e Inés desea comprarle un reloj (7 €) para sorprenderla.

c Alfredo se encuentra comprando en el supermercado. Debe decidir si se queda con medio kilogramo de mortadela (1 €) o si escoge medio kilogramo de jamón cocido extra (3 €).

d María es dueña de una bodega que produce dos tipos de vino: blanco y tinto. El vino tinto producido es exportado en su totalidad a bajos precios, mientras que el vino blanco se coloca a precios mayores en el mercado nacional, aunque en menores cantidades.

4 Confecciona un mapa donde incluyas las relaciones económicas que tienen tus familiares y/o amistades (dónde y en qué trabajan, qué hacen con el dinero que ganan, dónde guardan sus ahorros, a quién pagan impuestos, etc.), y etiquétalos según el tipo de agente económico que sean.

5 Según una investigación económica, el comportamiento de la demanda mensual individual de mascarillas FFP2 en época de pandemia era:

$$Q^D = 30 - 3 \cdot p + \frac{1}{10} \cdot R$$

donde Q^D representa las mascarillas que se deseaban adquirir; *p*, su precio de venta, y *R*, la renta diaria del individuo.

a Determina la demanda mensual de este tipo de mascarillas si su precio era de 2 euros y la renta diaria del individuo de 50 euros.

b Representa la cantidad demandada en función de su precio. Coloca la cantidad demandada en el eje de abscisas y el precio en el eje de ordenadas. Hazlo suponiendo que el valor de la renta diaria es 50 euros.

c ¿Cómo es la función que acabas de representar? ¿Por qué crees que es así? ¿Qué relación intuyes entre precio de la mascarilla y cantidad demandada?

d Ahora representa la cantidad demandada en función de la renta diaria individual. Coloca la cantidad demandada en el eje de abscisas y la renta en el eje de ordenadas. Hazlo suponiendo que el precio es 2 euros.

e ¿Cómo es la función que acabas de representar? ¿Por qué crees que es así? ¿Qué relación intuyes entre renta individual diaria y cantidad demandada?

anayaeducacion.es Realiza la autoevaluación interactiva de la unidad.

NOTICIAS, REDES Y ECONOMÍA

Economía normativa y positiva

En el epígrafe 3 de esta unidad hemos visto que la ciencia emplea el método científico.

En el caso de la economía, son habituales el uso del método inductivo y del método deductivo. Este último, que parte de la introspección, establece premisas y proposiciones que originan un proceso lógico conducente a la formulación de un modelo económico, que deberá someterse a contraste con la realidad.

Ahora bien, ¿son todas las premisas válidas? ¿Se puede en la investigación partir de cualquier supuesto? Pisamos un terreno resbaladizo, así que debemos conducirnos con sumo cuidado, pues si partimos de premisas falsas o imaginarias, no estaremos siendo fieles a la realidad.

Esta cuestión nos lleva a introducir los dos tipos de proposiciones económicas que podemos encontrarnos en economía: las proposiciones **normativas** y las proposiciones **positivas.** Tal es su importancia que la economía puede dividirse en economía normativa y en economía positiva.

Veamos en qué consisten estos dos tipos de premisas.

→ **Una proposición económica es normativa cuando contiene un juicio de valor** y, por lo tanto, al incluir una opinión o sesgo de quien la realiza, se aleja de ser completamente objetiva. **Las proposiciones normativas nos hablan de lo que «debe ser»** y las relaciones que plantean no están completamente contrastadas con la realidad. Es muy habitual encontrar este tipo de proposiciones en la vida cotidiana.

→ **Una proposición económica es positiva cuando no contiene ningún juicio de valor** y puede afirmarse que es objetiva. **Las proposiciones positivas nos hablan de lo que «es»** y las relaciones que plantean se han contrastado y comprobado con la realidad, por lo que los datos corroboran su validez. Este tipo de proposiciones las encontraremos en los trabajos de investigación académicos.

Ejemplo de proposición normativa (lo que «debe ser» o «creo que debe ser»):

Las personas mayores deben jubilarse antes para que, así, los jóvenes puedan acceder a un empleo.

Ejemplo de proposiciones positivas (lo que «es»):

Investigaciones económicas han determinado que:

a) Altas tasas de empleo de personas mayores coinciden con altas tasas de empleo juvenil.

b) Reducir el empleo de personas mayores no ofrece mayores oportunidades de empleo a personas jóvenes.

CUESTIONES

1. **Asamblea de ideas.** ¿Crees que en la actualidad existe alguna sociedad que no plantee proposiciones normativas? Explica tu respuesta.

2. Identifica las siguientes proposiciones económicas como positivas o como normativas:

   a) «Sería conveniente que los ciudadanos contrataran planes de pensiones privados».

   b) «En septiembre de 2020, la mejora del empleo se explica por la mayor contratación en el sector público».

   c) «El nivel de deuda pública española ascendía al 110,1 % del producto interior bruto de España, en el segundo trimestre de 2020».

   d) «Las grandes empresas deben pagar más impuestos».

Cambio en las tasas de empleo de EE. UU.

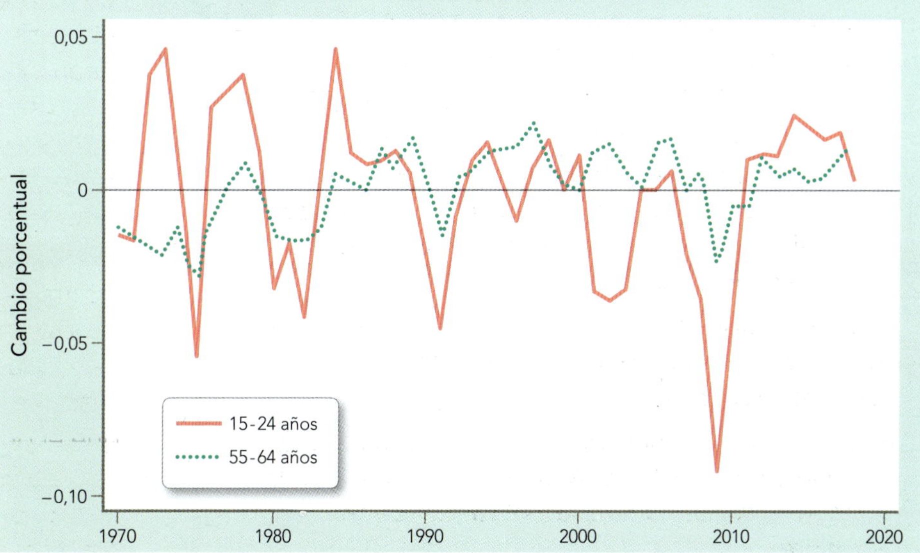

anayaeducacion.es Consulta en «Revista Digital» noticias sobre economía.

2

LA EMPRESA (I)

¿Qué son y qué hacen?

Las empresas conforman uno de los tres pilares fundamentales sobre los que descansan las economías (empresas, hogares y sector público). Ostentan, como función principal, la producción de bienes y servicios y la mayoría de la población trabaja en ellas (casi trece millones de asalariados y tres millones de trabajadores por cuenta propia en el tercer trimestre de 2020). Las empresas contribuyen al crecimiento económico y al crecimiento económico.

Las empresas, además, son sistemas que se relacionan con su entorno, produciendo efectos positivos que deben potenciarse y, también, negativos, que deben minimizarse. La gran mayoría de empresas son conscientes de su responsabilidad social, integrando en su gestión estos efectos, contribuyendo de esta forma a la creación de valor, a través de la innovación, posible gracias a la competencia.

anayaeducacion.es Consulta en el apartado «Economía y vida cotidiana» aspectos económicos.

PLANIFICAMOS

- LA EMPRESA (I)
  - EMPRESA Y PERSONA EMPRESARIA
  - LA EMPRESA INDIVIDUAL
  - SOCIEDADES MERCANTILES
  - PRODUCCIÓN Y PRODUCTIVIDAD
  - TEORÍA DE LA PRODUCCIÓN

Empresa y persona empresaria

¿Qué es una empresa? ¿Cuáles son sus elementos? ¿Qué hacen las personas empresarias?

La empresa individual

¿Sabes cómo puedes poner en marcha una empresa individual? ¿Cuáles son los requisitos? ¿Ventajas? ¿Inconvenientes?

Sociedades mercantiles

¿Qué significan las siglas S.A., S.L. o S. Coop.? Todos las hemos visto rotuladas en las sedes de algunas empresas. ¿Qué son las sociedades mercantiles? ¿Son diferentes de las empresas individuales?

Producción y productividad

¿Cómo producen las empresas? ¿Cómo deciden qué factores utilizar? ¿Sirven todas las formas de producir? ¿Qué es la productividad?

Teoría de la producción

¿Qué tiene que decir la teoría económica en relación con las decisiones de producción de la empresa? ¿Son el capital y el trabajo factores iguales y perfectamente sustituibles?

1 EMPRESA Y PERSONA EMPRESARIA

Comprende, piensa, investiga...

1 Explica con tus propias palabras qué es para ti una empresa y qué tareas crees que debe desempeñar una persona empresaria.

2 Clasifica los siguientes elementos de una empresa según sean capital humano, financiero o técnico:

- Impresora y fax en una oficina.
- Consejero delegado.
- Préstamo bancario a devolver en dos años.
- Socio de una sociedad limitada.
- Marca de la empresa.

3 Escoge una empresa de tu localidad o barrio y prepara un cuestionario con las acciones de RSE que has estudiado en la sección «Comprendemos la economía». Concierta una cita con la persona encargada de la gerencia de la empresa y pregúntale acerca de la existencia de cada una de tales acciones. Pista: puedes realizar un cuestionario donde se valore la presencia de estas políticas de 0 (nada) a 5 (muy presente).

Las empresas producen, generan puestos de trabajo, valor e impulsan la innovación y el desarrollo de nuevos productos.

1.1 Concepto de empresa

Bueno Campos define la empresa como «la unidad económica que combina los distintos factores productivos, ordenados según una determinada estructura organizativa, y dirigidos sobre la base de cierta relación de propiedad y control, con el ánimo de alcanzar unos objetivos, entre los que destaca el beneficio empresarial».

- **Factores productivos:** recursos a partir de los cuales pueden obtenerse bienes y servicios; principalmente, **capital** y **trabajo.**
- **Estructura organizativa:** capital y trabajo deben combinarse y organizarse de tal manera que puedan ofrecerse bienes y servicios de la manera más eficiente. Será la dirección de la empresa la encargada de tal tarea.
- **Dirigir:** Planificar + Organizar + Motivar + Supervisar.
- **Propiedad y control:** en las pequeñas empresas, propiedad y control suelen recaer sobre la misma persona. No ocurre así en empresas más grandes (cooperativas, sociedades anónimas, etc.).
- **Objetivos:** las empresas que crean valor a los clientes y a la sociedad en general logran vender sus productos, asegurando su viabilidad a través de la obtención de beneficios y prolongando su existencia.

1.2 Elementos de la empresa

La empresa es un sistema (conjunto donde sus elementos están interconectados entre sí). La dirección se encargará de coordinarlos (capital y trabajo) para que la empresa pueda alcanzar sus objetivos con éxito.

- **Capital humano (trabajo):** principal factor productivo. Sin él, la empresa no podría obtener ningún bien o servicio. Distinguimos:
  - Personal asalariado: personas que prestan su fuerza de trabajo a cambio de un **salario** y **reconocimiento personal.** Son la plantilla de la empresa.
  - Propietarios: personas que **han aportado el capital inicial** para poder comenzar a operar a cambio de futuros beneficios.
  - Personal directivo: personas que se encargan de **coordinar el capital y el trabajo** para que la empresa consiga sus metas, a cambio de una remuneración y de reconocimiento personal.
- **Capital técnico:** inversiones necesarias para que la empresa pueda realizar su actividad y generar efectivo. Lo denominaremos **activo.** Distinguimos:
  - Activo tangible: maquinaria, construcciones, instalaciones, materiales, mercancías, materias primas, etc.
  - Activo intangible: patentes, derechos de propiedad, *software,* etc.
- **Capital de financiamiento:** recursos financieros empleados para adquirir el capital técnico. Lo denominaremos **patrimonio neto y pasivo** (aportaciones de propietarios, beneficios no distribuidos, préstamos bancarios, financiación de proveedores, etc.).

1.3 Las personas empresarias

Son personas empresarias las que organizan por su cuenta capital y trabajo, para producir bienes y servicios.

A lo largo de la historia, el término «empresario» ha sido entendido de diversas maneras:

- **Visión clásica:** aporta capital y dirige el negocio directamente.
- **Marshall:** quien organiza y dirige sin que, necesariamente, aporte capital.
- **Knight:** asume el riesgo del negocio, adelantando salarios y capital sin conocer si podrá recuperar la inversión.
- **Schumpeter:** innova, siendo responsable del proceso de destrucción creadora.
- **Bueno Campos:** quien hace posible que el capital humano esté motivado y perciba las metas de la empresa como propias.

Conceptos económicos: el balance de situación

Las empresas cuentan con activos que han sido adquiridos gracias a que tanto propietarios como entidades ajenas han aportado los fondos necesarios **(patrimonio neto y pasivos).**

Las empresas valoran (a fecha determinada) sus activos, pasivos y patrimonio neto en un documento contable, llamado balance de situación.

Comprendemos la economía: responsabilidad social empresarial (RSE)

Las empresas se relacionan con su entorno, generando **consecuencias** sobre este. Por ejemplo, cuando una empresa se localiza en una comarca, contrata mano de obra, generando puestos de trabajo. Además, será habitual que contrate servicios de otras empresas de la comarca, provocando, de esta forma, efectos beneficiosos indirectos. Actualmente, **la actuación de las empresas sobre su entorno es tenido muy en cuenta por los diferentes actores económicos.** Clientes, administraciones públicas, proveedores y sociedad en general desean que las empresas tengan en cuenta todos los efectos que generan, potenciando los favorables y minimizando los negativos. **Las empresas que introducen esta manera de actuar en su gestión son empresas socialmente responsables.** Veamos algunas de las prácticas más habituales.

ACCIONES Y POLÍTICAS DE RESPONSABILIDAD SOCIAL EMPRESARIAL

PLANTILLA DE ASALARIADOS

- EMPLEO ESTABLE
- REMUNERACIÓN JUSTA
- CONCILIACIÓN DE LA VIDA FAMILIAR Y LABORAL
- TRABAJO SEGURO
- DIVERSIDAD CULTURAL
- IGUALDAD DE GÉNERO
- FORMACIÓN
- PROMOCIÓN
- RECONOCIMIENTO Y RESPONSABILIDAD

CLIENTES

- TIENDAS Y CANALES DE DISTRIBUCIÓN SOSTENIBLES
- COMUNICACIÓN FLUIDA
- INNOVACIÓN
- CONSUMO RESPONSABLE
- CONSUMO SEGURO
- COCREACIÓN

PROPIETARIOS

- TRANSPARENCIA EN LA TOMA DE DECISIONES
- MEJORA EN LAS RELACIONES CON PLANTILLA Y DIRECTIVA

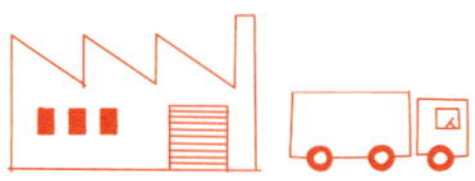

PROVEEDORES

- PLAZOS DE PAGO JUSTOS
- ESTÁNDARES DE CALIDAD
- PLAZOS DE ENTREGA ADECUADOS
- DISTRIBUCIÓN SOSTENIBLE
- MEJORA EN LA CONFIANZA
- ESTABILIDAD EN LAS RELACIONES COMERCIALES
- EXTENSIÓN DE LAS BUENAS PRÁCTICAS A LOS PROVEEDORES (RSC)

SOCIEDAD Y MEDIO AMBIENTE

- PRODUCCIÓN SOSTENIBLE
- GESTIÓN DE RESIDUOS
- DISTRIBUCIÓN SOSTENIBLE
- EFICIENCIA ENERGÉTICA
- APORTACIÓN FISCAL (IMPUESTOS Y SEGURIDAD SOCIAL)

2

LA EMPRESA INDIVIDUAL

Comprende, piensa, investiga...

1 Valora si en los siguientes casos estamos ante un empresario individual y explica el porqué de tu respuesta:

a) Martín tiene 18 años y ha vendido su bicicleta de montaña a un amigo para poder comprarse una de gama superior.

b) Elena, tras trabajar como asalariada en una asesoría fiscal, decide poner en marcha su propio despacho profesional.

2 Utilizando la información de la tabla del epígrafe 2.2, calcula el número de mujeres que ejercían actividades empresariales y profesionales durante el período facilitado. Calcula, además, el número de hombres. Del total de autónomos, ¿cuántos habían contratado a trabajadores? ¿Cuántos llevaban ejerciciendo la actividad durante más de cinco años? ¿Y en pluriactividad (consulta Internet para averiguar qué significa este término)? ¿Qué porcentaje de APD suponían los TRADE?

3 Consulta la Ley 20/2007, de 11 de julio, del Estatuto del trabajo autónomo y especifica:

a) Derechos profesionales básicos.

b) Obligaciones profesionales básicos.

4 ¿Puede un TRADE realizar trabajos para una empresa que sean exactamente iguales a los que llevan a cabo los asalariados de tal empresa? Si así ocurriera, ¿sabes cómo se denominaría esta figura?

Existen numerosas clasificaciones de empresas. Sin embargo, la que más nos interesa es la que distingue entre las empresas individuales (autónomos) y las sociedades mercantiles (sociedades anónimas, sociedades de responsabilidad limitada, sociedades laborales y sociedades cooperativas, entre las principales).

2.1 La figura del autónomo

El autónomo es una **persona física** que realiza de forma **habitual, personal, directa, por cuenta propia** y fuera del ámbito de dirección y organización de otra persona una actividad económica o profesional **a título lucrativo,** dé, o no, ocupación a trabajadores por cuenta ajena (artículo 1 del Estatuto de los Trabajadores Autónomos). Analicemos los elementos de esta definición:

- **Persona física:** ser humano que adquiere personalidad al nacer y es sujeto de capacidades, derechos y obligaciones.
- **Por cuenta propia:** el empresario individual no es dirigido por otra persona y será responsable de las consecuencias de su negocio.
- **De manera habitual:** se entiende que una actividad empresarial es habitual cuando constituye un medio de vida que hace posible el sustento de la persona.
- **Actividad económica o profesional:** actividades extractivas, de fabricación, comercio y prestación de servicios, incluidas las artesanales, agrícolas, forestales, ganaderas, pesqueras, de construcción, mineras y el ejercicio de profesiones liberales y artísticas.
- **Lucrativo:** el empresario individual lleva a cabo actividades empresariales o profesionales con el fin de obtener un beneficio económico, entre otros.

2.2 Los autónomos en nuestra economía

En adelante, cuando hablemos de autónomos, nos referiremos a los **autónomos propiamente dichos** (APD), los cuales se ajustan a la definición que hemos visto en el epígrafe anterior. Pues bien, en el tercer trimestre de 2020, existían en nuestra economía 1999630 APD. Algunos datos interesantes (número de personas y porcentaje) son:

Total APD	1999630
TRADE	8168
Mujeres	35,5 %
Con asalariados	20,6 %
Mayores de 40	73,7 %
Con más de 5 años de actividad	55,7 %
En pluriactividad	5,9 %

Fuente: Ministerio de Trabajo y Economía Social.

2.3 Requisitos para ser autónomo

El Código de Comercio, en su artículo 1, establece que son comerciantes los que, teniendo capacidad legal para ejercer el comercio, se dedican a él habitualmente. Así pues, puede entenderse que hay dos requisitos principales para ejercer una actividad económica o profesional:

- **Tener capacidad legal:** la tendrán las personas mayores de edad y que tengan la libre disposición de sus bienes (artículo 4 del Código de Comercio). No obstante, los menores de edad e incapacitados pueden continuar la actividad empresarial de su familia o causantes a través de sus representantes legales.
- **Ejercer la actividad de manera habitual:** el Código de Comercio, en su artículo 3, reconoce habitualidad si la persona que se propone ejercer la actividad anuncia por circulares, periódicos, carteles, rótulos expuestos al público, o de otro modo cualquiera, un establecimiento que tenga por objeto alguna operación mercantil. Puede entenderse que tales acciones están encaminadas a proporcionar un modo de vida al empresario.

Por tanto, cualquier persona física, mayor de edad que ejerza, habitualmente y de manera directa, una actividad empresarial o profesional sin que esta se halle bajo la dirección y la organización de otra persona es un **autónomo** y su empresa se considera **empresa individual** (aunque contrate a otras personas).

Conceptos económicos: ¿qué es un TRADE?

Acrónimo de **trabajador autónomo económicamente dependiente.**

- Un TRADE es un APD que percibe, al menos, el 75 por ciento de sus ingresos de un único cliente.
- No puede tener a su cargo asalariados ni subcontratar la actividad a terceros.
- Su trabajo debe ser distinto al realizado por los asalariados del cliente.
- Disponer de material y organización propia.
- Percibir contraprestación económica en función del resultado de su actividad.

2.4 La responsabilidad del autónomo

Como tendremos ocasión de estudiar en la próxima unidad, las empresas cuentan con un patrimonio determinado, que no es otra cosa que el conjunto de bienes, derechos y obligaciones de los que son titulares en un momento determinado del tiempo.

Pues bien, el patrimonio empresarial responde de las deudas de la empresa y de las consecuencias del negocio si de estas se derivan responsabilidades.

¿Qué ocurre en el caso de las empresas individuales?

Que el patrimonio de la empresa es, al mismo tiempo, el patrimonio del autónomo. Es decir, no podemos hablar, por separado, de patrimonio personal y de patrimonio empresarial. Lo anterior tiene una consecuencia muy importante:

La responsabilidad del empresario individual o autónomo es **ilimitada,** respondiendo este de las consecuencias de su negocio con todo su **patrimonio personal, presente y futuro.**

Así lo contempla nuestro Código Civil, en su artículo 1911, en el que se establece que «del cumplimiento de las obligaciones responde el deudor con todos sus bienes, presentes y futuros».

No obstante, existe la figura de «persona emprendedora de responsabilidad limitada», con el fin de que la vivienda habitual (no debe superar los 300 000 euros ni estar vinculada al negocio) quede excluida del patrimonio afecto a la responsabilidad empresarial.

El trabajador autónomo, propiamente dicho, se implica directamente en el negocio.

3 SOCIEDADES MERCANTILES

Comprende, piensa, investiga...

1 **Asamblea de ideas.** A continuación, se ofrecen cifras sobre el número de empresas activas en nuestra economía durante los años 2018 y 2019 (APD: autónomos propiamente dichos):

	2018	2019
TOTAL	3337646	3363197
S.A.	78866	67546
S.L.	1181391	1154289
S.Coop.	20707	20830
APD	1786037	1847996
Fuente: INE. 2020.		

a) Calcula los pesos relativos de los distintos tipos de empresas para el año 2019.

b) Calcula las tasas de variación entre los años 2018 y 2019 para cada tipo de empresa.

Una vez realices los cálculos, ponlos en común con el resto de compañeros y verifica que son correctos.

2 Utilizando los datos de la sección «Comprendemos la economía: capital social y responsabilidad en una sociedad», propón otra división para el capital social de Prentos, S.L., especificando qué porcentaje del capital poseerá cada uno de los socios y el valor de cada participación.

Las **sociedades mercantiles** realizan actividades empresariales, posibilitando que una o varias personas ejerzan la función de empresario.

3.1 La personalidad jurídica

Bajo el concepto de personalidad jurídica, la legislación vigente reconoce a una entidad la capacidad para ser poseedora de derechos y obligaciones. De esta manera, **varias personas pueden constituir una sociedad mercantil,** la cual tendrá personalidad jurídica propia y, así, **desarrollar una actividad empresarial.**

Una entidad adquiere personalidad jurídica cuando se cumplen los dos requisitos siguientes:

- Voluntad de los socios fundadores de constituir una sociedad, expresada por escrito y firmada ante notario. Es lo que se conoce como **otorgamiento de escritura pública.**
- **Inscripción de la escritura** pública en un registro oficial (Registro Mercantil, de Cooperativas, etc.).

Con estos dos actos, la sociedad adquiere personalidad jurídica, con capacidad para realizar actividades empresariales.

3.2 La responsabilidad en las sociedades mercantiles

En las sociedades mercantiles, **la responsabilidad de los socios está limitada al capital aportado a la sociedad.** Esto es así porque la sociedad cuenta con patrimonio propio y distinto del patrimonio personal de los socios que la han constituido. Recuerda: cuando hablamos de una sociedad, hablamos de una persona jurídica con un patrimonio propio.

Por tanto, una característica que diferencia a las sociedades mercantiles de las empresas individuales es la asunción de responsabilidades:

- En las empresas individuales, la responsabilidad es ilimitada, pues el patrimonio empresarial es, al mismo tiempo, el patrimonio personal (estamos hablando de la misma persona).
- En las sociedades, la responsabilidad de los socios está limitada al capital que aportaron, ya que el patrimonio que responde en este caso es el patrimonio de la sociedad. Trabajaremos este aspecto en «Comprendemos la economía: capital social y responsabilidad en una sociedad».

3.3 Tipos de sociedades mercantiles

Existen varios tipos de sociedades mercantiles. A grandes rasgos, distinguiremos aquí:

- **Sociedades capitalistas:** en las que la toma de decisiones está centrada en la rentabilidad del capital invertido. Destacamos las **sociedades anónimas** y las **sociedades limitadas.**
- **Sociedades de economía social:** en las que, si bien la rentabilidad del capital invertido es importante, la toma de decisiones está enfocada al bienestar de las personas. Hablamos de las **sociedades laborales** y de **las cooperativas.**

3.4 Capital y número de socios

Todas las sociedades mercantiles, sean del tipo de que sean, tienen algo en común. Todas han sido constituidas gracias a la **aportación de capital por parte de sus socios fundadores.** Estas aportaciones contribuirán a construir el patrimonio de la sociedad, el cual, como sabemos, será independiente de los patrimonios personales de sus socios. Aprendamos algo más sobre el capital, su división, el número de socios y el fin primordial que el legislador otorga a cada tipo de sociedad.

	Capital mínimo (euros)	Capital dividido en	Número mínimo de socios	Intención del legislador
Sociedad anónima (S. A.)	60 000	acciones libremente transmisibles	1	Sociedad capitalista. Forma jurídica indicada para grandes empresas.
Sociedad limitada (S. L.)	3 000	participaciones con transmisibilidad restringida	1	Sociedad capitalista. Forma jurídica indicada para PYMES.
Sociedad Cooperativa (S. Coop.)	3 000	aportaciones con transmisibilidad restringida	3 (*)	Sociedad de economía social. Forma jurídica indicada para que los trabajadores, libre y voluntariamente, desarrollen sus aspiraciones comunes en torno a una actividad económica.
Sociedad laboral (S. L. L. S. A. L)	3 000 / 60 000	participaciones / acciones	3 (*)	Sociedad de economía social. Forma jurídica indicada para que los trabajadores con contrato indefinido piloten una sociedad capitalista, siendo propietarios de la mayoría del capital social.

(*) ningún socio puede poseer más de la tercera parte del capital social.

Comprendemos la economía: capital social y responsabilidad en una sociedad

LUISA, JUAN Y ÁNGELA DESEAN CONSTITUIR UNA SOCIEDAD LIMITADA.
HAN DECIDIDO DENOMINARLA «PRENTOS, S. L.»

LUISA APORTARÁ 9 000 EUROS Y SERÁ LA ADMINISTRADORA DE LA SOCIEDAD

JUAN APORTARÁ 6 000 EUROS Y TRABAJARÁ EN LA SOCIEDAD

ÁNGELA APORTARÁ 3 000 EUROS Y NO TRABAJARÁ EN LA SOCIEDAD

PRENTOS, S. L. QUEDARÁ CONSTITUIDA CON UN CAPITAL SOCIAL DE 18 000 EUROS:

- EL CAPITAL SOCIAL ESTARÁ **DIVIDIDO EN PARTICIPACIONES.**
- LUISA, JUAN Y ÁNGELA ACUERDAN DIVIDIR EL CAPITAL SOCIAL EN **18 PARTICIPACIONES.**
- CADA PARTICIPACIÓN, POR TANTO, TENDRÁ UN VALOR DE **1 000 EUROS.**
- A LUISA LE CORRESPONDEN 9 PARTICIPACIONES.
- A JUAN LE CORRESPONDEN 6 PARTICIPACIONES.
- A ÁNGELA LE CORRESPONDEN 3 PARTICIPACIONES.

ESTE CAPITAL AYUDARÁ A CONSTITUIR EL PATRIMONIO DE LA SOCIEDAD, QUE SERÁ EL QUE RESPONDA DE LAS CONSECUENCIAS DE LA ACTIVIDAD EMPRESARIAL.

SI LA SOCIEDAD INCURRE EN GRAVES RESPONSABILIDADES, SE LIQUIDARÁ SU PATRIMONIO Y LUISA, JUAN Y ÁNGELA HABRÁN PERDIDO LAS CANTIDADES QUE APORTARON, PERO NO SUS PATRIMONIOS PERSONALES.

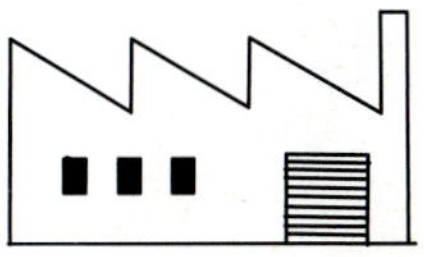

4 PRODUCCIÓN Y PRODUCTIVIDAD

Las empresas producen bienes y servicios empleando capital y trabajo, combinándolos en función de la tecnología empleada. Veamos cómo producen las empresas.

Comprende, piensa, investiga...

1 ¿Qué factores productivos emplean las empresas? Analízalos brevemente.

2 Una empresa se plantea la producción de cierto artículo de consumo. Para ello, puede emplear 100 unidades de capital y 30 horas de trabajo. En tal caso, obtendría 600 unidades de producto. No obstante, también es posible producir empleando 20 horas de trabajo y 105 de capital. Si el precio del capital es de 200 euros por unidad y el precio del trabajo de 60 euros por hora, determina la combinación económicamente eficiente.

3 Con los datos del ejercicio anterior, si se sabe que la empresa vende su producción a un precio unitario de 250 euros, determina:

a) La productividad global.

b) La productividad del capital.

c) La productividad del trabajo.

4.1 ¿Cómo producen las empresas?

Para producir bienes y servicios, las empresas se sirven de los procesos productivos. En términos sencillos, un proceso productivo es aquel mediante el cual la empresa obtiene un producto (bien o servicio) y está en condiciones de ponerlo en el mercado, a partir de la aplicación de factores de producción (capital humano, capital técnico, capital financiero) dentro del marco de un estado de la tecnología concreto. En otras palabras, el proceso productivo de una empresa es la manera en la que esta produce y está completamente marcado por el estado de la tecnología.

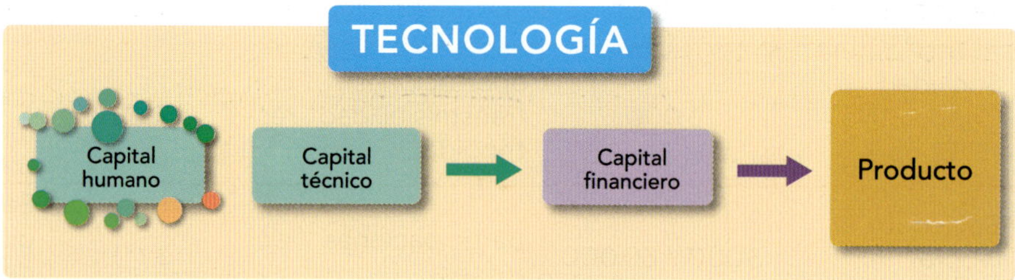

4.2 Eficiencia

¿Son todos los procesos productivos iguales? Puede darse el caso de que una empresa contemple varias formas de producir. Veamos un ejemplo:

La empresa MeTab, S. A. se dedica a la fabricación de mesas de madera. A continuación, se listan las posibles opciones que tiene a la hora de producir **1200 unidades:**

	Unidades de capital	Horas de trabajo
Opción A	3000	300
Opción B	3500	150
Opción C	3500	300

¿Cuál de las tres formas de producir será la que escoja la empresa? No podemos saberlo aún. Sin embargo, sí que podemos conocer cuál de ellas no aplicará, porque no todas son eficientes.

Un proceso productivo es técnicamente eficiente cuando:

- ... se alcanza la máxima producción empleando una cantidad determinada de factores productivos.
- ... se alcanza una determinada producción, empleando la menor cantidad posible de factores productivos.

La empresa, por tanto, descartará la opción C. Esta combinación consigue 1200 unidades de producción (al igual que las otras), pero **emplea una mayor cantidad conjunta de capital y trabajo.** La opción **C no es técnicamente eficiente.**

¿Qué ocurre con las opciones A y B? Calculemos el coste de cada uno de los procesos productivos, suponiendo que los precios del capital y del trabajo son, respectivamente, 100 y 60 euros:

- Coste opción A: 3000 x 100 + 300 x 60 = 318000 euros.
- Coste opción B: 3500 x 100 + 150 x 60 = 359000 euros.

La empresa elegirá la opción A, pues corresponde al **proceso productivo económicamente eficiente** (el que obtiene una determinada producción al mínimo coste).

4.3 Productividad

La empresa elegirá la opción A, pues corresponde al **proceso productivo económicamente eficiente** (obtenido con el mínimo coste).

La productividad es la **relación que existe entre la producción alcanzada y la cantidad de recursos necesarios para alcanzarla.** Podemos medirla de manera individual (por factor productivo) o de manera global (considerando todos los factores). Veamos cómo:

- Productividad de un factor = [unidades producidas]/[unidades de factor].
- Productividad global = [euros producidos]/[euros de factores empleados].

En nuestro **ejemplo,** para el caso de la opción A, tendríamos:

- Productividad del capital = [1200 mesas]/[3000 unidades de capital] = 0,4 mesas/unidad de capital.
- Productividad del trabajo = [1200 mesas]/[300 horas de trabajo] = 4 mesas/hora de trabajo.
- Productividad global (*) = [1200 x 600]/[318000] = 2,3.

(*) Suponemos que cada mesa puede venderse a 600 euros. El resultado nos muestra que, por cada euro invertido en factores productivos (capital y trabajo), la empresa obtiene 2,3 euros de producción.

OBJETIVOS DE DESARROLLO SOSTENIBLE

Energía asequible y no contaminante

«De aquí a 2030, aumentar considerablemente la proporción de energía renovable en el conjunto de fuentes energéticas».

Objetivos de Desarrollo Sostenible, obj. 7.

ODS Consulta el artículo «Las energías renovables en la industria agroalimentaria» disponible en https://www.cambioenergetico.com/blog/energias-renovables-industria-agroalimentaria/ y ordena en una lista las diferentes formas que se exponen en el mismo de aplicar la energía del sol en los procesos industriales.

Comprendemos la economía: la productividad del trabajo en nuestra economía

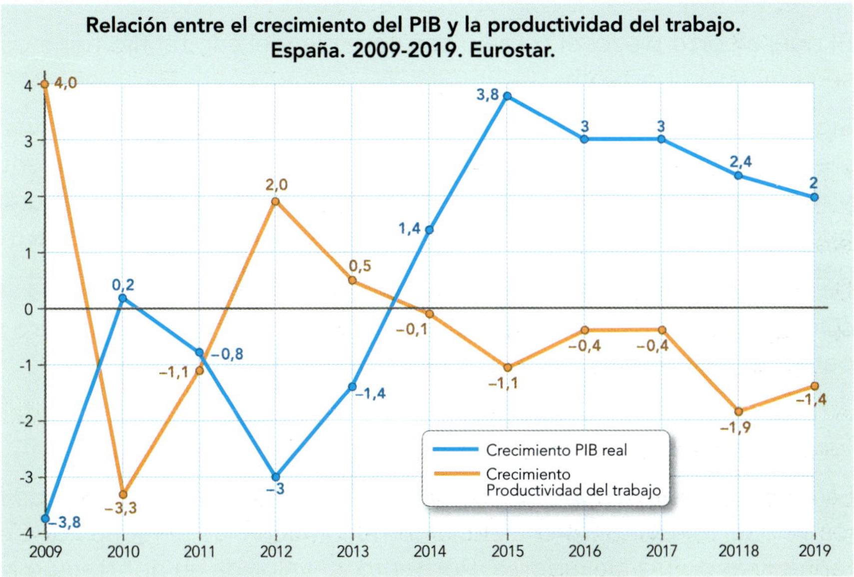

La economía española sigue teniendo una **asignatura pendiente:** sus cifras de productividad del trabajo evolucionan contra el ciclo económico.

A medida que la economía crece, su productividad decrece y, cuando la economía decrece, la productividad laboral aumenta. Lo que sucede es que, en tiempos de crisis, las empresas españolas ajustan el trabajo intentando mantener la producción.

Esta forma de aumentar la productividad del trabajo no es deseable. Sí lo sería que el trabajo fuera capaz de lograr mayores cotas de producción, acompañando al ciclo económico.

anayaeducacion.es Consulta la información correspondiente a las metas del objetivo 7.

5
TEORÍA DE LA PRODUCCIÓN

Las empresas emplean capital y trabajo para producir bienes y servicios. Ahora bien, ¿son estos factores iguales? ¿Pueden las empresas variar su cantidad en cualquier momento?

Comprende, piensa, investiga...

1 ¿Qué señala la evidencia empírica conocida bajo el nombre de «Ley de rendimientos decrecientes del factor variable»?

2 Consulta la tabla de datos que hemos utilizado para explicar el ejemplo propuesto en la sección «Comprendemos la economía: productividad del trabajo y producto marginal del trabajo».

a) ¿Por qué cae la productividad cuando se contrata a la cuarta persona?

b) Realiza una gráfica en la que observes el comportamiento de la productividad y del producto marginal (ordenadas) en función del trabajo contratado (abscisas).

5.1. ¿Son iguales los factores productivos?

En una empresa, no todos los factores productivos son iguales. Pensemos, por ejemplo, en un taller mecánico especializado en neumáticos y frenos. El taller cuenta con dos elevadores, gracias a los cuales puede realizar las tareas rápidamente. Junto con las herramientas necesarias, así como mobiliario y equipamiento de oficina, esta es la dotación de capital técnico de la que dispone el taller. En cuanto al capital humano (trabajo), el negocio cuenta con un administrativo y dos mecánicos especializados.

Imaginemos ahora que, después de un par de años de funcionamiento, el taller aumenta un 50 % su volumen de trabajo. Ahora, la persona responsable del negocio debe tomar una decisión para responder ante este aumento de la demanda de sus servicios. ¿Qué crees que hará?

- ¿Invertirá más dinero en remodelar el local para instalar otro elevador adicional?
- ¿Decidirá contratar a un nuevo mecánico?

¿Crees que la respuesta sería la misma si ese aumento del 50 % en la demanda se mantuviera con los años?

Ante un caso así, la primera opción es emplear más trabajo (capital humano). Se dice entonces que **el trabajo es un factor productivo variable** y que **el capital** (técnico) **es un factor productivo fijo** en el corto plazo, ya que, a menos que el aumento en las ventas se perciba como permanente (largo plazo), no se modificará la cantidad de capital.

5.2. La ley de rendimientos decrecientes del factor variable

El que, a corto plazo, el trabajo sea variable y el capital fijo tiene **consecuencias** importantes.

Siguiendo con el ejemplo anterior, una vez que se contrate a un nuevo mecánico, tendremos a tres personas trabajando con las herramientas y los elevadores inicialmente pensados para dos personas. Imagina que la demanda sigue aumentando y que se vuelve a contratar a más personal, pero no se instala ningún elevador más.

¿Qué crees que pasará a medida que vaya aumentando el número de personas que trabajan en el negocio sin que el capital aumente?

A medida que esto suceda, **el nuevo trabajo contratado deberá dedicarse a tareas productivas que generan un menor valor.**

Es evidente que no pueden cambiar los neumáticos ni los frenos de los vehículos con tanta eficiencia como lo hacen las personas que están utilizando los elevadores. Por tanto, el valor de su aportación a la producción será menor. En resumen:

- Cuando aumenta la demanda, de manera temporal, en un negocio, se opta por contratar trabajo sin ampliar las instalaciones (esto último es muy costoso y lleva tiempo).
- El nuevo trabajo contratado no cuenta con la misma proporción de capital que el trabajo existente, ya que el capital no ha aumentado.
- Esto lleva a que se destine el nuevo trabajo contratado a tareas que aportan menos valor a la producción (en el ejemplo, se cambian los neumáticos empleando más tiempo).
- La producción sigue aumentando, pero a ritmos menores. El valor de lo aportado por cada nuevo trabajador es, cada vez, menor. A esta evidencia empírica se la conoce con el nombre de **«ley de rendimientos decrecientes del factor variable».**

Trabajo	Producción	Productividad	Producto marginal
0	0		
1	8	8	8
2	24	12	16
3	39	13	15
4	50	12,50	11

Comprendemos la economía: productividad del trabajo y producto marginal del trabajo

Veamos qué ocurre con la productividad del trabajo (producto medio del trabajo) y con la productividad marginal, siguiendo el ejemplo que hemos analizado en estas páginas (ver la tabla superior).

Como se aprecia, la tercera persona contratada aporta a la producción (los cambios de neumáticos aumentan de 24 a 39), aunque, al no contar con la misma proporción de capital, rinde menos que la segunda persona contratada (realiza solo 15 cambios más, frente a los 16 que realizó la segunda persona contratada). Conclusión: manteniéndose constante el capital, el trabajo adicional rinde cada vez menos.

ECONOMÍA: PIENSA Y RESPONDE

CUESTIONARIO

Solo una respuesta es correcta:

1. En la empresa:
   - Se combinan distintos productos para obtener, de manera eficiente, factores productivos.
   - Se da, entre otras, la función de dirección.
   - Propiedad y control son aspectos que están indisolublemente unidos.
   - Ninguna es correcta.
2. El *software* que emplea una empresa para gestionar su almacén de productos:
   - Es capital de financiamiento.
   - Es capital técnico.
   - Es capital técnico tangible.
   - Todas son correctas.
3. En relación con las teorías acerca de la figura de la persona empresaria:
   - Knight, el empresario es quien asume un riesgo, adelantando el pago del trabajo y del capital.
   - Para Schumpeter, el empresario es quien dirige y controla el negocio.
   - Para Marshall, el empresario es quien aporta capital.
   - Todas son correctas.
4. Es una política de RSE relacionada con la plantilla:
   - Establecer unos plazos de entrega adecuados.
   - Gestionar los residuos vertidos al entorno.
   - Extender las buenas prácticas de la empresa al conjunto de los proveedores.
   - Ninguna es correcta.
5. En relación con la figura del autónomo:
   - Pueden serlo las personas físicas y las personas jurídicas, siempre que cumplan con los requisitos legales.
   - No necesita capital mínimo para constituirse como tal.
   - Responde de la actividad de negocio únicamente con el capital aportado.
   - Todas son correctas.
6. A la hora de constituir una sociedad:
   - No es necesario capital mínimo.
   - Debe otorgarse escritura pública ante notario, sin necesidad de incorporar los estatutos de la sociedad.
   - Puede usarse una denominación ya existente o similar.
   - Ninguna es correcta.
7. En cuanto a los requerimientos de capital:
   - La constitución de una sociedad limitada exige la suscripción de 30 000 euros por parte de los socios.

CUESTIONARIO

- La constitución de una sociedad anónima exige la suscripción de 3 000 euros.
- La constitución de una sociedad cooperativa exige la suscripción de 3 000 euros.
- Todas son correctas.

8. En octubre de 2019 existían, en nuestra economía, 1 133 756 microempresas (empresas con 1 a 9 asalariados). Un año después (octubre de 2020), la cifra era de 1 109 769. Puede afirmarse que:
   - El número de microempresas cayó, durante el período, un 2,1 por ciento.
   - El número de microempresas aumentó, durante el período, un 2,1 por ciento.
   - El número de microempresas aumentó, durante el período, en 23 987 empresas.
   - La primera y la tercera son correctas; la segunda es falsa.
9. Un proceso productivo es eficiente:
   - Si, dada una determinada cantidad de factores productivos, se alcanza la máxima producción.
   - Si, dada una determinada producción, se alcanza con la cantidad máxima de factores productivos.
   - Cuando la empresa trabaja en zona de rendimientos crecientes del trabajo.
   - Ninguna es correcta.
10. En cuanto a la teoría de la producción:
    - El trabajo es un factor de producción variable a corto plazo.
    - La ley de rendimientos decrecientes del trabajo implica que cada trabajador adicional cuenta con menos cantidad de capital para trabajar.
    - El producto marginal del trabajo corta al producto medio del trabajo en su punto máximo.
    - Todas son correctas.
11. Entendemos por productividad:
    - La relación entre los recursos necesarios para obtener una cantidad de producto y esta última.
    - La relación entre los factores productivos necesarios para producir.
    - La relación entre la cantidad obtenida de producto y los factores empleados en el proceso productivo.
    - Ninguna es correcta.
12. Una empresa alcanza las 10 unidades de producción, empleando 4 horas de trabajo y 1 unidad de capital. En estas condiciones:
    - La productividad global de la empresa arroja un valor de 2.
    - La productividad del capital arroja un valor de 2,5.
    - La productividad del trabajo arroja un valor de 10.
    - Ninguna es correcta.

COMPRUEBA TU APRENDIZAJE

1 Justifica si las siguientes afirmaciones son verdaderas o no, redactando correctamente las que identifiques como no válidas:

a La principal forma jurídica constituida en España es la de sociedad cooperativa.

b Los procesos productivos eficientes son aquellos que generan la mínima cantidad de bienes y servicios con la máxima cantidad de factores productivos.

c A largo plazo, el capital es un factor productivo fijo.

d La evidencia empírica nos dice que, a corto plazo, el trabajo es un factor que presenta rendimientos crecientes.

2 Explica qué es un autónomo y cuáles son los requisitos que una persona debe reunir para serlo.

3 Tres personas deciden aportar parte de su capital para constituir una sociedad cooperativa. La primera aportará 15 000 euros; la seguna, 18 000 euros, y la tercera, 18 000 euros.

a Establece si será posible constituir una sociedad cooperativa en estas condiciones. Si la respuesta es negativa, propón un nuevo reparto que lo haga posible.

b En función del apartado anterior, establece el porcentaje de capital social que poseerá cada socio. Si, además, estos acuerdan dividir el capital social en aportaciones de 1000 euros, establece el número de aportaciones de que dispondrá cada socio.

c Define *sociedad cooperativa* y establece sus similitudes con la sociedad laboral.

4 Cierta empresa implementa un proceso productivo a corto plazo bajo el cual logra obtener las siguientes cantidades de producto, en función del trabajo contratado:

Trabajo contratado	Producción alcanzada	Producto marginal del trabajo	Productividad del trabajo
0	0		
1	100		
2	300		
3	555		
4	752		
5	855		

a Completa la tabla.

b Explica cómo has obtenido y qué significa la tercera columna (producto marginal del trabajo).

c Explica cómo has obtenido y qué significa la cuarta columna (productividad del trabajo).

d ¿En qué nivel de empleo contratado hay un cambio en la tendencia de la productividad marginal del trabajo? ¿Qué significa?

e ¿Ocurre lo mismo para la productividad del trabajo? ¿En qué nivel de empleo contratado? Explica por qué la productividad del trabajo es, al principio inferior a la productividad marginal y, después, superior. Ayúdate de la representación gráfica (trabajo en abscisas).

f ¿Qué nombre recibe lo que observas a partir del nivel de empleo señalado en el apartado d)?

anayaeducacion.es Realiza la autoevaluación interactiva de la unidad.

NOTICIAS, REDES Y ECONOMÍA

Productividad y competitividad: dos grandes desconocidas

Juan Francisco Jimeno 12-09-2019
(www.nadaesgratis.es)

Productividad y competitividad son conceptos que se utilizan recurrentemente en los debates sobre cuestiones económicas. Y por buenas razones: como dijo Paul Krugman, «la productividad no lo es todo, pero en el largo plazo es casi todo». Competitividad se asocia con productividad, si bien hay confusión acerca de si uno es competitivo por ser productivo o si, por el contrario, es productivo por ser competitivo. En cualquier caso, parece evidente que **las soluciones a muchos de los retos y problemas económicos a los que nos enfrentamos** (como, por ejemplo, la sostenibilidad de la deuda y del Estado del bienestar o la lucha contra el cambio climático) **son más fáciles con mayores aumentos de la productividad.**

(...)

La productividad es una ratio entre lo que se obtiene y los recursos empleados.

(...)

Un **buen ejemplo** de cómo debería abordarse **[el análisis de la productividad, aparece en]** un reciente informe del Consejo Nacional de Productividad (CNP) francés. El informe comienza confirmando que, aunque Francia tiene una productividad elevada (similar a la de Alemania), su crecimiento se ha reducido considerablemente desde 1990.

(...)

Atribuye dicha desaceleración a **factores comunes** que han afectado, en mayor o menor medida, **a todos los países desarrollados:**

- El desplazamiento de la producción (...) de la industria a los servicios.
- La disminución de la contribución al crecimiento de las tecnologías de la información y la comunicación (TIC).
- El debilitamiento de la difusión tecnológica.

(...)

Adicionalmente, el informe señala que hay **factores específicos:**

- La capacitación profesional de los trabajadores franceses, inferior a la del promedio de la OCDE y sin apenas signos de mejora.
- La mejorable calidad de la gestión y las prácticas organizativas dentro de las empresas.
- El rezago en la adopción y difusión de las TIC.
- Una reducida contribución de la I+D **[investigación y desarrollo].**
- Una menor inversión, especialmente en el sector privado.
- Una **[menor]** eficiencia de dicha inversión perjudicada por la falta de interacciones entre la investigación pública y la privada.
- La elevada imposición sobre la producción, que podría haber influido en las decisiones de **localización** de las multinacionales francesas, también podría haber socavado los aumentos de productividad medidos en el territorio nacional.

CUESTIONES

1. ¿Cómo define el autor del texto el concepto de *productividad*? ¿Podrías expresarlo a través de una fórmula matemática?
2. **Interpretación compartida.** Entre los factores comunes que explican la caída de la productividad del trabajo, el informe cita al desplazamiento de la producción de la industria a los servicios. Bajo tu punto de vista, ¿por qué ocurre esto?
3. **Pienso, me interesa, investigo...** Examinando los factores específicos que explican la caída en la productividad del trabajo, ¿crees que el sistema educativo tiene algo que decir en la evolución de la productividad? ¿En qué basas tu respuesta?
4. **Consecuencias y resultados (CyR).** Por último, el artículo se refiere a un informe de un organismo encargado del análisis de la productividad en nuestro país vecino. ¿Crees importante que existan organismos como este? ¿Por qué motivo? Busca algún organismo similar en nuestra economía.

anayaeducacion.es Consulta en «Revista Digital» noticias sobre emprendimiento.

3

LA EMPRESA (II)

La gestión empresarial

En esta unidad, abordaremos de manera sencilla los aspectos básicos de la gestión empresarial. Todas las empresas cuentan con un **patrimonio** que les permite llevar a cabo su actividad; actividad que, por otra parte, genera valor en la sociedad, como sabemos.

Por tanto, estudiaremos el concepto de patrimonio y analizaremos sus componentes y funcionalidades. Nos detendremos en conocer de qué **inversiones** necesitan disponer las empresas para poder producir bienes y servicios y cuáles son las **fuentes** de las que emanan los fondos necesarios para adquirirlas. Además, nos preguntaremos cómo se genera el **beneficio** empresarial, concepto que permite que la empresa se mantenga en funcionamiento. Por último, nos centraremos en la **fiscalidad** de la empresa, con objeto de conocer su aportación a los ingresos del Estado.

anayaeducacion.es Consulta en el apartado «Economía y vida cotidiana» aspectos económicos.

PLANIFICAMOS

LA EMPRESA (II)

- INVERSIÓN Y FINANCIACIÓN
- TIPOS DE FINANCIACIÓN
- LA CUENTA DE RESULTADOS
- EL BENEFICIO
- FISCALIDAD EMPRESARIAL

Inversión y financiación

¿En qué invierten las empresas para poder producir bienes y prestar servicios? ¿Cómo son esas inversiones? ¿Qué proporcionan? ¿Son rentables?

Tipos de financiación

Las empresas ponen en marcha sus inversiones para producir bienes y servicios. Ahora bien, ¿de dónde obtienen los fondos? ¿Cuánto cuesta financiar las inversiones?

La cuenta de resultados

Las empresas venden productos o prestan servicios. De esta manera, generan ingresos. No obstante, para ello, incurren en gastos. ¿Cuáles son los ingresos y gastos más importantes en una empresa?

El beneficio

El beneficio es la renta positiva de la empresa, es decir, la diferencia positiva entre ingresos y gastos. ¿Cómo maximizarlos? ¿Siempre es posible obtener beneficios?

Fiscalidad empresarial

¿Cómo contribuyen las empresas a las arcas del Estado? ¿Tienen, además, algún papel en la recaudación de otros impuestos?

1 INVERSIÓN Y FINANCIACIÓN

Conceptos económicos: el patrimonio de la empresa

Patrimonio: bienes, derechos (inversiones) y obligaciones (financiación) con que cuenta la empresa en un determinado momento.

Inversiones (bienes y derechos)	Financiación (obligaciones)
• Activo no corriente. • Activo corriente.	• Patrimonio neto. • Pasivo no corriente. • Pasivo corriente.

Comprende, piensa, investiga...

1 ¿Por qué al conjunto de las inversiones de una empresa también se lo denomina «aplicación de los fondos»?

2 **Análisis asociativo.** Si la financiación mediante aportaciones de los socios y la retención de beneficios no tiene un coste explícito (intereses), ¿por qué razón las empresas no se financian totalmente con estas fuentes de financiación?

3 Una empresa cuenta con 150 000 euros en activos. Sus ingresos han sido de 90 000 euros, y los gastos necesarios para generarlos, de 65 000 euros. Calcula la rentabilidad económica de la empresa.

4 Si la empresa paga un 20 % de impuestos y sus pasivos le cuestan un 5 %, ¿sería recomendable financiar los activos con pasivos en un 60 %? ¿Por qué?

Gestionar una empresa implica decidir **qué activos emplear** y **cómo financiarlos** (ver «Conceptos economía: el patrimonio de la empresa»). De esta decisión dependerá el éxito de la empresa.

1.1 El patrimonio de la empresa: inversión

Las empresas necesitan contar con **inversiones** (**locales, mobiliario, maquinaria, equipamiento de oficina, marcas, *software*, materias primas, mercaderías, derechos de cobro, efectivo**) que les permitan desarrollar su actividad. Las llamamos **activo.**

Ahora bien, no todas las inversiones tienen la misma finalidad:

- **Inversiones no corrientes:** elementos cuya función principal es **producir** o asistir en la prestación del servicio. Son los elementos que hemos remarcado en color verde, en la introducción de este epígrafe. Permanecerán en la empresa durante un período largo de tiempo y no están destinados a la venta. Los conocemos como **activos no corrientes.**
- **Inversiones corrientes:** elementos (remarcados en azul) cuya función principal es contribuir a la generación del **efectivo** necesario para que la empresa pueda realizar los pagos que tiene comprometidos. Son los **activos corrientes.**

¿Cuál de estos dos tipos de inversones es más importante? Los dos lo son. Las empresas necesitan contar con activos no corrientes para producir, pero también deben generar efectivo para atender los pagos a proveedores, trabajadores, facturas de energía consumida, etc.

1.2 El patrimonio de la empresa: financiación

¿Cómo adquieren las empresas las inversiones que necesitan para producir, prestar servicios y generar efectivo? A través de lo que denominamos «fuentes de financiación». Veamos cuáles son:

- **Aportaciones de los socios fundadores:** pueden ser dinerarias o consistir en activos (debidamente valorados). Conforman lo que denominamos capital o **capital social.** Esta financiación se considera **no exigible,** y únicamente podría recuperarse si la empresa cesara su actividad y se liquidara.
- **Aportaciones de la propia empresa (autofinanciación):** los beneficios que la empresa genera anualmente pertenecen a los socios fundadores. No obstante, estos pueden renunciar a parte de los mismos, quedando estos fondos a disposición de la empresa **(reservas).** De esta manera, las reservas podrán financiar inversiones futuras. Esta financiación **también es considerada no exigible.** A la suma de capital social y reservas, la conocemos como **patrimonio neto.**
- **Aportaciones de terceros, ajenos a la empresa:** se realizan a través de préstamos a corto o a largo plazo, principalmente. Este tipo de financiación tiene un coste explícito (intereses) y es **exigible;** es decir, se trata de fondos que la empresa debe devolver en tiempo y forma. Aquellas deudas cuyo plazo de vencimiento supere el año, las denominaremos «pasivos no corrientes», y aquellas que sean exigibles antes de un año, «pasivos corrientes».

activo → algo que posee la empresa que se puede vender

¿Cuál es el **objetivo** de la gerencia de la empresa?

→ Invertir en bienes y derechos (activos) para poder obtener aquellos bienes y servicios con los que generar un **alto rendimiento.**

→ Financiar tales bienes y derechos con una estructura financiera que permita **reducir el coste de la financiación sin obligar a los socios** de la empresa a realizar aportaciones constantes o **a renunciar al beneficio** que la empresa obtiene.

1.3 ¿Pagar pasivo para aumentar la rentabilidad?

A la hora de financiar las inversiones, hemos visto cómo la empresa puede utilizar fondos no exigibles (capital y reservas) y fondos exigibles (préstamos, deudas con proveedores, etc.). Puede parecernos, en un principio, que no es deseable que la empresa utilice pasivos (que hay que devolver). Nada más lejos de la realidad. Dedicamos la sección «Comprendemos la economía: las empresas usan pasivos para financiar sus activos» a ello.

Argumentos económicos: el apalancamiento *(leverage)* financiero

«La política de utilizar capitales ajenos es interesante. El efecto positivo de aumento de la rentabilidad global de la empresa se denomina apalancamiento (leverage) *financiero».*

Ignacio Navarro, José Antonio Fernández. *Cómo interpretar un balance.* p. 88. Ediciones Deusto. Bilbao. 1992.

Comprendemos la economía: las empresas usan pasivos para financiar sus activos

La empresa Distribuciones Marisol, S. L., dedicada a la compra venta de electrodomésticos, cuenta con un activo total de 1000000 de euros, financiados por capital y reservas en un 60 por ciento, por pasivos no corrientes en un 10 por ciento y por pasivos corrientes, en un 30 por ciento.

PATRIMONIO DE DISTRIBUCIONES MARISOL, S. L.

Activo	Pasivo
ACTIVOS 1 000 000 €	PN 600 000 €
	PNC 100 000 €
	PC 300 000 €

ESTE AÑO, LOS ACTIVOS DE LA EMPRESA HAN HECHO POSIBLE QUE:

* LAS VENTAS ALCANCEN LOS 240 000 €

NO PODRÍA HABERLO HECHO SIN:

* COMPRAR, ANTES, LOS ELECTRODOMÉSTICOS
* PAGAR A SUS EMPLEADOS
* PAGAR SUMINISTROS (ENERGÍA)

SU RESULTADO DE EXPLOTACIÓN ES:

* INGRESOS x VENTAS → 240 000 €
* GASTOS x VENTAS → 150 000 €

90 000 €

¿CUÁNTO RINDEN SUS ACTIVOS?

$$\frac{90\,000}{1\,000\,000} = 9\,\%$$

LA RENTABILIDAD ECONÓMICA DE DISTRIBUCIONES MARISOL, S. L. ES DEL 9 %

100 EUROS DE ACTIVO SON CAPACES DE GENERAR VENTAS (NETAS DE GASTOS) POR VALOR DE 9 EUROS

EL BENEFICIO DE 90 000 EUROS NO ES DEFINITIVO. EXISTEN GASTOS QUE DEPENDEN DE LAS DEUDAS QUE LA EMPRESA TIENE (INTERESES) Y, ADEMÁS, HAY QUE PAGAR IMPUESTOS (20 %)

SUPONGAMOS QUE EL PASIVO NO CORRIENTE CUESTA UN 4 % ANUAL Y QUE EL COSTE DEL PASIVO CORRIENTE ES DE UN 2 % ANUAL. DE ESTA FORMA, LOS INTERESES (I) SERÁN:

$$I = 0{,}04 \cdot 100\,000 + 0{,}02 \cdot 300\,000$$

I = 10 000 EUROS

POR TANTO, **EL RESULTADO NETO ESTE AÑO** SERÁ:

RESULTADO BRUTO	90 000
- INTERESES	-10 000
RESULTADO ANTES DE IMPUESTOS	80 000
- IMPUESTOS (20 %)	-16 000
RESULTADO NETO	**64 000**

¿HAN FINANCIADO LOS SOCIOS TODO EL ACTIVO? NO. LOS SOCIOS:

* APORTARON CAPITAL
* RENUNCIARON A BENEFICIOS (RESERVAS)

¿CUÁL ES SU RENTABILIDAD?

$$\frac{64\,000}{600\,000} = 10{,}7\,\%$$

CONCLUSIÓN: SOCIOS NO TIENEN QUE FINANCIAR TODO EL ACTIVO.

EFECTO PALANCA. USAR PASIVO AUMENTA LA RENTABILIDAD DEL SOCIO

2

TIPOS DE FINANCIACIÓN

Conceptos económicos: la financiación de la empresa

Al conjunto de fuentes de financiación que forma parte del patrimonio empresarial se lo conoce, también, por el nombre de **estructura financiera.** Aquí, citamos algunas fuentes:

Estructura financiera	
Aportaciones de los socios (capital) Retención de beneficios (reservas)	NO EXIGIBLE
Préstamos a largo plazo	EXIGIBLE A LARGO PLAZO
Préstamos a corto plazo	EXIGIBLE A CORTO PLAZO
Deudas con proveedores Deudas con acreedores Deudas con la Seguridad Social Deudas con Hacienda	EXIGIBLE A CORTO PLAZO (financiación de funcionamiento)

Comprende, piensa, investiga...

1 **Pienso, me interesa, investigo...** «Distribuciones Marisol, S. L.» financia sus activos con pasivos no corrientes (100 000 euros) cuyo coste es del 4 % anual y con pasivos corrientes (300 000 euros) cuyo coste anual es del 2 % anual. Sabiendo que si los socios hubieran invertido su dinero en otro negocio alternativo, podrían esperar una rentabilidad del 1,5 % anual; ¿podrías calcular el coste de la financiación de esta empresa? Pista: no es una simple media aritmética. Es ponderada.

Como recordarás, en el epígrafe anterior, hemos introducido el concepto de financiación y la importancia de su composición dentro de la estructura financiera de la empresa, sobre todo en relación con la rentabilidad.

A continuación, abordaremos sus tipos y sus costes, así como sus ventajas e inconvenientes.

2.1 La financiación no exigible: el patrimonio neto

Las aportaciones de los socios de la empresa (capital social) y la retención de los beneficios que esta genera anualmente (reservas) son las fuentes principales de lo que conocemos como **financiación no exigible o patrimonio neto.**

La empresa no se verá en la obligación de devolver estos fondos mientras confirmar se encuentre en funcionamiento. Únicamente, si la empresa se liquidara y, por tanto, desapareciera, tales fondos retornarían a sus propietarios.

- **¿Por qué el nombre de patrimonio neto?** Para explicarlo, usaremos el ejemplo de «Distribuciones Marisol, S. L.». Esta empresa cuenta con activos por valor de 1 000 000 de euros. Si la empresa, en estos momentos, se liquidara (es decir, vendiera sus activos), obtendría 1 000 000 de euros y podría atender al pago de sus pasivos corrientes y no corrientes (400 000 euros). Una vez hecho esto, el importe restante (600 000 euros) correspondería a los socios. El nombre de «patrimonio neto» cobra, de esta forma, todo el sentido.
- **¿Es importante esta financiación?** Sí. En primer lugar, la empresa **no tiene que devolver estos fondos** (no exigible). En segundo lugar, **tampoco tiene que pagar intereses** por estos fondos. Por último, la empresa gozará de **una mayor autonomía.** Imaginemos que «Distribuciones Marisol, S. L.» desea abrir una nueva tienda en Portugal. Necesitará, para ello, una suma importante de fondos. Si estos fondos los recibe prestados de un banco, es seguro que la entidad financiera tendrá que dar el visto bueno a la operación de inversión y, probablemente, imponga alguna condición. Esto no sucederá si los fondos provienen de reservas (retención de beneficios). La empresa únicamente tendrá que ofrecer respuestas a los socios y no a terceros.
- **¿Es cierto que no tiene coste esta financiación?** En realidad, este tipo de financiación tiene un coste de oportunidad, porque esta financiación implica un sacrificio por parte de los socios. Estos, inicialmente, aportan fondos al capital de la empresa y, posteriormente, renuncian a parte de los beneficios (reservas). La recompensa a ese sacrificio se materializa en la parte de beneficios que sí reciben (dividendos) y en el valor de su participación en el capital. No obstante, el socio siempre puede preguntarse cuánta rentabilidad podría estar obteniendo si hubiera invertido su dinero en otra empresa similar. Esto nos ofrece una aproximación al coste de esta financiación.

2.2 El exigible a largo plazo: pasivo no corriente

La principal fuente de financiación a largo plazo para las empresas está compuesta por **préstamos de entidades financieras o deudas con proveedores con vencimiento superior al año.** La empresa, por tanto, obtiene hoy unos fondos que tendrá que devolver en un plazo superior al ejercicio económico, debiendo abonar, además, periódicamente unos intereses. Si las inversiones son rentables, las **ventajas** son claras: los fondos los están aportando terceros, liberando de esta forma a los socios de sacrificar sus beneficios (efecto apalancamiento o *leverage*). La alta rentabilidad de las inversiones será más que suficiente para afrontar los intereses de los préstamos.

El **inconveniente** viene dado por la otra cara de la moneda. Si las inversiones no son rentables (baja rentabilidad económica), no se podrá afrontar el pago de los intereses de los préstamos, que, por otra parte, no suelen ser reducidos.

2.3 El exigible a corto plazo: pasivo corriente

Hablamos de exigible a corto plazo cuando estamos ante fuentes de financiación provenientes de terceros que proporcionan fondos que la empresa debe devolver antes del plazo de un año.

Dentro de este tipo de financiación, vamos a distinguir dos casos. Por un lado, **préstamos de entidades financieras** concedidos para abordar inversiones de corto plazo y cuyos costes, ventajas e inconvenientes son similares a los del exigible a largo plazo. Por otro lado, **financiación de proveedores y acreedores** que facilitan que la empresa aplace pagos durante un corto período de tiempo, algo que se conoce como «financiación de funcionamiento».

Comprende, piensa, investiga...

2 Como gerente de una empresa solicitas y obtienes un préstamo de 6000 euros a devolver mediante tres pagos mensuales de 2036,11 euros. El tipo de interés de la operación es el 0,9% mensual.

a) Descompón el primer pago mensual en cuota de interés y cuota de amortización.

b) Confecciona el cuatro de amortización, siguiendo los pasos indicados en la sección «Comprendemos la economía: cómo se devuelve (amortiza) un préstamo».

Comprendemos la economía: cómo se devuelve (amortiza) un préstamo

EN UNA OPERACIÓN DE PRÉSTAMO, LA ENTIDAD FINANCIERA ENTREGA, HOY, UNA CANTIDAD A LA EMPRESA, Y ESTA DEBERÁ REALIZAR **PAGOS IGUALES Y MENSUALES** DURANTE EL PLAZO ESTIPULADO, HASTA DEVOLVER POR COMPLETO LA CANTIDAD PRESTADA.

DISTRIBUCIONES MARISOL, S. L. OBTIENE UN PRÉSTAMO DE **9 000** EUROS A DEVOLVER MEDIANTE PAGOS MENSUALES DE **1526,36** EUROS, DURANTE **6 MESES**. EL **TIPO DE INTERÉS** DE LA OPERACIÓN ES EL **0,5 % MENSUAL**.

CADA MES, LA EMPRESA DEBE PAGAR 1526,36 EUROS. ¿ESO QUIERE DECIR QUE LA EMPRESA DEVOLVERÁ CADA MES 1526,36 EUROS?

NO. PORQUE UNA CANTIDAD DE ESOS 1526,36 EUROS DEBE DEDICARSE AL PAGO DE INTERESES.

LOS INTERESES SIEMPRE SERÁN EL **0,5 %** DEL CAPITAL QUE QUEDE POR DEVOLVER

CÓMO SE AMORTIZA (DEVUELVE) UN PRÉSTAMO

PRIMER PAGO MENSUAL → 1526,36 €

IMPORTES CORRESPONDIENTES AL PRIMER MES:

1. SE CALCULAN LOS INTERESES A PAGAR:
   I = 0,005 • 9 000 = 45 €
2. LA CANTIDAD DESTINADA A DEVOLVER EL PRÉSTAMO SERÁ, POR TANTO:
   AMORTIZACIÓN = 1526,36 - 45 = 1481,36 €
3. LA CANTIDAD PENDIENTE AHORA ES:
   CAPITAL PENDIENTE = 9 000 - 1481,36 = 7 518,64 €

EL PRÓXIMO MES LOS INTERESES SE CALCULARÁN SOBRE 7 518,64 EUROS.

CUADRO DE AMORTIZACIÓN DEL PRÉSTAMO

MES	PAGO	INTERESES	AMORTIZACIÓN	PENDIENTE
0				9 000,00 €
1	1526,36 €	45,00 €	1 481,36 €	7 518,64 €
2	1526,36 €	37,59 €	1 488,77 €	6 029,88 €
3	1526,36 €	30,15 €	1 496,21 €	4 533,67 €
4	1526,36 €	22,67 €	1 503,69 €	3 029,97 €
5	1526,36 €	15,15 €	1 511,21 €	1 518,77 €
6	1526,36 €	7,59 €	1 518,77 €	0,00 €

3 LA CUENTA DE RESULTADOS

Conceptos económicos: el resultado de explotación

Las empresas deben generar, **con su actividad de negocio,** unos ingresos superiores a sus gastos de funcionamiento (**resultado de explotación** positivo).

Imaginemos el caso de una empresa de **transporte de pasajeros por carretera** cuya cuenta de resultados luce de la siguiente manera:

+ Venta de billetes	0,00
– Gastos de personal	3 000,00
– Alquileres	2 000,00
– Mantenimiento	1 000,00
Resultado de explotación .	–6 000,00
+ Venta de autobús	20 000,00
RESULTADO:	+ 14 000,00

¿debería estar preocupada la gerencia de esta empresa?

Gracias al patrimonio (activo, pasivo y patrimonio neto), las empresas pueden desarrollar su actividad. Es esta actividad la que generará **ingresos,** aunque, para ello, incurrirán en **gastos.** Si los ingresos superan a los gastos, el negocio será **viable,** obteniéndose beneficios. Estos beneficios, como sabemos, se destinan a compensar a los socios promotores y a financiar el crecimiento de la empresa (reservas). Veamos cuáles son los principales ingresos y gastos de una empresa.

3.1 Ingresos

La gestión de la empresa está encaminada, entre otros aspectos, a generar ingresos. Estos se generan a través de varias vías, siendo la principal la venta de bienes o la prestación de servicios.

Las empresas deben procurar siempre generar ingresos a partir de su actividad principal (también llamada explotación).

Por tanto, distinguiremos en la empresa tres tipos de ingresos:

- Ingresos de **explotación:** los obtenidos por la actividad a la que se dedica la empresa. Son los más importantes.
- Ingresos **financieros:** los obtenidos por haber prestado fondos a otros agentes o empresas (intereses).
- Ingresos **extraordinarios:** los provenientes de actividades extraordinarias y de carácter excepcional (por ejemplo, la venta de una maquinaria que ha quedado obsoleta).

De los tres tipos de ingresos, la empresa debe prestar **especial atención a los ingresos de explotación.** Su comportamiento es una de las claves de la viabilidad del proyecto empresarial. Si la empresa no es capaz de generar ingresos a partir de su actividad principal, la idea de negocio deberá ser reorientada.

Comprendemos la economía: resultado y patrimonio neto de la empresa

INICIO AÑO 1: PATRIMONIO DE DISTRIBUCIONES MARISOL, S. L.

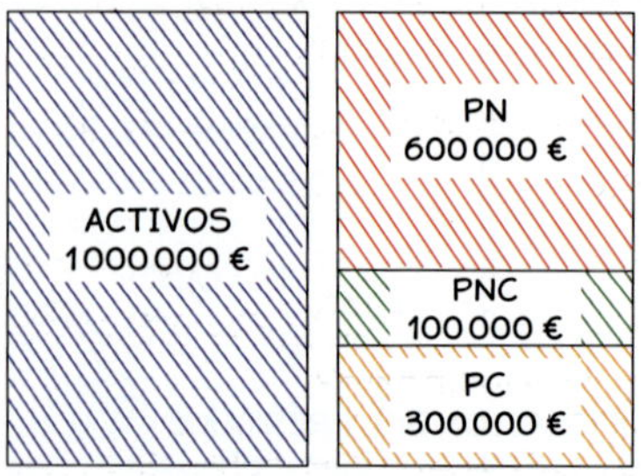

AL **INICIAR EL AÑO 1,** DISTRIBUCIONES MARISOL, S. L. CUENTA CON **ACTIVOS VALORADOS EN 1 000 000 €** (locales, mobiliario, equipos de oficina, mercancías, derechos de cobro contra clientes, dinero en efectivo).

ESTOS ACTIVOS ESTÁN **FINANCIADOS** POR **PATRIMONIO NETO** (capital y reservas), **PASIVOS NO CORRIENTES** (préstamos a largo plazo) Y **PASIVOS CORRIENTES** (obligaciones de pago a proveedores y préstamos a corto plazo).

FIN AÑO 1: PATRIMONIO DE DISTRIBUCIONES MARISOL, S. L.

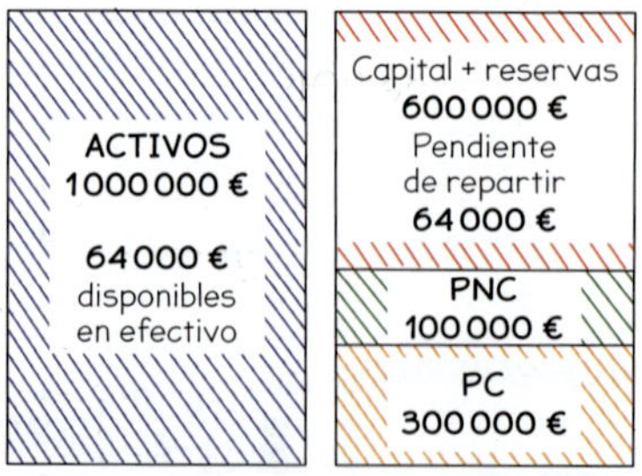

AL **FINALIZAR EL AÑO 1,** DISTRIBUCIONES MARISOL, S. L. HA OBTENIDO UN **BENEFICIO NETO DE 64 000 €** QUE TIENE DISPONIBLE EN SU CUENTA CORRIENTE.

LOS SOCIOS HAN DECIDIDO **REPARTIRSE LA MITAD DEL BENEFICIO (32 000)** Y DEJAR EL RESTO COMO **RESERVAS (32 000).**

EN LOS PRÓXIMOS DÍAS EFECTUARÁN EL TRASPASO.

INICIO AÑO 2: PATRIMONIO DE DISTRIBUCIONES MARISOL, S. L.

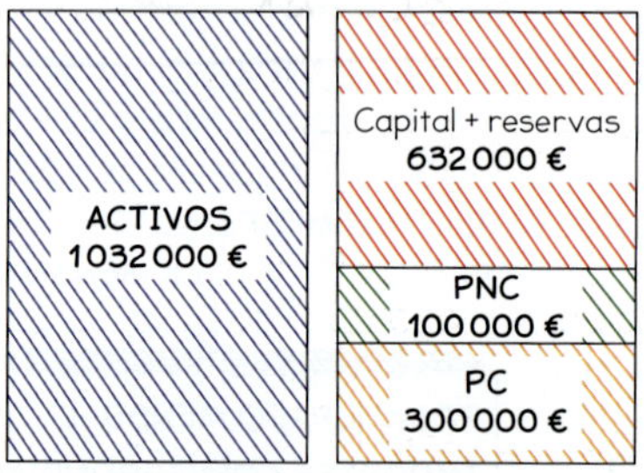

UNA VEZ REALIZADO EL TRASPASO, EL **ACTIVO** DE DISTRIBUCIONES MARISOL, S. L. **HA AUMENTADO DEFINITIVAMENTE EN 32 000 €** (es un dinero que no salió de la cuenta corriente, pues los socios únicamente repartieron 32 000).

EL **PATRIMONIO NETO** DE LA EMPRESA **HA AUMENTADO DEFINITIVAMENTE EN 32 000 €** (este dinero forma, ya, parte de las reservas de la empresa).

SI LOS BENEFICIOS AUMENTAN EL PATRIMONIO NETO → ¿QUÉ CONSECUENCIAS TIENEN PARA LA EMPRESA LAS PÉRDIDAS?

3.2 Gastos

Cuando hablemos de gastos, dentro del ámbito de la empresa, nos referiremos a:

- **... aquellos** relacionados con la producción del bien o servicio (coste de materias primas, coste salarial, coste de la energía consumida, etc.).
- **... aquellos** relacionados con las ventas (gastos de distribución, de representación, de gerencia, de promoción, etc.).

Salvando esta diferencia, a partir de ahora hablaremos de gastos:

- De explotación: aquellos en los que se incurre al llevar a cabo la actividad principal (compras de materias primas, suministros, mano de obra, etc.).
- Financieros: aquellos en los que se incurre por disponer de financiación ajena (intereses).
- Extraordinarios: los no relacionados con la actividad principal de la empresa y que no se producen de manera reiterada (por ejemplo, una avería que provoca la baja definitiva de una máquina).

Otra clasificación de gran interés es la que viene a distinguir entre costes variables y fijos, en la medida en que estos dependan o no del volumen de producción o de distribución. Los analizamos en el próximo epígrafe.

3.3 La cuenta de resultados (pérdidas y ganancias)

En el primer epígrafe de esta unidad, representábamos el patrimonio empresarial en un documento denominado balance de situación, que refleja, a una fecha determinada, el conjunto de bienes, derechos y obligaciones que ostenta la empresa. Pues bien, a la hora de reflejar los ingresos y los gastos que la empresa genera durante un año, utilizaremos la cuenta de resultados, también llamada de pérdidas y ganancias. En la figura siguiente, podemos visualizar la cuenta de resultados del grupo Mercadona, correspondiente al ejercicio 2019.

GRUPO MERCADONA

Cuenta de pérdidas y ganancias a 31 de diciembre de 2019 (en miles de euros)

Importe cifra de negocios	23 361 345
Aprovisionamientos	(17 358 440)
Otros ingresos de explotación	66 319
Gastos de personal	(3 085 538)
Otros gastos de explotación	(1 724 610)
Amortización inmovilizado	(559 094)
RESULTADO DE EXPLOTACIÓN	**699 982**
Ingresos financieros	10 739
Deterioros y resultados	(53 196)
RESULTADO FINANCIERO	**63 935**
RESULTADO ANTES DE IMPUESTOS	**763 917**
Impuesto sobre beneficios	(141 180)
RESULTADO DEL EJERCICIO	**622 737**

Cuenta de pérdidas y ganancias del grupo Mercadona. Memoria anual. 2019.

Comprende, piensa, investiga...

1 Clasifica los siguientes ingresos y gastos de Distribuciones Marisol, S. L.:

a) Venta de frigoríficos.

b) Pérdidas al vender estanterías antiguas que ya no se usaban.

c) Alquiler de un camión utilizado para transportar electrodomésticos vendidos.

d) Sueldos y salarios del personal en plantilla.

e) Dinero a percibir por la venta de una nave industrial que ya no utiliza.

f) Energía consumida por las tiendas donde vende los electrodomésticos.

2 **1-2-4.** Utilizando la información suministrada por la cuenta de pérdidas y ganancias del grupo Mercadona, relativa al ejercicio 2019:

a) ¿Registró esta empresa algún resultado (ingreso-gasto) extraordinario?

b) Del resto de resultados, ¿cuál es el más importante?

c) ¿Qué porcentaje del total de gastos de explotación suponen los gastos de personal? ¿Y los aprovisionamientos?

d) Divide el resultado de explotación entre las ventas (cifra de negocios). Explica el resultado.

4
EL BENEFICIO

Conceptos económicos: el cálculo del punto muerto

En el ejemplo de la venta de camisetas, el grupo debe repartir el coste fijo del alquiler (400 euros) entre el margen obtenido por la venta de una camiseta (7 - 3 = 4 euros).

Así pues, el grupo debe vender 100 camisetas para cubrir el coste fijo (100 · 4 = 400). A partir de la camiseta vendida 101 comenzarán a obtener beneficio.

$$U_R = \frac{CF}{(p - c)}$$

Aprenderemos a representar este problema en la sección «Comprendemos la economía: representación del punto muerto».

OBJETIVOS DE DESARROLLO SOSTENIBLE

Reducción de las desigualdades

«Adoptar políticas, especialmente fiscales, salariales y de protección social, y lograr progresivamente una mayor igualdad».

Objetivos de Desarrollo Sostenible, obj. 10.

ODS En el año 2019, las sociedades mercantiles aportaron, 23 457 millones de euros por el impuesto de sociedades. La cuota a pagar se calcula aplicando un porcentaje sobre la base imponible (calculada a partir de los beneficios). La base imponible total fue de 109 030 millones de euros. ¿Podrías calcular el tipo de gravamen?

Hemos visto, en el epígrafe anterior, cómo el **resultado empresarial** es la diferencia entre los ingresos que obtiene una empresa en un **período de tiempo** y los gastos en los que ha incurrido para generar tales ingresos en el mismo período de tiempo. En este epígrafe, nos preguntaremos cuándo ese resultado es máximo y, también, cuándo comienzan las empresas a obtenerlo.

4.1 La maximización del beneficio

El **resultado empresarial** es la diferencia entre los ingresos que obtiene una empresa en un **período de tiempo** y los gastos en los que ha incurrido en el mismo período de tiempo. ¿Cuándo es ese resultado máximo? ¿Cuándo comienzan a obtenerlo?

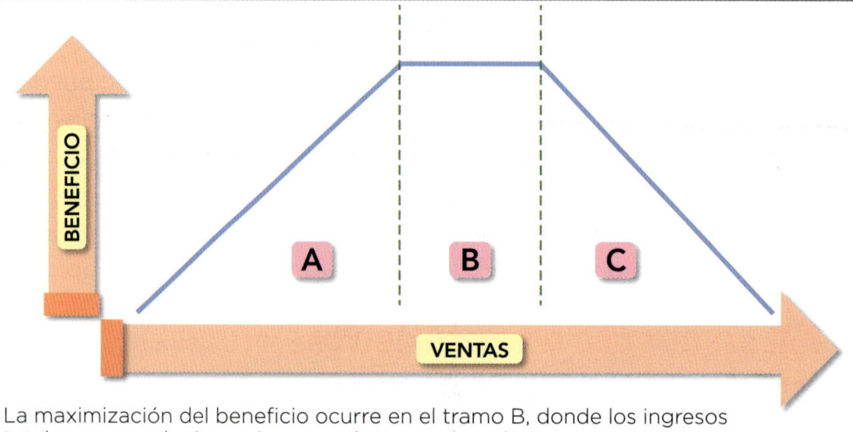

La maximización del beneficio ocurre en el tramo B, donde los ingresos totales crecen al mismo ritmo que los costes totales.

En el gráfico anterior, hemos representado la evolución del beneficio (línea azul) a medida que las ventas de la empresa aumentan. Distinguimos tres zonas con beneficio (resultado positivo):

- **Zona A:** los ingresos totales crecen más deprisa que los costes totales. Como resultado, a medida que aumentan las ventas, el beneficio aumenta cada vez más. La función de beneficio es creciente.
- **Zona B:** los ingresos totales **crecen al mismo ritmo** que los costes totales. Como resultado, el beneficio es máximo. Esta es la zona con el **nivel de ventas que maximiza beneficios.**
- **Zona C:** los ingresos totales crecen más despacio que los costes totales. Como resultado, a medida que aumentan las ventas, el beneficio disminuye cada vez más. La función de beneficio es decreciente.

4.2 El punto muerto de explotación o umbral de rentabilidad

Otro aspecto que preocupa a la gerencia de una empresa, y que es muy interesante conocer, es el nivel de ventas a partir del cual los beneficios comienzan a aparecer. La pregunta es: **¿cuántas unidades tengo que vender para comenzar a obtener beneficios?**

La respuesta es lo que se conoce como **umbral de rentabilidad** o **punto muerto de explotación.**

Imaginemos que el grupo de 4º de ESO se plantea vender camisetas para financiar su viaje de estudios. Comprará las camisetas a 3 euros y

anayaeducacion.es Consulta la información correspondiente a las metas del objetivo 10.

las venderá por 7 euros. Además, aprovechará la afluencia de público a la feria del *stock* para intentar vender el mayor número de camisetas posible. Eso sí, alquilar el puesto de venta en la feria cuesta 400 euros.

¿A qué tipo de costes se enfrenta el grupo?

→ Coste variable: cada camiseta les cuesta 3 euros. Es el coste variable unitario (c).

→ Coste fijo: venda la cantidad que venda, el grupo debe pagar el alquiler (CF).

¿Obtendrá el grupo beneficios a partir de la primera unidad vendida?

La respuesta es no. Al vender una unidad, ganará 4 euros (margen unitario), pero esos 4 euros serán insuficientes para cubrir el coste fijo (400 euros).

¿Cuántas camisetas tiene que vender el grupo para comenzar a ganar dinero?

Con las primeras 100 camisetas vendidas habrá obtenido 400 euros (4 x 100), que es la cantidad que debe destinar al alquiler. A partir de ese nivel de ventas, ya todo serán ganancias. 100 camisetas es el punto muerto o umbral de rentabilidad.

Comprende, piensa, investiga...

1 Una empresa vende un artículo con un margen de 3,25 euros. Si la empresa debe hacer frente a 1998,75 euros de coste fijo:

a) Calcula el número de unidades que debe vender para alcanzar su punto muerto.

b) Calcula el precio de venta si cada unidad cuesta 1 euro.

2 Cierta empresa sabe que si aumenta sus ventas, sus ingresos crecerán más que sus costes. ¿Debería hacerlo? ¿Por qué?

Comprendemos la economía: representación del punto muerto

REPRESENTAREMOS EL CASO DEL GRUPO DE 4.º DE ESO
QUE PRETENDE VENDER CAMISETAS PARA FINANCIAR SU VIAJE DE FIN DE CURSO

VENTAS (unidades)	INGRESOS (7 • V)	COSTES VARIABLES (3 • V)	COSTE FIJO (400 €)	COSTES TOTALES (CV + CF)	BENEFICIO (ingresos - costes totales)
50	350	150	400	550	-200
100	700	300	400	700	0
150	1050	450	400	850	+200

VENDERÁN CADA CAMISETA AL PRECIO DE 7 €

SI «V» ES LA CANTIDAD VENDIDA:

INGRESOS = 7 • V

CADA CAMISETA LES CUESTA 3 €

SI «V» ES LA CANTIDAD VENDIDA:

COSTES VARIABLES = 3 • V

DEBEN HACER FRENTE A UN COSTE FIJO, VENDAN O NO VENDAN CAMISETAS

CF = 400

LOS COSTES TOTALES SON:

CT = 400 + 3 • V

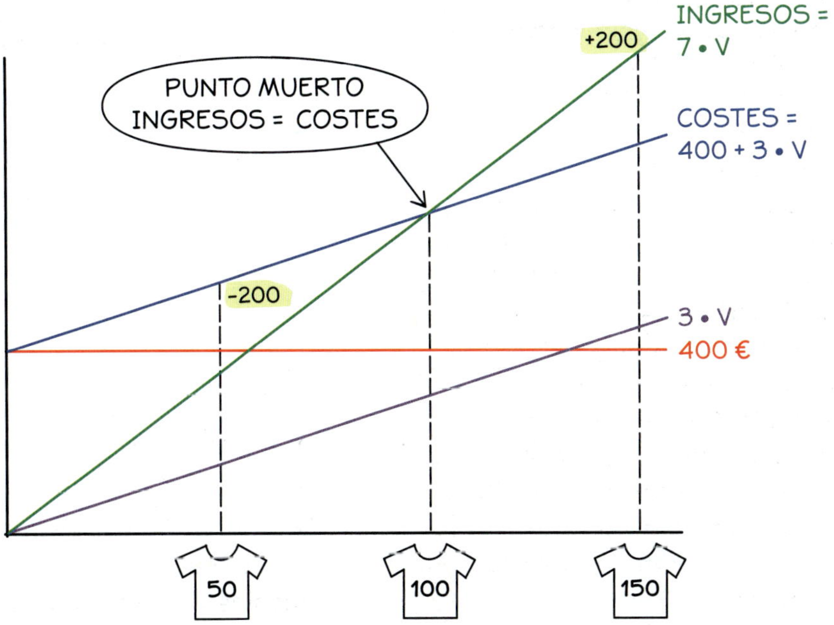

5 FISCALIDAD EMPRESARIAL

Conceptos económicos: hecho imponible

«Presupuesto fijado por la ley para configurar cada tributo y cuya realización origina el nacimiento de la obligación tributaria principal». Artículo 20.1. de la Ley General Tributaria.

De esta forma, cuando una persona realiza el hecho imponible señalado por la ley, se convierte en obligato tributario. Por ejemplo, si un autónomo obtiene beneficios con su empresa, deberá tributar por el impuesto sobre la renta de las personas físicas (IRPF).

Las empresas realizan una actividad económica y, como hemos visto, generan rentas bajo la forma de beneficios. Estos beneficios estarán sujetos a imposición. Además, las empresas, al vender bienes o prestar servicios, llevan a cabo el hecho imponible del impuesto sobre el valor añadido (IVA).

5.1 Impuesto sobre la renta de las personas físicas

El empresario individual o autónomo, como persona física, tributará por el Impuesto sobre la Renta de las Personas Físicas (IRPF). El IRPF es un impuesto directo y progresivo. Veamos qué significa esto:

- **Impuesto directo:** El IRPF grava la obtención de renta, y la renta es una manifestación directa de la riqueza.
- **Impuesto progresivo:** la renta que obtiene el individuo se divide en tramos o escalones, aplicando un tipo de gravamen cada vez mayor, según avanzan los tramos.

Veamos un ejemplo sencillo: Supongamos que María, autónoma, soltera, sin hijos ni mayores a cargo, obtuvo el año pasado rentas por su actividad empresarial (una vez deducidos los gastos necesarios) por importe de 63 000 euros. ¿Cuánto deberá ingresar a Hacienda por IRPF?

- **por los primeros 12 450 euros**, pagará el 19 %, es decir 2 365,50 euros.
- **por los siguientes 7 750 euros**, pagará el 24 %, es decir 1 860,00 euros.
- **por los siguientes 15 000 euros**, pagará el 30 %, es decir 4 500,00 euros.
- **por los siguientes 24 800 euros**, pagará el 37 %, es decir 9 176,00 euros.
- **por los últimos 3 000 euros**, pagará el 45%, es decir 1 350,00 euros.

En total, María deberá pagar la suma de 19 251 euros. No obstante, los primeros 5 550 euros tributan a tipo cero **(mínimo personal y familiar)**, por lo que la cuota final a pagar (en ausencia de otras deducciones) sería de 18 196,50 euros. En tal caso, el **tipo medio de gravamen** de María sería del 28,9 por ciento (18 196,50/60 000).

¿Cómo se paga el impuesto? Imaginemos que María se dedica a la asesoría de empresas. Supongamos que María factura a un cliente, por una gestión, un importe de 3 000 euros. María cobrará por esta acción 2 550. Los restantes 450 euros (15 por ciento de la factura) quedarán retenidos y serán ingresados en la Agencia Tributaria.

Como vemos, María está adelantando el pago del impuesto, sin conocer aún su cuota, pues el año no ha terminado. Una vez termine, se determinará el importe total (como hemos hecho en el ejemplo de arriba) y se saldarán las diferencias.

Así, imaginemos que María, durante el año pasado, retención tras retención, ya ingresó en la Agencia Tributaria la cantidad de 19 000 euros. En ese caso, como le corresponde pagar finalmente 18 196,50 euros, la Agencia Tributaria devolverá el exceso (que son 803,50 euros). **Algo similar ocurre con las personas asalariadas.**

Comprende, piensa, investiga...

1 Ponte en el lugar de Luis, autónomo, que presentó sus rendimientos del ejercicio pasado en la Agencia Tributaria. Estos alcanzaron la suma de 43 087 euros. Sabiendo que Luis es soltero y no tiene personas a su cargo, calcula la cuota que deberá pagar en concepto de IRPF y su tipo medio de gravamen.

2 ¿Cómo se recauda el IVA a través de las empresas? Confecciona un esquema.

anayaeducacion.es Recuerda que dispones, en tu banco de recursos, de diversos talleres para gestionar tus emociones y de fichas para mejorar tu ciudadanía digital.

5.2 El impuesto sobre sociedades

Las sociedades mercantiles (S. A., S. L., S. Coop., etc.), como personas jurídicas, tributan por el impuesto sobre sociedades (IS). El **IS** es un impuesto directo y **proporcional,** lo que quiere decir que la empresa aportará al impuesto un porcentaje fijo (tipo de gravamen) de los beneficios que obtenga (vimos un ejemplo en «Comprendemos la economía: las empresas usan pasivos para financiar sus activos» en el epígrafe primero).

La cuota a pagar por el IS se calcula aplicando el tipo de gravamen correspondiente a la base imponible (resultado del ejercicio +/- ajustes y reducciones). A continuación, se detallan los tipos de gravamen empleados:

Sujeto pasivo	Tipo
Tipo general	25 %
Entidades de nueva creación	15 %
Sociedades cooperativas fiscalmente protegidas	20 %
Sociedades y fondos de inversión	1 %

Fuente: Tipos de gravamen. IS. 2019.

5.3 El impuesto sobre el valor añadido (IVA)

El **IVA** es un tributo de naturaleza indirecta que recae sobre el consumo y grava las entregas de bienes y prestaciones de servicios efectuadas por empresarios y profesionales, las adquisiciones intracomunitarias y las importaciones de bienes.

Las empresas **repercutirán** las cuotas de IVA en sus ventas y prestaciones de servicios y podrán **deducirse** las cuotas soportadas de IVA en sus compras. Normalmente, la diferencia entre las cuotas repercutidas y las cuotas soportadas será positiva, debiendo las empresas ingresarla en la Agencia Tributaria cada trimestre, a través de la liquidación de IVA. Consideramos un ejemplo sencillo a la derecha.

Comprendemos la economía: ¿cómo se recauda el IVA?

Distribuciones Marisol, S. L. recibe un pedido de electrodomésticos de su proveedor habitual. La factura indica que el importe asciende a 200 000 euros, más IVA (21 %). Por tanto, Distribuciones Marisol, S. L. soporta IVA por 42 000 euros.

Posteriormente, «Distribuciones Marisol, S. L.» vende los electrodomésticos del pedido por un importe de 275 000 euros, más IVA. Por tanto, repercute a sus clientes la cantidad de 57 750 euros.

Cumplido el trimestre, Distribuciones Marisol, S. L. presentará liquidación de IVA en la Agencia Tributaria:

- **IVA repercutido:** 57 750 euros.
- **IVA soportado:** 42 000 euros.
- **A ingresar**: 15 750 euros

El IVA es un impuesto que se devenga cuando se produce la entrega de bienes o la prestación de servicios por parte de una empresa.
Esta deberá repercutir el impuesto en el precio del producto.

ECONOMÍA: PIENSA Y RESPONDE

CUESTIONARIO

Solo una respuesta es correcta:

1. El balance de situación de una empresa:
   - Detalla los ingresos y los gastos en los que esta incurre, en un período de tiempo determinado.
   - Refleja el conjunto de bienes y obligaciones que ostenta una empresa en un momento del tiempo determinado.
   - Representa el patrimonio empresarial, en una fecha determinada.
   - Ninguna es correcta.
2. Las inversiones (o activos) de la empresa:
   - Pueden ser corrientes o no corrientes.
   - Son corrientes cuando su función es generar efectivo.
   - Son no corrientes cuando su función es producir o prestar el servicio.
   - Todas son correctas.
3. Entendemos por rentabilidad:
   - La relación entre la inversión o sacrificio y el resultado obtenido.
   - La relación entre los resultados obtenidos y la inversión necesaria.
   - El concepto también conocido como apalancamiento.
   - Ninguna es correcta.
4. El concepto de apalancamiento *(leverage)* financiero:
   - Señala la importancia que tienen los pasivos para aumentar la rentabilidad global de la empresa.
   - Indica que las empresas no deben financiarse mediante pasivos.
   - Señala que los activos corrientes duplicarán a los activos no corrientes.
   - Ninguna es correcta.
5. En cuanto al patrimonio neto:
   - Representa la inversión en activos de las empresas.
   - Es una fuente de financiación exigible.
   - Es una fuente de financiación que no tiene coste explícito.
   - Ninguna es correcta.
6. A la hora de amortizar un préstamo:
   - Los pagos constantes se dedican exclusivamente a amortizar la deuda.
   - La cuota de interés se calcula aplicando el tanto de interés a la deuda pendiente en cada momento.
   - Las cuotas de amortización coinciden con los pagos realizados.
   - Ninguna es correcta.
7. Cuando una empresa compra mercancía a un proveedor y no la paga al contado, sino en un plazo de tres meses:
   - La empresa está financiando al proveedor.
   - El proveedor está financiando a la empresa a largo plazo.
   - Estamos ante un pasivo no corriente.
   - Ninguna es correcta.

CUESTIONARIO

8. Los ingresos:
   - Aumentan el patrimonio neto, mientras que los gastos lo reducen.
   - Reducen el patrimonio neto, mientras que los gastos lo aumentan.
   - No afectan al nivel de beneficios que la empresa obtiene.
   - La primera y la tercera son correctas; la segunda es falsa.
9. Entendemos por resultado de explotación:
   - La diferencia entre los ingresos y los gastos de una empresa.
   - La diferencia entre los gastos de explotación y los ingresos de explotación, diferencia que será positiva o negativa.
   - La diferencia entre los ingresos de explotación y los gastos financieros.
   - Ninguna es correcta.
10. La empresa verá crecer sus beneficios cuando:
    - Los ingresos aumenten con menor intensidad que los gastos.
    - Los gastos aumenten con una menor intensidad que los gastos.
    - Los gastos crezcan al mismo ritmo que los ingresos.
    - Ninguna es correcta.
11. El punto muerto o umbral de rentabilidad:
    - Es el resultado de repartir el margen unitario entre los costes fijos.
    - Señala el nivel de ventas para el cual es posible cubrir todos los costes.
    - Se alcanza, siempre, desde la primera unidad vendida.
    - Ninguna es correcta.
12. El IRPF:
    - Es un impuesto directo y progresivo, que grava las rentas de las sociedades mercantiles.
    - Es un impuesto directo y proporcional, que grava las rentas de las empresas individuales (autónomos).
    - Es un impuesto indirecto.
    - Ninguna es correcta.
13. El IVA:
    - Se devenga cuando se produce una entrega de bienes por parte de una empresa.
    - Es un impuesto proporcional.
    - Es un impuesto que afecta a la actividad empresarial.
    - Todas son correctas.
14. El IRPF:
    - Es un impuesto directo y progresivo que las empresas individuales pagan por adelantado trimestralmente.
    - Es el principal impuesto al que las empresas individuales están sujetas, ya que estas son personas físicas.
    - Se liquida una vez finalizado el ejercicio económico y su cuota se determina aplicando distintos tipos de gravamen (progresivos) a los distintos tramos de renta que determina la ley.
    - Todas son correctas.

COMPRUEBA TU APRENDIZAJE

1 Una empresa, dedicada a la compraventa de artículos de higiene personal, cuenta con los siguientes elementos patrimoniales:

- Maquinaria, ordenadores, elementos de transporte, mobiliario y *software,* valorados en 6 700 000 euros.
- Mercancías por 650 000 euros, derechos de cobro por 100 000, préstamos bancarios por 100 000, beneficios no repartidos desde el inicio de actividades por 5 500 000, efectivo por 2 000 000, deudas con proveedores por 3 650 000 y aportaciones de los socios por 200 000 euros.

a Ordena su patrimonio, clasificando sus elementos como activos (corrientes y no corrientes), pasivos y patrimonio neto.

b Calcula la rentabilidad económica si se sabe que el resultado de explotación ascendió a 700 000 euros.

2 Según la memoria del Grupo Mercadona, en 2019, obtuvieron un resultado de explotación de 699 982 miles de euros. Su activo ascendió a 9 716 354. Su patrimonio neto, a 5 453 776 euros, y su resultado neto, a 622 737 euros. Calcula:

a Su rentabilidad económica y financiera.

b Razona si existe apalancamiento financiero.

3 Una empresa solicita un préstamo bancario, a devolver mediante seis mensualidades constantes por importe 34 042,71 euros. El nominal del préstamo asciende a 200 000 euros y el tipo de interés mensual aplicado será del 0,605 por ciento. Confecciona el cuadro de amortización del préstamo bancario. Ayúdate de una hoja de cálculo.

4 Una empresa financia sus activos con financiación por importe total de 300 000 euros. Sabiendo que su composición es la siguiente:

- Patrimonio neto: 60 por ciento.
- Pasivo no corriente: 10 por ciento.
- Pasivo corriente: 30 por ciento.

a Calcula los importes de los diferentes tipos de financiación.

b Sabiendo que el coste del patrimonio neto se estima en un 1 por ciento, el del pasivo no corriente en un 5 por ciento y el del pasivo corriente en un 2 por ciento, calcula el coste medio ponderado de la financiación de la empresa.

5 Una empresa realiza los siguientes ingresos y gastos durante el último año:

- Gastos de personal, 50 000 euros; consumo de energía, 5 000 euros; compras de mercancías, 200 000 euros; intereses de préstamos (pagados), 3 000; ventas, 300 000 euros; impuestos (20 por ciento del beneficio antes de impuestos).

a Confecciona la cuenta de pérdidas y ganancias, siguiendo el ejemplo propuesto en la sección «Comprendemos la economía» del epígrafe 3 de la unidad.

6 Cierta empresa, dedicada a la fabricación de bicicletas, incurre en unos costes fijos de fabricación de 180 000 euros. Si se sabe que producir una bicicleta le cuesta 125 euros y que incrementa este coste en un 80 por ciento para calcular su precio:

a Calcula el punto muerto de la empresa.

b Calcula el resultado que obtiene esta empresa si vende 5 000 bicicletas.

c Representa la solución en una gráfica.

7 Calcula el tipo medio de gravamen del IRPF que soporta una persona cuyas rentas, durante el año pasado, ascendieron a 33 546 euros.

8 Una empresa que cultiva trigo vende su producción anual a una fábrica de harinas por 40 000 euros, repercutiendo un IVA del 4 por ciento. La fábrica transforma el producto y vende harinas a una panificadora por importe 60 000 más IVA (4 %). La panificadora elabora pan y, finalmente, lo vende al consumo final por importe 120 000, más IVA (4 %). En base a esta información:

a Calcula el IVA que paga el consumo final.

b Calcula el IVA que debe ingresar en la Agencia Tributaria, la empresa que cultiva trigo.

c Realiza el apartado anterior para el caso de la fábrica de harinas.

d Realiza el apartado b para el caso de la panificadora.

e Suma las cuotas de IVA que cada empresa debe ingresar en la Agencia Tributaria. ¿Con qué otra cifra coincide? Razona la respuesta.

9 Una empresa paga: salarios, 90 000 euros; alquileres, 44 000 euros; energía, 10 000 euros. Si vende cada producto a un precio de 18 euros y le cuesta 9 euros:

a Calcula el umbral de rentabilidad.

b Calcula el beneficio que obtendría la empresa si lograra vender 36 000 unidades de perfume.

c ¿A qué precio debería vender cada frasco si 36 000 unidades fuera el umbral de rentabilidad?

anayaeducacion.es Realiza la autoevaluación interactiva de la unidad.

La hotelería española busca afianzar la rentabilidad ante la desescalada

HOSTELTUR. https://www.hosteltur.com/136616_la-hoteleria-espanola-busca-afianzar-la-rentabilidad-ante-la-desescalada.html. 12 DE MAYO DE 2020

Los hoteles, y el sector turístico en general, se preparan para la fase de desescalada y la recuperación paulatina de la actividad.

[...]

Pero la clave va a residir en **cuándo les será rentable volver a abrir.** Las grandes cadenas cuentan con equipos específicos para analizarlo, pero muchas pequeñas y medianas, junto con **los hoteles individuales, tendrán que recurrir a consultoras como Christie & Co** para tomar una decisión que asegure su supervivencia.

Christie & Co, con delegaciones en toda Europa, ya ha recibido solicitudes de las cadenas, según ha explicado Beatriz Menéndez-Valdés, su responsable del Departamento de Consultoría para España y Portugal, para «asesorarles en la revisión del plan estratégico, de manera que **puedan saber cuándo y cómo abrir** para asegurarse la **rentabilidad económica** de la operación».

De hecho, como ha confirmado Inmaculada Ranera, directora general de Christie & Co para España y Portugal, «las grandes cadenas de manera interna, y las medianas en ocasiones de forma externalizada, están diseñando su actividad atendiendo a distintos escenarios».

En función de esos escenarios, los grupos hoteleros, según ha subrayado su responsable de Inversión, Coré Martín, «están **planificando su reapertura:** por regiones, solo uno por destino si disponen de varios, etc. **El objetivo es alcanzar el break even,** o umbral de rentabilidad, equilibrando demanda y estructura de costes».

Entre otras medidas a su alcance, como ha detallado Menéndez-Valdés, «pueden ir **abriendo progresivamente por plantas,** y a medida que se van añadiendo ir **reincorporando al personal**». Además, ha añadido, «el **mantener cerradas las zonas comunes en esta primera fase de la desescalada tendrá un menor impacto económico,** porque en muchos hoteles es un activo poco rentable».

CUESTIONES

1 El texto habla de la rentabilidad económica. ¿Sabrías decir qué es y cómo se calcula? ¿Cómo calificarías un mal resultado en esta ratio?

2 ¿Qué significa el concepto *break even?* ¿Qué medidas se plantearon en aquel momento para alcanzarlo?

3 ¿Por qué motivo podría ayudar a alcanzar el *break even* mantener cerradas las zonas comunes?

4 **Interpretación compartida.** ¿Qué es un resort? ¿Por qué crees que el artículo afirma que este tipo de negocios afrontará mayores dificultades? (Pista: busca en la fórmula del punto muerto alguna variable que, en este negocio, sea clave).

5 En la parte final del artículo, se afirma que la reapertura supondrá costes adicionales. ¿Qué elemento o elementos del cálculo del punto muerto crees que pueden verse afectados? ¿En qué sentido? Estas medidas, ¿aumentarán o reducirán el umbral de rentabilidad?

Con estas condiciones, Menéndez-Valdés ha puntualizado que «los hoteles económicos tienen ventaja, pues tienen más fácil poder abrir por plantas; mientras que **los resorts lo tienen más difícil** con el paquete turístico como producto estrella. **El todo incluido está muerto**».

El hotelero debe asumir si tiene que invertir en activos productivos para ponerlo en marcha y (atender) las nuevas normativas de seguridad, porque está claro que **la reapertura va a suponer costes adicionales,** además de en limpieza general y desinfección de las instalaciones».

anayaeducacion.es Consulta en «Revista Digital» noticias sobre emprendimiento.

4

ECONOMÍA PERSONAL

La vida

La esperanza de vida en España, en el año 2018, se situaba en los 83 años y medio. Solo treinta años antes, en 1988, esta era de 76,9 años (casi 77). Si hacemos un simple cálculo, tenemos una ganancia de 6,6 años de esperanza de vida en los últimos treinta años. ¿Eso es mucho o es poco? Uno de los mayores expertos en longevidad, **José Antonio Herce,** propone que sigamos con los cálculos. 6,6 años son 57 816 horas de vida, que es lo que hemos ganado como sociedad. ¿En cuánto tiempo? Pues, según los datos, en 30 años, que son 10 950 días. Relacionamos la ganancia con el tiempo transcurrido y obtenemos [57 816 horas/10 950 días] 5 horas al día. ¡Cada día que pasa, ganamos 5 horas en esperanza de vida!

Con semejantes números, ¿no es para pensar en el ahorro y en el futuro? La probabilidad de seguir vivo en los próximos años es muy alta, afortunadamente, así que habrá que planificar la vida, también en términos económicos.

anayaeducacion.es Consulta en el apartado «Economía y vida cotidiana» aspectos económicos.

PLANIFICAMOS

ECONOMÍA PERSONAL

- INGRESOS Y GASTOS
- EL PRESUPUESTO
- AHORRO Y ENDEUDAMIENTO
- EL FUTURO
- INFLACIÓN, RIESGO Y RENTABILIDAD

Ingresos y gastos

¿Cuáles son los ingresos personales más comunes? ¿En qué gastamos el dinero? ¿Trucos para controlar los gastos personales?

Gestión del presupuesto

¿Y si recogemos todos nuestros ingresos y nuestros gastos en un documento? Mejor aún, ¿y si intentamos planificarlos y fijarnos un objetivo de ahorro?

Ahorro y endeudamiento

¿Por qué ahorrar? Y la siguiente pregunta, ¿cómo ahorrar? ¿Y si necesitamos un préstamo hipotecario? ¿Qué tengo que saber?

Planificación financiera del futuro

Ahorrar es buena idea. Y conozco algunos instrumentos para hacerlo. ¿Cómo funcionan? ¿Puedo simular mi plan de ahorro?

Riesgo y diversificación

¿Cómo afecta la inflación a nuestro ahorro? ¿Qué es el riesgo? ¿Cuál es su relación con la rentabilidad? ¿Cómo controlarlo? Aprendamos algo acerca de la diversificación.

1
INGRESOS Y GASTOS

En la anterior unidad didáctica, estudiamos los conceptos de ingresos, gastos y costes desde el punto de vista de la empresa.

Ahora trataremos de hacer lo mismo, aunque revisaremos estos conceptos desde el punto de vista de la economía personal.

1.1 Los ingresos personales

Como primera aproximación, distinguiremos dos tipos de ingresos personales:

a) Aquellos que se originan con cierta continuidad en el tiempo (rentas).

b) Aquellos que se reciben de manera puntual y aislada.

Las rentas son los ingresos personales más importantes, y a menudo, los únicos que muchas personas reciben en su vida. Dentro de ellas, vamos a distinguir:

- **Rentas del trabajo y de actividades económicas:** ingresos periódicos obtenidos por realizar un trabajo por cuenta ajena o por cuenta propia. Constituyen, para la mayoría de las personas, la fuente principal y básica del conjunto de sus ingresos.
- **Rentas del capital mobiliario:** ingresos periódicos generados por inversiones en distintos tipos de activos financieros (cuentas bancarias, fondos de inversión, acciones y participaciones, etc.).
- **Rentas del capital inmobiliario:** ingresos periódicos provenientes de bienes inmuebles (pisos, casas, chalés, locales, etc.). Normalmente, estas rentas proceden de operaciones de alquiler.

Además de las rentas, las personas pueden obtener **ingresos puntuales,** derivados de la venta de parte de su patrimonio, de herencias o de operaciones vinculadas al azar (juegos, loterías, etc.). Normalmente, estos ingresos no garantizan por sí solos el mantenimiento de los gastos personales durante toda la vida.

1.2 Los gastos personales

Consideraremos, aquí, cuatro tipos de gastos personales:

- **Gastos vitales:** aquellos que se originan cuando se satisfacen las **necesidades básicas,** como son las de **alimento, vestido, vivienda, salud** y **enseñanza.**
- **Gastos comprometidos:** todos aquellos gastos, de cualquier naturaleza, que surjan como consecuencia de compromisos contractuales. Por ejemplo, el pago mensual de la cuota de un préstamo.
- **Gastos imprevistos:** gastos no planificados que es necesario atender de manera prioritaria o urgente para satisfacer necesidades básicas o las rutinas diarias. Por ejemplo, la ortodoncia de los hijos o la reparación del vehículo del hogar.
- **Otros gastos:** cualquier otro gasto que no corresponda a ninguno de los anteriores y de los que podemos, en principio, prescindir.

Las personas incurrimos en todos los tipos de gasto que hemos señalado. Por tanto, debemos ser conscientes de su cuantía y de la probabilidad de que ocurran. Clasificarlos será la primea tarea del hogar.

Comprende, piensa, investiga...

1 **1-2-4.** Clasifica los siguientes ingresos personales:

a) Nómina mensual que recibe una persona asalariada.

b) Abono, en cuenta corriente, de dividendos procedentes del reparto de beneficios de una S.A. de la que se es socio.

c) Cobro de 150 euros por la venta de una bicicleta usada.

d) Cobro de la mensualidad de alquiler de un local que utiliza una peluquería para prestar sus servicios.

2 Consulta en la web del INE los resultados actualizados de la EPF.

1.3 Control de gastos

La **herramienta** necesaria para el control de ingresos y gastos es el presupuesto. A través del presupuesto, las personas pueden analizar la cantidad y la calidad de sus ingresos, así como el destino y la dinámica de sus gastos. Dedicaremos el próximo epígrafe a profundizar sobre ello.

Veamos algunas **reglas básicas** para el control de gastos serán:

- Cuantifica, **en primer lugar,** los gastos vitales. Estos son los más importantes, desde el punto de vista de las necesidades básicas y de la integridad y la conservación de la vida. Por tanto, debemos ser conscientes de cuánto necesitamos gastar en bienes de primera necesidad. Esta cantidad debe, siempre, actuar como restricción para la satisfacción de otros gastos.
- **En segundo lugar,** vigila con mucha atención los gastos comprometidos. El motivo es simple: son gastos consecuencia de la firma de un contrato y su incumplimiento nos puede llevar a una situación no deseada. Especial relevancia tienen los gastos comprometidos de pequeña cuantía (compras a plazos). Ten en cuenta que un número considerable de estos gastos supone una suma importante a satisfacer a fin de mes.
- **Por último,** sé consciente de que, tarde o temprano, habrá gastos imprevistos y estos, por su naturaleza, deberán ser atendidos. Razón de más para conocer (los gastos vitales), restringir (los gastos comprometidos) y racionalizar (el resto de gastos). Recuerda: **conocer, restringir y racionalizar.**

Comprendemos la economía: ¿cuánto gastan los hogares? La Encuesta de Presupuestos Familiares

¿En qué gastan los hogares? ¿Cuánto gastan los hogares? Encuesta de Presupuestos Familiares (EPF). INE	Gasto medio por hogar en 2019 (euros)	(gasto/TOTAL) * 100
Alimentación y bebidas no alcohólicas	4 286,00 €	14,2
Bebidas alcohólicas y tabaco	516,29 €	1,7
Vestido y calzado	1 417,49 €	4,7
Vivienda, agua, electricidad, gas y otros combustibles	9 441,17 €	31,2
Muebles, artículos del hogar y artículos para el mantenimiento corriente del hogar	1 330,46 €	4,4
Sanidad	1 047,71 €	3,5
Transporte	3 888,03 €	12,9
Comunicaciones	946,12 €	3,1
Ocio y cultura	1 653,69 €	5,5
Enseñanza	480,59 €	1,6
Restaurantes y hoteles	2 944,35 €	9,7
Otros bienes y servicios	2 290,88 €	7,6
TOTAL	**30 242,76 €**	**100,0**

Gasto medio por hogar en 2019 (porcentaje)

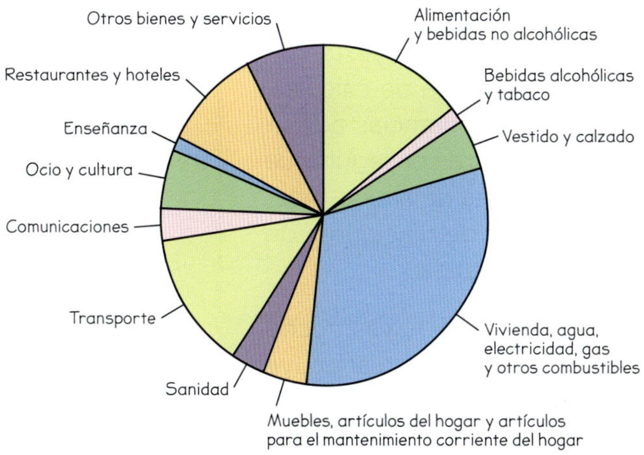

¡RECUERDA!

Cuando tengamos información sobre una rúbrica económica (por ejemplo, gasto medio por hogar, en euros) que contiene, a su vez, información sobre componentes (alimentos, vestido, vivienda, etc.), es posible **conocer el peso o la importancia de cada uno de estos componentes.**

Solo tienes que **dividir la parte** (alimentos, por ejemplo) **entre el todo** (TOTAL). De esta forma, siempre podrás comentar los datos de la forma: **«de cada 100 euros de gasto, 5,5 estaban dedicados a ocio y cultura».**

2

GESTIÓN DEL PRESUPUESTO

Confeccionar un presupuesto personal o familiar supone el punto de partida para lograr gestionar los gastos y los ingresos del hogar.

2.1 Las ventajas del presupuesto

Atendiendo a un criterio temporal, encontramos tres tipos de ventajas en la elaboración y el seguimiento de un presupuesto personal.

- Ventajas ***a priori.*** Sea cual sea el presupuesto y las cantidades que en este consignemos, plantear su elaboración conlleva el establecimiento de **objetivos.** La persona que elabora un presupuesto siempre lo hace guiada por un objetivo o meta (identificar gastos recurrentes, controlar gastos superfluos, ahorrar cierta cantidad, reducir gastos en un porcentaje, etc.). El propio acto de marcarse una meta supone ya una ventaja, al establecer un techo de gasto realista y marcarnos el camino a seguir. Un consejo: **sé realista** (posibilista) al definir los objetivos. Establecer un nivel muy exigente hará que no puedas cumplirlos y te abordará el desánimo. Por contra, relajar demasiado los objetivos desvirtuará la utilidad del presupuesto.
- Ventajas **durante** la ejecución. A medida que cumplimentamos el presupuesto, anotando los gastos reales y comparándolos con los previstos inicialmente, iremos siendo **conscientes** de nuestro nivel de gasto. En otras palabras, estaremos en todo momento con los pies en la tierra y podremos calcular fácilmente la dinámica de ingresos y gastos, así como el posible cumplimiento de los objetivos. Esto **nos ayudará,** si existen desviaciones, **a tomar decisiones durante la ejecución del presupuesto** (recortar gastos, anular alguna actividad planteada inicialmente, aumentar el objetivo de ahorro, etc.).
- Ventajas **tras la ejecución.** Una vez liquidado el presupuesto, tendremos una foto fija del total de ingresos y gastos efectuados durante el período (normalmente un mes), así como las **desviaciones** (imprevistos) con respecto al objetivo. Contamos, de esta manera, con la ventaja de conocer si los objetivos iniciales eran asumibles, si tenemos algún problema a la hora de contener algún tipo de gasto o si, en cambio, podemos aumentar la potencia de nuestras metas. La utilidad de esta fase es mucho mayor si pensamos en la posibilidad de **identificar tendencias de gasto.** Así, por ejemplo, podríamos ser conscientes de gastos diarios pequeños que, una vez sumados, importan una cantidad significativa.

2.2 Cómo se hace un presupuesto

Elaborar un presupuesto personal es técnicamente sencillo. La parte complicada afecta, por lo general, al aspecto psicológico del consumidor. No es fácil ser realista en términos de consumo (recuerda plantear objetivos posibles).

Para realizar un presupuesto, contaremos con una hoja de papel o, si es posible, con una hoja de cálculo (véase «Comprendemos la economía: realizamos un presupuesto con la ayuda de la hoja de cálculo»). A partir de aquí, de forma separada, deberemos organizar en una lista los diferentes tipos de ingresos y de gastos que surgirán a lo largo del mes.

Comprende, piensa, investiga...

1 Realiza el ejemplo de la sección «Comprendemos la economía: Realizamos un presupuesto con la ayuda de la hoja de cálculo». Utiliza las competencias adquiridas en TIC para conseguir que la aplicación sea dinámica, mostrándote las desviaciones de manera automática.

2 ☑ Una vez que hayas hecho el ejercicio anterior, disminuye un 30 % los ingresos (sueldo y horas de los fines de semana). ¿Qué ocurre con el ahorro previsto? ¿Qué gastos podrías ajustar? ¿Cuáles no? ¿Por qué motivo? Realiza un ejercicio de simulación para cuadrar los gastos mensuales. ¿Cuáles han sufrido una mayor variación?

- Listado de **ingresos:** anotaremos los ingresos por naturaleza e importancia en la parte superior del documento. Resulta interesante distinguir entre ingresos regulares (sueldo) e ingresos puntuales o variables.
- Listado de **gastos:** justo debajo de los ingresos, anotaremos los gastos, agrupados por categorías. En este sentido, cabe esperar que clasifiquemos los gastos como hemos señalado en el epígrafe anterior (vitales, comprometidos, imprevistos y resto de gastos).

En la sección «Comprendemos la economía: realizamos un presupuesto con la ayuda de la hoja de cálculo», proponemos un ejemplo que hemos resuelto usando una hoja de cálculo. A este respecto, es útil recordar:

- **Realiza el presupuesto** por semanas o meses, **según recibas tus ingresos.** Así, si recibes los ingresos mensualmente, es deseable que el presupuesto tenga una periodicidad mensual.
- **Divide el análisis** en tres zonas: **previsto, real y desviación.** Así, antes del comienzo del período, planifica los gastos y anótalos en la zona «PREVISTO». A medida que avanza el período y vas realizando gastos, anota en «REAL». Si has programado la hoja de cálculo con las fórmulas correctas, la diferencia entre «REAL» y «PREVISTO» aparecerá en «DESVIACIÓN» y te será más fácil tomar decisiones de control.
- Por último, divide cada zona en tres columnas. En el ejemplo, hemos planteado una zona de color amarillo, otra verde y otra azulada. La zona amarilla contendrá los ingresos y los gastos detallados. La zona azul agregará los **gastos detallados** por categorías y la zona ligeramente azul estará reservada para los totales. Únicamente anotarás en la zona amarilla. Las celdas para **los agregados albergan fórmulas que calcularán los importes por ti.**

Comprendemos la economía: realizamos un presupuesto con la ayuda de la hoja de cálculo

	A	B	C	D	E	F	G	H	I	J
1	PRESUPUESTO PERSONAL	PREVISTO			REAL			DESVIACIÓN		
2	INGRESOS			1.900,00 €			1.800,00 €			100,00 €
3	Sueldo		1.500,00 €			1.500,00 €			0,00 €	
4	Fin de semana		400,00 €			300,00 €			100,00 €	
5	Horas fin de semana	8			6			-2		
6	Precio hora	50,00 €			50,00 €			0,00 €		
7	GASTOS			1.735,00 €			1.665,00 €			70,00 €
8	Vitales		650,00 €			650,00 €			0,00 €	
9	Comida/Menaje hogar	250,00 €			275,00 €			25,00 €		
10	Vestido y calzado	100,00 €			50,00 €			50,00 €		
11	Energía, teléfono y suministros	300,00 €			325,00 €			25,00 €		
12	Comprometidos		750,00 €			750,00 €			0,00 €	
13	Alquiler	500,00 €			500,00 €			0,00 €		
14	Cuota mensual préstamo coche	250,00 €			250,00 €			0,00 €		
15	Imprevistos (media mensual esperada)		75,00 €			25,00 €			50,00 €	
16	Otros gastos		260,00 €			240,00 €			20,00 €	
17	Ocio/Cultura	200,00 €			180,00 €			20,00 €		
18	Seguros (cuota mensual)	60,00 €			60,00 €			0,00 €		
19	AHORRO (Ingresos-Gastos)			165,00 €			135,00 €			30,00 €

Planificamos, cumplimentando las celdas coloreadas en amarillo

En esta columna vamos anotando los gastos a medida que ocurren

En segunda y tercera columnas no anotamos. Las fórmulas se encargan de realizar los cálculos

En las celdas del apartado «Desviación», introducimos fórmulas que calculen la diferencia entre REAL y PREVISTO.

De esta manera, identificamos las principales desviaciones y podremos tomar decisione en tiempo real.

3 AHORRO Y ENDEUDAMIENTO

Conceptos económicos: préstamo hipotecario

A la hora de adquirir en propiedad una vivienda, los ahorros personales no suelen ser suficientes, así que podemos solicitar un **préstamo hipotecario** a una entidad financiera. Con los fondos de este préstamo, compraremos la vivienda. Ten en cuenta que los plazos de devolución son largos (años) y que el conjunto de tus deudas no debe superar al 40 por ciento de tus ingresos netos mensuales. Recuerda que, **en caso de impago, se procederá a la subasta de la vivienda.** Si su precio no es suficiente para saldar la deuda, seguirás debiendo dinero a la entidad financiera y habrás perdido la propiedad de la vivienda.

Desde el punto de vista estrictamente económico, la vida es una sucesión de etapas en las que se producen corrientes monetarias de entrada (ingresos) y de salida (gastos), arrojando saldos positivos (ahorro) o negativos (endeudamiento) que nos forzarán a tomar decisiones en cada momento. A lo largo de este epígrafe, abordaremos los conceptos de ahorro y de su contrario, el endeudamiento.

3.1 ¿Por qué ahorrar?

La teoría económica clásica suele dividir a los consumidores en dos grupos: quienes prefieren gastar hoy y quienes prefieren hacerlo mañana. Lo cierto es que algunas personas sacrifican su consumo presente porque valoran en mayor medida sus necesidades futuras, y, por tanto, ahorran dinero. Otras, en cambio, prefieren el consumo presente y, para ello, deciden endeudarse, sacrificando así su consumo futuro.

Lo anterior puede ser una conducta completamente racional siempre y cuando se cumplan ciertas **condiciones;** por ejemplo, la ausencia de incertidumbre acerca del futuro, el desempeño de un puesto de trabajo fijo durante toda la vida activa del individuo o una cantidad mínima de ingresos que permitan simplemente decidir si se desea ahorrar o endeudarse.

Como ya habrás pensado, **estas condiciones rara vez se cumplen en la realidad.** Es cierto que existen trabajos «fijos», pero la condición más importante, la ausencia de incertidumbre, es imposible de mantener. Nadie conoce lo que la vida nos depara, por lo que el ahorro parece ser la opción más racional. **Un ahorro que nos proteja de imprevistos y que nos permita acumular fondos para el futuro.**

Comprendemos la economía: capitalización compuesta

MI AHORRO ANUAL = 10 x 12 + 100 + 100 = 320 €
¿CUÁNTO TENDRÉ AL CABO DE 10 AÑOS?

LA ENTIDAD FINANCIERA ME PROMETE UN **2 POR CIENTO ANUAL.**

SUPONDREMOS QUE COMIENZAS EL AÑO DEPOSITANDO LOS AHORROS ANUALES QUE TENÍAS EN CASA ⟶ **320 EUROS**

¿CUÁNTO TENDRÁS A FINALES DE AÑO?

$$C_1 = 320 + 0{,}02 \cdot 320 = 320 \cdot (1{,}02) = 326{,}40\ €$$

AL AÑO SIGUIENTE ESTOS 326,40 € VOLVERÁN A GENERAR UN 2 POR CIENTO

$$C_2 = 326{,}40 \cdot (1{,}02) = 332{,}93\ €$$

AL AÑO SIGUIENTE ESTOS 332,93 € VOLVERÁN A GENERAR UN 2 POR CIENTO

$$C_3 = 332{,}93 \cdot (1{,}02) = 339{,}59\ €$$

FÍJATE QUE

$$C_3 = \boxed{332{,}93} \cdot (1{,}02) = \boxed{326{,}40 \cdot (1{,}02)} \cdot (1{,}02) = \boxed{320 \cdot (1{,}02)} \cdot (1{,}02) \cdot (1{,}02)$$

$$C_3 = 320 \cdot (1{,}02)^3 = 339{,}59\ €$$

ES DECIR, **PODEMOS CALCULAR EL IMPORTE DE NUESTRO AHORRO INICIAL TRAS 10 AÑOS** DE ESTA MANERA:

$$C_{10} = 320 \cdot (1{,}02)^{10} = 390{,}08\ €$$

CAPITALIZACIÓN COMPUESTA

(los intereses generados se añaden al capital para generar nuevos intereses)

$$C_n = C_0 \cdot (1 + i)^n$$

C_n ⟶ capital final o montante

C_0 ⟶ capital inicial

$(1 + i)$ → factor de capitalización

CADA AÑO AHORRAS 320 € Y SE CAPITALIZAN

Los 320 € ahorrados el primer año se han convertido, tras 10 años, en **390,08 €**

Los siguientes 320 € se invertirán 9 años → $320 \cdot (1{,}02)^9 = 382{,}43$ €
Los siguientes 320 € se invertirán 8 años → $320 \cdot (1{,}02)^8 = 374{,}93$ €
Los siguientes 320 € se invertirán 7 años → $320 \cdot (1{,}02)^7 = 367{,}58$ €
Los siguientes 320 € se invertirán 6 años → $320 \cdot (1{,}02)^6 = 360{,}37$ €
Los siguientes 320 € se invertirán 5 años → $320 \cdot (1{,}02)^5 = 353{,}31$ €
Los siguientes 320 € se invertirán 4 años → $320 \cdot (1{,}02)^4 = 346{,}38$ €
Los siguientes 320 € se invertirán 3 años → $320 \cdot (1{,}02)^3 = 339{,}59$ €
Los siguientes 320 € se invertirán 2 años → $320 \cdot (1{,}02)^2 = 332{,}93$ €
Los siguientes 320 € se invertirán 1 año → $320 \cdot (1{,}02)^1 = 326{,}40$ €

→ 3574 EUROS

3.2 ¿Cómo ahorrar?

En el apartado anterior, hemos podido comprobar que **el ahorro es la diferencia entre los ingresos y los gastos de un período.** Así que la primera condición es esa: debes gastar menos de lo que ingresas.

Si cumples esta condición, vas por el buen camino. Ahora tienes que ser consistente y **repetir este comportamiento de manera regular.** Es decir, tienes que conseguir ahorrar todos o casi todos los meses.

Ahora bien. Tal vez te preguntes si merece la pena ahorrar. En primer lugar, la respuesta depende de tu **objetivo** de ahorro. Si este es importante para ti, seguramente ahorrar es una buena opción. En segundo lugar, **no te preocupes por la cantidad.** Por pequeña que sea, siempre será aconsejable porque el dinero, bien gestionado, tiene la capacidad de crecer. Veamos esto más detenidamente:

Supongamos que eres capaz de ahorrar diez euros al mes y la totalidad de las pagas extraordinarias que recibes cada año (cien euros por tu cumpleaños y otros cien por navidad). Supongamos que tu objetivo de ahorro es contar con la mayor cantidad de dinero posible de aquí a los 25 años, por lo que dispones de diez años para tal fin. Si realizamos algunos cálculos, al cabo de todos esos años, tendrías:

Cantidad final = (10 x 12 + 100 + 100) x 10 = 3 200 euros

No está mal para un pequeño esfuerzo mensual. Sin embargo, esta suma es la que obtendrías si tu ahorro no creciera. Afortunadamente, **tu dinero puede ser invertido.** Ya que no lo vas a usar durante diez años, tal vez, si lo prestas y recibes por ello un **interés,** puedas hacer crecer tus ahorros. Veamos qué ocurre en estas condiciones.

Supón que anualmente ingresas tu dinero en una cuenta de ahorro que una entidad financiera (un banco, por ejemplo) te ofrece. Concretamente, **el banco te promete que te pagará un 2 por ciento por la cantidad ingresada anualmente.** En estas condiciones, tendremos que:

Cantidad a ingresar anualmente = 10 x 12 + 100 + 100 = 320 euros

Intereses del 2 por ciento sobre esta cantidad = 0,02 x 320 = 6,40 euros

Cantidad final = (320 + 6,40) x 10 = 3 264 euros

Parece que las cosas van mejorando. Al final de estos diez años, tus ahorros habrán generado 64 euros más. Son buenas noticias. Aunque, tal vez te estés preguntando lo siguiente:

Si, después de todo, también estoy ahorrando los intereses que generan mis ahorros (64 euros ni más ni menos) **¿por qué estos intereses no generan, a su vez, nuevos intereses?**

No te falta razón. En realidad, deberían hacerlo. En ese caso, tus ahorros, al cabo de diez años, ascenderían a la cantidad de 3 574 euros (no te preocupes, te enseñamos a calcularlo.

Lo que acabamos de ver en este epígrafe es que:

- Pequeñas cantidades ahorradas de manera sistemática dan sus frutos al cabo del tiempo.
- Al ahorrar tu dinero a través de un instrumento que proporciona intereses, generarás un ahorro mayor, ya que los intereses devengados producen a su vez, nuevos intereses.

Comprende, piensa, investiga...

1 Realiza el ejemplo de la sección «Comprendemos la economía» en una hoja de cálculo. Utiliza las competencias adquiridas en TIC para conseguir que la aplicación sea dinámica.

2 **Pienso, me interesa, investigo...** Una vez realizado el ejercicio anterior, aprovecha la potencia de la hoja de cálculo para variar el importe del ahorro. Concretamente:

- A partir del cuarto, hasta el séptimo, ahorras mensualmente 30 euros. Las pagas extras pasan a ser de 200 euros.
- Los dos últimos años ahorras mensualmente 75 euros y las pagas extras son de 250 euros.

Compara los resultados con la situación anterior.

3 Visita el simulador de hipotecas de la web de la Asociación Hipotecaria Española y calcula el pago mensual que deberías realizar si, para comprar tu vivienda habitual, tuvieras que solicitar un préstamo hipotecario en las siguientes condiciones:

- Importe del préstamo: 90 000 euros.
- Plazo de amortización: 25 años.
- Tipo de interés: 2,85 %.

4 PLANIFICACIÓN FINANCIERA DEL FUTURO

Conceptos económicos: Milton Friedman y la renta permanente

Los individuos no ingresan una renta constante a lo largo de su vida, sino que esta varía en función de la etapa en la que se encuentren.

Por esto, los individuos no modelan su consumo en relación con su renta actual, sino según una línea o senda de consumo estable que está vinculada a su renta permanente, la cual está calculada a partir de las expectativas que los individuos tienen acerca de sus ingresos futuros.

OBJETIVOS DE DESARROLLO SOSTENIBLE

Salyd y bienestar

«Lograr la cobertura sanitaria universal, el acceso a servicios de salud esenciales de calidad y el acceso a medicamentos y vacunas seguros, eficaces, asequibles y de calidad para todos».

Objetivos de desarrollo sostenible, obj.3.

ODS Explica el comportamiento del siguiente gráfico (tasa de mortalidad mensual de inmigrantes indocumentados antes y después de la restricción a la sanidad universal).

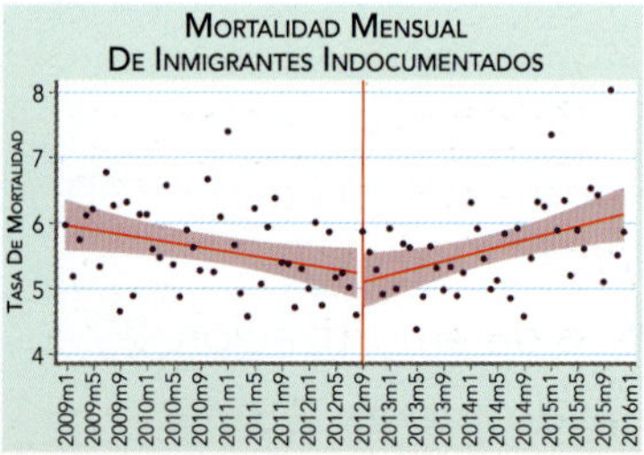

Si cada día añadimos cinco horas más a nuestra esperanza de vida, ¿deberíamos cambiar nuestra actitud hacia el ahorro?

4.1 La esperanza de vida, el ahorro y el ciclo vital

¿Qué consecuencias tiene para las personas el aumento en la esperanza de vida? Seguramente, se nos ocurran algunas, si bien aquí nos centraremos en una idea muy sencilla: **si vivimos más, tendremos que planificar mejor nuestro futuro económico.**

Y decimos esto porque las personas, por lo general, no obtenemos la misma renta siempre. De hecho, comenzamos a ganar dinero a partir del inicio de la vida laboral, tras un período de formación académica más o menos extenso.

- Durante los **primeros años** de nuestra vida laboral, los salarios suelen ser **reducidos,** pero, a medida que aumenten la formación y la experiencia, estos serán cada vez mayores.
- Pueden aparecer, también, fases en las que no generemos ingresos, bien por hallarnos en situación de **desempleo** o por inactividad profesional. Estas fases son críticas, pues los gastos personales se mantienen en ausencia de ingresos.
- Por último, llega la etapa de la ***jubilación*** en la que dejaremos de obtener un salario (ya no trabajamos), pasando a recibir una pensión de jubilación.

Con semejante horizonte temporal, ¿qué opción de las siguientes sería más recomendable?

a) Gastar en función de las rentas que se obtengan en cada etapa de la vida.

b) Observar una senda permanente de consumo a lo largo de la vida y utilizar el ahorro como concepto nivelador.

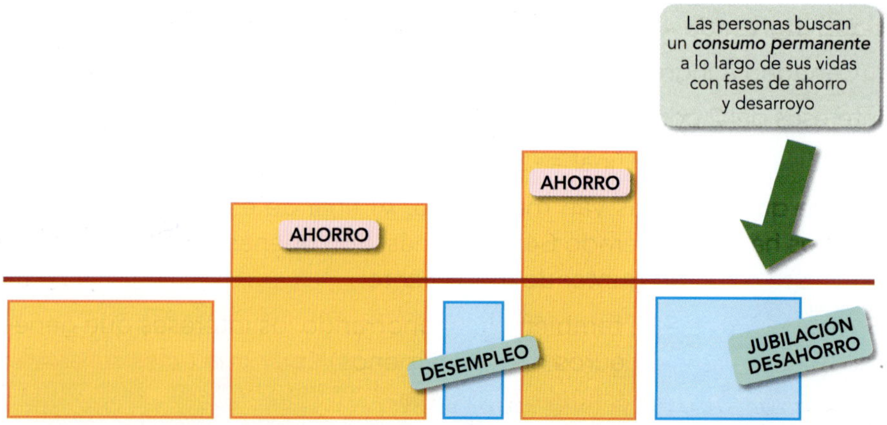

El gráfico representa la opción segunda. Bajo su dominio, las personas mantenemos un nivel de consumo acorde con la expectativa que tenemos acerca de lo que puede ser nuestra renta permanente. En otras palabras: obtener, de manera puntual, una renta extraordinaria, no nos cambia en gran medida nuestra senda de consumo. Bajo esta perspectiva, **el ahorro actúa como agente nivelador:**

- **Positivo** en épocas en las que obtengamos más renta.
- **Negativo** (desahorro) en aquellas en las que no generemos renta o lo hagamos en un nivel inferior.

anayaeducacion.es Consulta la información correspondiente a las metas del objetivo 3.

4.2 Instrumentos para el ahorro

¿Qué instrumentos nos permiten ahorrar? Algunos de ellos son:

- **Seguridad Social:** en nuestra economía, la herramienta más importante de protección social y ahorro.
  - a) Es **obligatorio.** Empresas, asalariados y autónomos tienen la obligación de aportar fondos al sistema durante su vida laboral.
  - b) Rige bajo el principio de **solidaridad intergeneracional.** Los fondos aportados por empresas, asalariados y autónomos sirven para satisfacer las pensiones de la población jubilada.
  - c) Su **equilibrio** es delicado: la esperanza de vida, la edad de jubilación, la tasa de reemplazo, la tasa de paro, la masa salarial y la pirámide de población son variables que afectan al sistema y que hay que vigilar (ver «Comprendemos la economía: el delicado equilibrio de un sistema excepcional»).
- **Planes de pensiones:** mediante ellos, el ahorro de las personas que contribuyen al mismo, se capitaliza para proporcionar una renta o un capital, normalmente a la jubilación. Son administrados por una entidad privada.
- **Fondos de inversión:** donde las personas invierten sus ahorros, que son gestionados por una entidad privada, invirtiéndolos en valores financieros (acciones, deuda, etc.).
- **Planes individuales de ahorro sistemático (PIAS):** aportaciones individuales para constituir una renta vitalicia bajo la forma de seguro de vida.

Comprende, piensa, investiga...

1 Martín, a sus 30 años de edad, obtiene unos ingresos medios anuales de 32 000 euros. Martín, sin embargo, espera un ascenso dentro de cinco años, que le proporcionaría unos ingresos medios anuales de 40 000 euros. Sabiendo que se jubilará a los 67 años de edad, ¿podrías calcular su renta permanente? ¿Qué ocurriría con ella si, a los 42 años de edad, Martín resulta agraciado con un billete de lotería gracias al cual ingresa 328 000 euros? Razona tu respuesta.

2 En septiembre de 2020, la Seguridad Social pagó 7 103 240 000 euros de pensiones de jubilación. Sabiendo que la pensión de jubilación media fue de 1 166,72 euros, calcula el número de pensionistas que, ese mes de septiembre de 2020, la recibieron.

Comprendemos la economía: el delicado equilibrio de un sistema excepcional

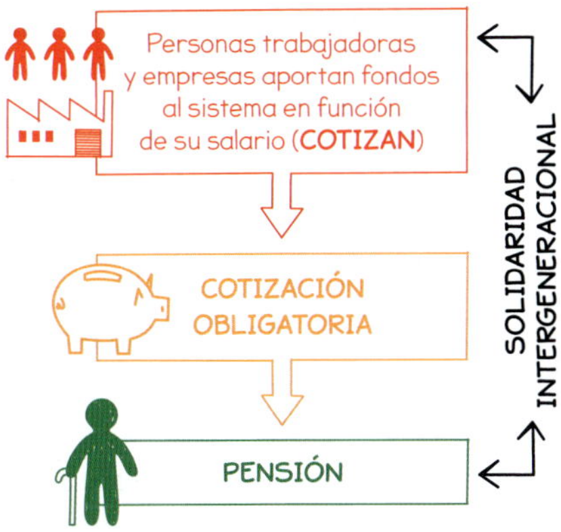

El principio de **SOLIDARIDAD INTERGENERACIONAL** es espléndido (cuidamos de nuestros mayores).

Ello obliga a que el sistema deba guardar ciertos **EQUILIBRIOS** para ser sostenible y, además, procurar que las entradas (COTIZACIONES) sean suficientes para satisfacer las salidas (PENSIONES).

Veamos qué variables afectan a este equilibrio: →

1. ESPERANZA DE VIDA

La esperanza de vida ronda los 83 años y medio de edad (hombres: 80,7 - mujeres: 86,3) y se espera que siga aumentando, por lo que la pensión de jubilación se recibirá durante más tiempo.

2. EDAD DE JUBILACIÓN

A esta edad, el sistema pierde una entrada (se deja de aportar) y gana una salida (se percibe pensión). Actualmente, la edad efectiva de jubilación se encuentra en los 64 años y medio. Esta variable, combinada con la esperanza de vida, da como resultado la percepción de la pensión de jubilación durante 16 años (hombre) y 22 (mujeres). Estos períodos aumentarán, pues la esperanza de vida seguirá subiendo.

3. TASA DE REEMPLAZO

Comparación entre el importe de la pensión y el último salario recibido. Cuanto más cercana a la unidad, más se parecerá la pensión a nuestro último salario y, por tanto, las salidas tendrán un mayor importe. En nuestra economía, actualmente es del 72 % (media UE 52 %).

4. TASA DE PARO

Una tasa de paro alta implica que hay menos personas trabajando → menos personas cotizando → menos entradas al sistema. En nuestra economía, la tasa de paro es muy elevada (16,26 % tercer trimestre 2020).

5. MASA SALARIAL

La pensión que se recibe está relacionada con la cotización que se hizo en el pasado. Y la cotización está relacionada con el nivel de salario. Si las entradas (cotizaciones) se calculan sobre salarios bajos (actuales) y las pensiones se calculan sobre salarios altos, existirán tensiones.

6. PIRÁMIDE DE POBLACIÓN

Las proyecciones de población señalan que existirá menos población joven y un número cada vez mayor de población envejecida. Este hecho presiona sobre el sistema, ya que aumentan las salidas y se reducen las entradas.

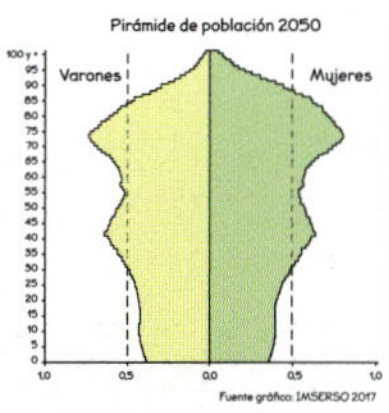

5

RIESGO Y DIVERSIFICACIÓN

Ahorrar posibilita un consumo permanente a lo largo de la vida. Sin embargo, no es suficiente. Es necesario, además, **proteger** el ahorro para que no desaparezca ni pierda su valor con el paso del tiempo.

5.1 El ahorro y la inflación

Las personas que ahorran, mantienen un nivel de consumo presente bajo porque valoran en mayor medida el consumo futuro. Por esta razón, se preguntan:

- ¿Podrán mis ahorros comprar, en el futuro, la misma cantidad de bienes y servicios que podrían comprar hoy? En otras palabras ¿mantendrán mis ahorros su poder adquisitivo?

La respuesta será:

- Afirmativa, si mis ahorros rinden más que la inflación.
- Negativa, si mis ahorros rinden menos que la inflación.

Expliquemos esto un poco más:

Supongamos que dentro de un año, los precios de la mayoría de bienes y servicios que consumimos han subido, de media, un 2 por ciento. La vida, en general, es un 2 por ciento más cara.

Por tanto, si hoy podemos comprar una cantidad determinada de bienes y servicios con 100 euros, dentro de un año necesitaríamos 102 euros para adquirir la misma cantidad. La inflación (subida generalizada en el nivel de precios) es del 2 por ciento.

Imaginemos, ahora, que, al año siguiente, los precios vuelven a subir, en esta ocasión, un 2,5 por ciento. Por tanto, necesitaríamos disponer de 104,55 euros para poder adquirir la misma cantidad de bienes y servicios.

Año 0: cantidad necesaria para adquirir una cesta de bienes y servicios	**Año 1:** (inflación del 2 por ciento): cantidad necesaria para adquirir la misma cesta de bienes y servicios	**Año 2:** (inflación del 2,5 por ciento): cantidad necesaria para adquirir la misma cesta de bienes y servicios
100 euros	102 euros	104,55 euros
Cómo se calcula = >	102 = 100·(1,02)	104,55 = 102·(1,025)

¿Cómo afecta la inflación a las personas ahorradoras?

Supongamos que decides ahorrar, hoy, la cantidad de 100 euros con el objetivo de gastarlos dentro de un año. Concretamente, decides prestarlos exigiendo un interés del 3 por ciento anual. ¿Qué cantidad recibirás dentro de un año? ¿Habrás protegido tus ahorros? (Recuerda la ley de capitalización):

Cantidad a recibir = 100·(1,03) = 103 euros

Habrás protegido tus ahorros ya que con 103 euros puedes adquirir la misma cesta de bienes (que ahora cuesta 102 euros).

Parece fácil ¿verdad? ¿Es esto siempre así? Lamentablemente, no siempre es fácil y ello por dos razones:

- **No conocemos** exactamente cuál va a ser **el valor de la inflación futura.**
- Existe la posibilidad de que nuestros ahorros no rindan lo suficiente o, incluso, de perderlos. Es decir, **existe el riesgo.**

5.2 Riesgo, rentabilidad y liquidez. La diversificación

El riesgo es la **posibilidad de que ocurra lo que no esperamos.** Si es alto, será probable que obtengamos resultados distintos a los deseados.

- No solo la rentabilidad (el interés prometido) es importante a la hora de elegir un vehículo para ahorrar.
- También es importante la probabilidad de que obtengamos (o no) el rendimiento. El riesgo importa.

¿Cuándo se está dispuesto a soportar riesgo? Cuando el rendimiento esperado es alto. Así que, mucho cuidado con esta relación:

Rentabilidad y riesgo siempre van de la mano. A mayor rentabilidad, mayor riesgo (ver «Comprendemos la Economía: a mayor rendimiento, mayor riesgo»).

¿Existe alguna forma de reducir el riesgo? Sí. Diversificando. Así, puede invertirse, **conjuntamente:**

- En activos libres de riesgo y de baja rentabilidad: planes de ahorro, planes de pensiones, Deuda Pública, bonos.
- En activos de riesgo y alta rentabilidad: acciones, derivados, divisas.

En función del perfil del ahorrador, se invertirá una mayor proporción en unos activos que en otros. Así se diversifica la inversión y se evita «colocar todos los huevos en una misma cesta».

Por último, es necesario prestar atención a la liquidez. La liquidez es la capacidad que tiene el producto en el que se ahorra para hacerlo efectivo cuando deseemos, sin pérdidas notorias de rentabilidad.

Comprende, piensa, investiga...

1 **Interpretación compartida.** Un ahorrador invierte 42 euros durante dos años. La rentabilidad pactada es del 1,25% anual. Si se sabe que la inflación esperada para el año próximo es del 1% ¿qué inflación debería esperarse el segundo año para que los ahorros no perdieran poder de compra?

2 **Análisis asociativo.** Existen dos alternativas para invertir un capital de 250 euros (A y B).

Opción	Resultado	Probabilidad
A	180	0,15
A	225	0,25
A	280	0,60
B	250	0,85
B	240	0,15

¿Cuál es la inversión menos arriesgada?

Comprendemos la economía: a mayor rendimiento, mayor riesgo

DISPONES DE 100 EUROS PARA AHORRAR Y TE OFRECEN DOS ALTERNATIVAS

OPCIÓN A: 7 % — OPCIÓN B: 2 %

¿Cuál coger? ¿La opción A? ¿Seguro?

CON LA **OPCIÓN A**, OBTENDRÁS:

150 EUROS CON UNA PROBABILIDAD DEL 50 %

40 EUROS CON UNA PROBABILIDAD DEL 30 %

100 EUROS CON UNA PROBABILIDAD DEL 20 %

RENTABILIDAD ESPERADA:

150 x 0,5 + 40 x 0,3 + 100 x 0,2 = 107 € (7 %)

CON LA **OPCIÓN B**, OBTENDRÁS:

102 EUROS CON UNA PROBABILIDAD DEL 100 %

RENTABILIDAD ESPERADA:

102 X 1 = 102 € (2 %)

VARIACIÓN ESPERADA POR CADA EURO ESPERADO EN LA **OPCIÓN A**

- En un 50 % de los casos, el resultado se desviaría de la media esperada en 43 euros (150 - 107)
- En un 30 % de los casos, el resultado se desviaría de la media esperada en -67 euros (40 - 107)
- En un 20 % de los casos, el resultado se desviaría de la media esperada en -7 euros (100 - 107)

Elevamos estas desviaciones al cuadrado para evitar que se compensen las desviaciones negativas con las positivas y las sumamos teniendo en cuenta la probabilidad de que ocurran:

$$43^2 \bullet 0{,}5 + (-67)^2 \bullet 0{,}3 + (-7)^2 \bullet 0{,}2 = 2281\ €^2$$

Tenemos una medida de la variabilidad, aunque la unidad (euros al cuadrado) carece de significado. Calculamos la raíz cuadrada de esta cifra y la comparamos con el resultado esperado:

$$\frac{\sqrt{2281}}{107} = \frac{47{,}8}{107} = 0{,}48$$

LA VARIABILIDAD, POR CADA EURO DE RENDIMIENTO ESPERADO, ES DE 0,48 EUROS. EL RIESGO ES ALTO.

VARIACIÓN DE LA **OPCIÓN B** ⇨ NULA

ECONOMÍA: PIENSA Y RESPONDE

CUESTIONARIO

Solo una respuesta es correcta:

1. En cuanto a los ingresos personales:
   - El salario se considera una renta del capital inmobiliario.
   - Los procedentes de intereses de cuentas bancarias se consideran rentas del capital mobiliario.
   - Son rentas del trabajo las procedentes de los alquileres.
   - Ninguna es correcta.
2. En cuanto a los gastos personales:
   - Son gastos vitales los que satisfacen necesidades básicas.
   - Son gastos comprometidos los no planificados.
   - Son gastos imprevistos aquellos que se derivan de contratos realizados.
   - Todas son correctas.
3. A la hora de confeccionar un presupuesto personal:
   - Una opción interesante es utilizar *software*.
   - Deben cuantificarse, en primer lugar, los gastos vitales.
   - Es necesario considerar que existirán, probablemente, gastos imprevistos.
   - Todas son correctas.
4. En cuanto al presupuesto personal:
   - Existen ventajas e inconvenientes de realizarlo.
   - Ayuda a establecer objetivos a priori.
   - Pueden identificarse las desviaciones de gasto en su fase de planificación.
   - Ninguna es correcta.
5. Si optamos por una hoja de cálculo para elaborar un presupuesto personal:
   - Es aconsejable que incluyamos una columna de control o desviación de gasto.
   - Debemos anotar, únicamente, los gastos corrientes.
   - No sería una buena idea desagregar los gastos por categorías.
   - Ninguna es correcta.
6. Un préstamo hipotecario:
   - Tiene un período de amortización corto.
   - Supondrá un compromiso de gasto mensual durante un número amplio de años.
   - Se resuelve completamente con la devolución de la vivienda.
   - Ninguna es correcta.
7. La inversión de 248 euros, durante tres años, al 3,5 por ciento anual, bajo la ley de capitalización compuesta causa, como resultado, un montante de:
   - 26,04 euros.
   - 274,04 euros.
   - 274,96 euros.
   - Ninguna es correcta.

CUESTIONARIO

8. Bajo la ley de capitalización compuesta:
   - Los intereses generados se añaden al capital para generar nuevos intereses.
   - El montante obtenido es inferior al capital inicial invertido.
   - Los intereses generados son constantes.
   - Ninguna es correcta.
9. En cuanto al ahorro:
   - Ahorrar pequeñas cantidades de manera sistemática puede conducir a resultados sorprendentes, si se aplica una ley de capitalización.
   - Siempre garantiza protegernos de la inflación.
   - Tiene sentido llevarlo a cabo cuando la persona está emancipada.
   - Ninguna es correcta.
10. Según la teoría de la renta permanente:
    - Los individuos fijan su consumo en función de su renta puntual.
    - Los individuos planean una senda estable de consumo en torno a lo que estiman como renta vital.
    - Períodos de desempleo podrían ser nivelados con ahorro.
    - Ninguna es correcta.
11. En cuanto al sistema de pensiones, armado por la Seguridad Social, en nuestra economía:
    - Es necesario vigilar su sostenibilidad y su suficiencia.
    - El aumento de la esperanza de vida aumenta las entradas del sistema.
    - La evolución de la masa salarial no es relevante.
    - Ninguna es correcta.
12. Es una conducta racional:
    - Primar el rendimiento, sea cual sea el riesgo asumido.
    - Prestar atención al riesgo asumido.
    - Minimizar el rendimiento, dado un nivel de riesgo.
    - Ninguna es correcta.
13. En relación con el ahorro, cuando la inflación futura es imprevista y, por tanto, no anticipada por los agentes:
    - Beneficia al prestamista.
    - Perjudica al prestatario.
    - No afecta al ahorro.
    - Ninguna es correcta.
14. Rendimiento y rentabilidad:
    - Evolucionan, siempre, en la misma dirección.
    - Evolucionan, siempre, en dirección contraria.
    - Son términos referidos al mismo concepto.
    - Ninguna es correcta.

COMPRUEBA TU APRENDIZAJE

1 Clasifica los siguientes términos como ingresos o gastos personales, indicando el tipo al que están referidos:

a Paga extraordinaria, recibida por un asalariado en el mes de diciembre.

b Pago de la cuota mensual de alquiler de un estudiante de Economía.

c Dividendos abonados en cuenta corriente, procedentes del reparto de beneficios de una sociedad anónima de la cual se es socio.

d Gasto mensual en luz y teléfono.

e Factura recibida del taller de vehículos con motivo de la reparación del embrague del coche familiar.

2 Explica, razonadamente, cuáles son las ventajas de elaborar un presupuesto personal, antes, durante y tras su ejecución:

3 Elabora un presupuesto personal de periodicidad mensual, conociendo los siguientes datos. Realízalo en una hoja de cálculo y automatiza todos los cálculos que puedas.

a Ingresos laborales: 1800 euros mensuales.

b Ingresos inmobiliarios: 300 euros mensuales.

c Ingresos mobiliarios: 10 euros mensuales

d Utiliza los gastos del ejemplo visto en la sección [Comprendemos la economía] del epígrafe 2, incrementados en un 7,5 por ciento (tanto previstos como reales).

Analiza las desviaciones ocurridas, explicando a qué se deben y propón ejemplos para intentar corregirlas.

4 Calcula el montante obtenido (en capitalización compuesta) en cada uno de los siguientes casos:

a Se invierte un capital de 1 278 euros durante dos años, al 4 por ciento anual.

b Se invierte un capital de 900 euros durante tres años y medio al 1,5 por ciento anual.

c Se invierte un capital de 345 euros durante tres años al 4,5 por ciento anual y, posteriormente, se capitaliza durante dos años más al 3,75 por ciento anual.

5 Teniendo en cuenta los resultados del apartado anterior, ¿cuántos intereses se generaron en cada caso? ¿Cómo los has calculado?

6 ¿A qué tipo de interés se habrán invertido 2 589,68 euros (bajo el régimen de capitalización compuesta) si, tras ocho años, obtenemos la cantidad de 3 155,27 euros?

7 Una persona resulta agraciada con un décimo del sorteo de Navidad. El premio asciende a 400 000 euros, aunque la Agencia Tributaria recibirá el 20 por ciento del mismo, una vez descontados los primeros 40 000 euros.

a ¿Qué cantidad del premio disfrutará la persona agraciada con el mismo?

b Si esta persona tiene 37 años, espera vivir 84 años y es una firme defensora de la renta permanente, ¿en qué cantidad crees que podría incrementar su consumo mensual?

c Ahora supón que esta persona decide invertir, cada final de año, la cantidad que resultaría de repartir el premio entre los años restantes de vida. Si se aplica capitalización compuesta al tipo de interés del 1,5 por ciento anual, ¿podrías calcular el montante al cabo de diez años?

anayaeducacion.es Realiza la autoevaluación interactiva de la unidad.

El gasto en pensiones marca récord: ¿en qué CC. AA. se cobran las más altas y las bajas?

B. Amigot.
www.expansion.com. 25/09/2020

La nómina mensual de pensiones contributivas de la Seguridad Social ascendió a 9 911,42 millones de euros a 1 de septiembre, lo que supone un incremento del 2,2 % respecto al mismo mes del año anterior, según ha publicado hoy el Ministerio de Inclusión y Seguridad Social.

Más de dos tercios de la nómina se destinaron al abono de las pensiones de jubilación, cuyo montante ascendió a 7103,24 millones de euros. Esta cuantía supuso un crecimiento del 2,84 % en los últimos doce meses.

En total, en septiembre se abonaron 9 765 352 pensiones contributivas.

A las pensiones de viudedad, se destinaron 1708 997 millones de euros, un 1,42 % más que hace un año. La nómina de las prestaciones por incapacidad permanente se situó en 934,1 millones de euros, lo que supone una ligera variación negativa (–0,40 %). El montante de las prestaciones de orfandad fue de 139,6 millones (0,89 %), y el de las prestaciones a favor de familiares, de 25,4 millones de euros (3,11 %).

¿Cuál es la pensión media en España?

La pensión media de jubilación fue de 1166,72 euros, un 2,28 % más que el año pasado.

Hay que destacar que las nuevas altas de pensiones de jubilación en agosto, última fecha disponible, son un 4,68 % más cuantiosas que las nuevas pensiones de jubilación en el mismo mes de 2019. La media fue de 1396,1 euros al mes, llegando a 1517,6 euros/mes en el caso de las procedentes del Régimen General.

Por su parte, la pensión media de viudedad fue de 728,18 euros al mes (2,07 %).

En general, la pensión media del sistema, que comprende las distintas clases (jubilación, incapacidad permanente, viudedad, orfandad y a favor de familiares), aumentó en el último año un 2,20 %, hasta situarse en 1.014,96 euros mensuales.

IMPORTE DE LA PENSIÓN MEDIA DE JUBILACIÓN

En euros mensuales. A 1 de septiembre de 2020.

	N.º de pensiones	Importe
País Vasco	365 546	1 434,08
Asturias	181 082	1 406,29
Madrid	780 763	1 364,99
Navarra	92 738	1 319,33
Ceuta	4 307	1 269,37
Cantabria	87 363	1 242,75
Melilla	3 682	1 226,60
Aragón	196 514	1 220,24
Cataluña	1 129 697	1 187,06
Castilla y León	388 790	1 153,17
La Rioja	47 419	1 114,01
Canarias	187 067	1 086,18
Castilla-La Mancha	216 877	1 080,71
Baleares	126 708	1 078,02
C. Valenciana	621 488	1 067,65
Andalucía	904 784	1 052,29
Murcia	144 527	1 036,99
Galicia	479 089	982,27
Extremadura	129 790	966,87
ESPAÑA	6 088 231	1 166,72

NÚMERO DE PENSIONES
9 765 352
▲ 0,05 %

NÓMINA DE PENSIONES
9 911 425
Miles de euros
▲ 2,25 %
Interanual

NÓMINA PENSIÓN MEDIA
1 014,96
euros
▲ 2,20 %

NÓMINA PENSIÓN MEDIA DE JUBILACIÓN
1 166,72
euros
▲ 2,28 %

Fuente: Ministerio de Inclusión, SS y Migraciones

CUESTIONES

1. ¿Qué porcentaje de la nómina total de pensiones, pagada en septiembre de 2020, se destinó a pensiones de jubilación?
2. ¿Podrías calcular la nómina de pensiones de jubilación pagada el mes de septiembre de 2020?
3. Examina el gráfico adjunto a la noticia y compara el número de pensiones y la pensión media de tu comunidad con las cifras totales.
4. Busca en Internet qué significa el término «pensiones contributivas». Explica, además, qué son las «pensiones no contributivas», poniendo algún ejemplo.
5. ¿Cuánto habían crecido las nuevas pensiones de jubilación en el último año?
6. ¿Cuántas clases de pensiones componen el cálculo de la pensión media del sistema? Busca información sobre ellas, explica brevemente en qué consiste cada una y di qué te parece.

anayaeducacion.es Consulta en «Revista Digital» noticias sobre emprendimiento.

5

DINERO, SEGUROS Y CRÉDITO

¿Qué es el dinero?

Escribía **John Kenneth Galbraith** en su obra *El dinero. De dónde vino y adónde fue* que «el dinero es tan importante para los que lo tienen como para los que carecen de él». El dinero, también definido por **Marx** como el «objeto por excelencia» *(Manuscritos. Economía y filosofía)*, nos sirve a las personas para llevar a cabo **transacciones económicas** y así poder satisfacer nuestras necesidades a través del consumo de bienes y servicios.

El dinero puede ser, también, ahorrado y, ¿por qué no?, **objeto de inversión** al prestarlo. A cambio del sacrificio presente, barajaremos una cierta probabilidad de disfrutar en el futuro de una cuantía mayor. El dinero, para bien o para mal, está presente en nuestras vidas y, a pesar de las innumerables ventajas que nos ofrece su existencia, también está detrás de las acciones más atroces que las personas pueden llegar a cometer.

En esta unidad, dedicada principalmente al dinero, intentaremos dilucidar qué es, cómo se crea, para qué sirve, cuál es su precio y cómo protegerlo.

anayaeducacion.es Consulta en el apartado «Economía y vida cotidiana» aspectos económicos.

PLANIFICAMOS

DINERO, SEGUROS Y CRÉDITOS

- EL DINERO
- LOS BANCOS CENTRALES
- DINERO BANCARIO
- LA CUENTA CORRIENTE
- CONTRATOS DE SEGURO

El dinero

¿Qué es el dinero? ¿Ha sido siempre el mismo a lo largo de la historia? ¿Para qué sirve? ¿Cuántos tipos existen?

Los Bancos Centrales

¿Quién crea el dinero? ¿Existe alguna institución encargada de controlar su cantidad? ¿Qué entendemos por base monetaria?

El dinero bancario

¿Pueden crear los bancos comerciales dinero? Si es así, ¿tienen alguna limitación? ¿Qué hay detrás del dinero?

Contratos financieros

¿Para qué sirve una cuenta corriente? ¿Qué diferencia existe entre una tarjeta de débito y una tarjeta de crédito? ¿Qué normas básicas de seguridad debemos seguir en relación con estas?

El contrato de seguro

La vida puede estar llena de sorpresas e imprevistos. ¿Existe alguna manera de protegerse ante ello? ¿Cuántos tipos de seguros existen?

1
EL DINERO

Conceptos económicos: el trueque

Antes de la aparición del dinero, ¿cómo se llevaban a cabo las transacciones? La respuesta es a través del **trueque,** mediante el cual dos personas podían intercambiar sus bienes si llegaban a un acuerdo sobre ellos.

Ahora bien, el trueque presenta un inconveniente difícil de obviar: requiere la **doble coincidencia de necesidades,** ya que es necesario encontrar a una persona que necesite lo que otra tiene y que posea justamente lo que esta última desea. Además, finalmente han de llegar a un acuerdo. No queremos ni imaginar la cantidad de tiempo que habría que dedicar a tal fin.

Por tanto, no resulta muy aventurado afirmar, que cuando los intercambios económicos comenzaron a ser numerosos, complejos y frecuentes, la humanidad buscó la forma de deshacerse del trueque, dando paso a la aparición de las primeras formas de **dinero. Como puedes suponer, ese dinero fue, en un primer momento, dinero-mercancía.**

El dinero ha adoptado diversas formas, aunque siempre ha conservado inalterada su esencia: **dinero es todo aquello que, siendo generalmente aceptado, sirve como medio de pago.**

1.1 ¿Qué es el dinero?

Acabamos de definir el dinero: **medio de pago generalmente aceptado.** Por tanto, son dos las **condiciones** que deben cumplirse para que podamos hablar de dinero:

- **Ser un medio de pago o cambio.**
- **Ser aceptado por la mayoría del público.**

A lo largo de la historia, diversos bienes han sido considerados dinero, al cumplir esta doble condición.

Así, en algún momento, bienes como la sal o el grano han sido utilizados como dinero; también el ganado y, cómo no, los metales preciosos. Todos cumplían la doble condición de ser **generalmente aceptados como medio de cambio o pago.**

Por tanto, si algo permanecerá a lo largo del tiempo, será esta **doble condición,** y lo que irá modificándose serán los bienes o activos que consideremos dinero.

Si en el pasado fueron los metales preciosos o la sal, en la actualidad son los billetes, las monedas y los depósitos bancarios (incluso existen monedas virtuales). En el futuro, el dinero adoptará formas que aún desconocemos. Lo que es seguro es que seguirá siendo un **medio de cambio generalmente aceptado.**

1.2 Tipos de dinero

En el apartado anterior, hablábamos de bienes muy distintos que han llegado a ser considerados dinero.

Básicamente, hablaremos aquí de dos tipos de dinero:

- **Dinero-mercancía:** se trata de bienes que pueden ser considerados dinero, aunque también pueden ser considerados o intercambiados como mercancía. Es el caso de la sal, el ganado, el grano o los metales preciosos. dinero Fiduciario
- **Dinero signo:** se trata de bienes que tienen un mayor valor como dinero que como mercancía. Esta categoría de dinero incluye otras, entre las cuales encontramos el dinero actual. Lo detallamos en la sección «Comprendemos la economía: los tipos de dinero».

En cuanto al dinero, independientemente de sus tipos, siempre han sido cualidades deseables la facilidad para el **transporte,** la **divisibilidad** y la **durabilidad.** Lo anterior ha motivado que, en la actualidad, no se use el dinero mercancía y sí el dinero signo, que presenta estas cualidades mucho más potenciadas.

1.3 Funciones del dinero

Hemos hablado de lo que es el dinero, aunque su concepto aún es muy amplio. Ciertamente lo es (también en la actualidad), como podrá comprobarse a lo largo de esta unidad. Eso sí, el dinero sirve para algo (en caso contrario, no existiría). Veamos cuáles son sus funciones.

- La función básica y principal del dinero es servir como **medio de pago**. Tan importante lo es que forma parte de su definición. Gracias a ella, no necesitamos encontrar a una persona que posea lo que deseamos y que desee lo que poseemos. Simplemente, buscaremos a una persona que tenga lo que deseemos y realizaremos el intercambio entregándole la cantidad de dinero acordada. Como el dinero es **generalmente aceptado**, esta persona posteriormente podrá conseguir lo que necesita usando ese dinero.
- **Depósito de valor:** el dinero debe ser capaz de **mantener su valor con el paso del tiempo.** En otras palabras, el dinero debe comprar (más o menos) las mismas cosas dentro de un tiempo. Esta condición es crucial si queremos depositar nuestros ahorros en dinero. No obstante, no es el dinero el mejor depósito de valor y, como veremos a lo largo de esta y otras unidades, la **inflación** es su peor enemigo. De hecho, las autoridades monetarias actúan (casi siempre) teniendo en cuenta la inflación.
- **Unidad de cuenta:** el dinero sirve para medir y expresar los precios de los bienes y servicios. En la eurozona, la unidad de cuenta es el euro.
- **Patrón de pagos diferidos:** el dinero sirve para atender las obligaciones futuras establecidas en los contratos, de tal manera que los pagos derivados de tales obligaciones se efectuarán con él.

Comprendemos la economía: los tipos de dinero

DINERO-MERCANCÍA

BIENES QUE SON:
- Medio de pago
- Generalmente aceptados

→ dinero

- Su valor como dinero es **IGUAL** a su valor como bien

DINERO-SIGNO

BIENES QUE SON:
- Medio de pago
- Generalmente aceptados

→ dinero

- Su valor como dinero es **SUPERIOR** a su valor como bien

dinero-signo con respaldo → Monedas y billetes convertibles en oro (patrón oro) o en otra divisa (patrón dólar).

dinero-signo sin respaldo →

Dinero fiduciario: su aceptación se basa en la **confianza**, en la solvencia del emisor.

Dinero FIAT: se acepta porque la autoridad lo declara dinero de curso legal.
Es la moneda en la que, por ejemplo, deben pagarse los impuestos.

Conceptos económicos: el patrón oro

En la actualidad, el dinero que usamos está respaldado por la **confianza** que tenemos en que el resto de personas lo aceptará como pago y, no lo olvidemos, por ser el dinero de curso legal que la autoridad monetaria establece por decreto.

Sin embargo, no siempre fue así. Primero el oro y después el dólar fueron considerados **patrones de respaldo** en los que el resto de las monedas se apoyaban. Esta situación terminó en 1971, cuando las autoridades estadounidenses dejaron de garantizar la convertibilidad del dólar en oro.

Comprende, piensa, investiga...

1. Cita y valora algún inconveniente que creas presenta el dinero-mercancía.
2. Razona si los siguientes bienes son dinero-signo, dinero fiduciario y/o dinero FIAT:
   a) Un billete de 20 euros.
   b) Una tarjeta de crédito.
   c) Un dólar, en el año 1968.
3. Los billetes que manejas en la actualidad solo pueden ser emitidos por el Banco Central Europeo. ¿Cuál es la razón de ello? ¿Qué crees que ocurriría si cualquier persona pudiera fabricar estos billetes?
4. En la actualidad, el dinero no tiene respaldo (a excepción de la confianza). ¿Qué crees que ocurriría si existiera el doble de dinero en manos de las personas? Razona tu respuesta recordando el motivo principal por el que las personas desean poseer dinero.

2
LOS BANCOS CENTRALES

OBJETIVOS DE DESARROLLO SOSTENIBLE

Trabajo decente y crecimiento económico

«Promover políticas orientadas al desarrollo que apoyen las actividades productivas, la creación de puestos de trabajo decentes, el emprendimiento, la creatividad y la innovación, y fomentar la formalización y el crecimiento de las microempresas y las pequeñas y medianas empresas, incluso mediante el acceso a servicios financieros».

Objetivos de Desarrollo Sostenible, obj. 8.

ODS Visita la web del Banco Central Europeo y consulta las funciones del Sistema Europeo de Bancos Centrales (SEBC) (https://www.ecb.europa.eu/ecb/tasks/html/index.es.html).

a) ¿Qué es el SEBC?

b) Señala su principal objetivo e indica qué otros objetivos persigue (pista: artículo 127del Tratado de Funcionamiento de la Unión Europea). Determina si, finalmente, el SEBC contribuye al ODS 8.

Acabamos de conocer que la moneda que utilizamos normalmente (el euro) es moneda **fiat,** un tipo de **dinero fiduciario** que, a su vez, es **dinero-signo.** Sepamos algo más sobre nuestra moneda.

2.1 ¿Por qué el euro no tiene respaldo?

No hay nada que respalde al euro excepto la **confianza** del público en que será aceptado como **medio de pago** y su propia declaración, por parte de las autoridades, de **moneda de curso legal.**

- **¿Por qué el euro** (ni ninguna otra moneda en la actualidad) **no tiene respaldo?** La razón es sencilla: sin obligación por parte del Banco Central Europeo (BCE) de ofrecer una contrapartida, **puede aumentarse la cantidad de dinero para fomentar la actividad económica,** estimulando el crecimiento económico. Si las monedas estuvieran sujetas a un patrón oro, los bancos centrales tendrían problemas para crear dinero libremente. Por tanto, bajo este sistema de no respaldo, los bancos centrales pueden crear la cantidad de dinero que estimen oportuna en cada momento, en función de las **necesidades** de la economía.
- **Pero, si el euro no tiene respaldo, ¿cómo se mantiene la confianza en él?** También, aquí, la respuesta es sencilla: el BCE dará a conocer en todo momento las reglas del juego y estas reglas serán simples, para que todo el mundo las comprenda. **Que el emisor de una moneda anuncie cómo va a comportarse en todo momento, sea transparente y consistente en sus decisiones otorga confianza en la moneda.** Esto es lo que hace el BCE. En su caso, la regla es esta: **crearemos dinero mientras la inflación no supere el 2 % anual.** Si supera este límite, controlaremos la cantidad de dinero interviniendo sobre su precio. Explicamos esto a continuación.

2.2 El dinero y la inflación

Existe una relación entre la cantidad de dinero y la inflación. Su intensidad es variable, pues existen otras variables en juego, pero **si la inflación aparece, un exceso de dinero en manos del público provocará que esta crezca.** Veamos por qué.

Pensemos, por ejemplo, en un ayuntamiento que entrega, anualmente, 1 vale de guardería nocturna a las familias con hijos e hijas en edad infantil. En este caso, es de esperar que las familias esperen una ocasión especial para gastarlo. Supongamos que la medida es bien acogida y el ayuntamiento aumenta los vales anuales hasta 20. En esta nueva situación, las familias ya no tendrán que esperar a una ocasión especial. Así que, probablemente, decidirán gastar uno casi cada fin de semana. Ahora la guardería experimentará una demanda que no podrá absorber. Habrá demasiados niños y niñas que cuidar cada fin de semana y el ayuntamiento se verá obligado a aumentar la tarifa. Así que, en lugar de requerir un vale por noche, pasará a requerir, por ejemplo, 20. ¿El resultado? Las familias **realmente** tienen 1 vale.

Lo que vemos con este ejemplo es que, **si la economía produce los mismos bienes y servicios, un aumento del dinero en las manos del público conducirá, probablemente, a un aumento en los precios.** Los

anayaeducacion.es Consulta la información correspondiente a las metas del objetivo 8.

bienes, simplemente, serán más caros, pero la capacidad de compra no habrá aumentado. Es más, puede disiminuir si los precios siguen subiendo.

- La inflación es peligrosa porque, una vez que comienza, todo el mundo espera que los precios sigan subiendo y todo el mundo incorpora estas **expectativas** a sus comportamientos. Esto provoca que el proceso se acelere.
- En la medida en que un banco central puede crear todo el dinero que desee (recuerda que no hay respaldo), resulta **esencial** que el público mantenga la confianza en sus actuaciones. Si las personas confiamos en el comportamiento del banco central, mantendremos la confianza en el dinero y no contribuiremos a acelerar la inflación.

2.3 El papel del BCE

El BCE es el responsable de la emisión del euro. Su objetivo principal es ayudar a que la economía crezca y, para ello, lucha contra la inflación, un fenómeno que provoca que el dinero pierda su valor, lo cual genera consecuencias nefastas. **El BCE controla la cantidad de dinero en la economía a partir de lo que llamamos base monetaria.** Dejamos para el próximo epígrafe la tarea de conocer cómo lo hace y qué emplea para ello. Por el momento, te planteamos algunas cuestiones en la sección «Comprendemos la economía: ¿qué es la base monetaria?». Debes reflexionar sobre ellas antes de pasar página.

Comprende, piensa, investiga...

1 **Consecuencias y resultados (CyR).** Imagina que tiene lugar, en la economía, una pérdida total de confianza en la moneda. De repente, todo el mundo comienza a sospechar que nadie aceptará la moneda como pago por los bienes y servicios. ¿Qué crees que harías con tu dinero? ¿Crees que el resto actuaría de la misma forma? ¿Cuáles podrían ser las consecuencias?

2 **Análisis asociativo.** ¿Qué harías si esperases que los precios de los bienes y servicios que compras habitualmente costaran el doble mañana? ¿Prestarías tu dinero a alguien hoy en estas condiciones? ¿Por qué? Razona las respuestas.

Comprendemos la economía: ¿qué es la base monetaria?

LAS MONEDAS Y LOS BILLETES QUE EMITE EL BANCO CENTRAL EUROPEO SE DENOMINAN **BASE MONETARIA**

¿SON LAS MONEDAS Y LOS BILLETES **TODO EL DINERO** QUE EXISTE EN LA ECONOMÍA?

LA RESPUESTA ES NEGATIVA. **HAY MUCHÍSIMO MÁS.** LAS MONEDAS Y LOS BILLETES SOLO SON: **LA BASE MONETARIA**

PIENSA EN TODOS LOS PAGOS QUE HACES SIN USAR MONEDAS NI BILLETES:

- Transferencias bancarias.
- Pagos con tarjeta
- Pagos con Bizum, PayPal.
- Etcétera.

¿REALMENTE CREES QUE TODOS ESTOS PAGOS IMPLICAN UN **MOVIMIENTO FÍSICO** DE MONEDAS Y BILLERES?

VEAMOS:

- Marta compra 1 móvil (300 €) y paga con tarjeta bancaria (Banco A).
- El vendedor tiene cuenta en el Banco B.
- Transferencia de 300 € del Banco A al Banco B.

- Juan compra 1 lavadora (300 €) y paga con tarjeta bancaria (Banco B).
- El vendedor tiene cuenta en el Banco A.
- Transferencia de 300 € del Banco B al Banco A.

LOS IMPORTES SE COMPENSAN. NO HAY QUE MOVER EL DINERO. ¡PERO SIGUE HABIENDO EL MISMO DINERO! **¿POR QUÉ DICES QUE HAY MUCHÍSIMO MÁS?** → LA RESPUESTA, **¡EN LA PRÓXIMA PÁGINA!**

3

EL DINERO BANCARIO

Conceptos económicos: el coeficiente de reservas (θ)

También llamado **coeficiente de caja,** es el porcentaje de los depósitos que las entidades financieras bancarias deben mantener en forma de reservas líquidas en los bancos centrales nacionales. Actualmente, para la eurozona, este coeficiente es del 1%.

$$R = \theta \times D$$

Reservas del sistema = 0,01 · · depósitos en las entidades financieras bancarias.

Comprende, piensa, investiga...

1 Calcula la cantidad de dinero que se crearía en una economía en la que crece la base monetaria en 1200 millones de euros, sabiendo que el coeficiente de caja es del 1% y que el público mantiene en efectivo el 35% de sus depósitos.

2 Realiza de nuevo el ejercicio anterior suponiendo que las autoridades monetarias reducen el coeficiente de caja al 1%. ¿Qué ha ocurrido?

3 Pide en casa un extracto de los movimientos bancarios de tu hogar. Necesitas buscar dos datos: el saldo medio mensual de la cuenta corriente (puedes calcularlo sumando los saldos a principios y a final de mes y dividiendo esta cifra entre dos) y las retiradas de efectivo durante el mes. Una vez que los tengas, compara el total de retiradas de efectivo con el saldo medio ¿Qué acabas de calcular?

En el epígrafe anterior, hemos estudiado qué entendemos por cantidad de dinero —oferta monetaria—, y hemos advertido que no solamente las monedas y los billetes son considerados dinero. De hecho, los depósitos que el público mantiene en las entidades financieras bancarias son considerados dinero y suponen, según lo calculado en el ejercicio 1 de esta página, la mayor parte de la cantidad de dinero existente en la economía.

3.1 Los bancos crean dinero

El público no mantiene en efectivo todo su dinero. De hecho, la mayor parte de este lo deposita en las entidades financieras usando, para ello, las cuentas corrientes.

A través de estas, las personas gestionan sus pagos y cobros cotidianos (cobro de nómina, pago de recibos diversos, etc.). Además, las entidades financieras están interesadas en mantener estos depósitos, por lo que nos facilitan el uso de las tarjetas de débito y crédito, gracias a las cuales no necesitamos hacer efectivos nuestros fondos para comprar. No tenemos que retirar fondos de los depósitos, sino que podemos usar nuestra tarjeta para adquirir bienes y servicios.

¿Por qué las entidades financieras actúan de esta manera? Lo veremos con un ejemplo:

Imaginemos que una persona, Martín, ingresa en su cuenta corriente la cantidad de 1000 euros. ¿Qué hará la entidad financiera?

- La entidad financiera que recibe el depósito podrá prestar la mayor parte del dinero depositado por Martín (hasta 990 euros) a otras personas que lo necesiten, manteniendo en forma de reservas una pequeña cantidad obligatoria por normativa (mínimo, el 1% del depósito, 10 euros).
- Imaginemos que la entidad financiera presta los 990 euros a otra persona, Elena, que los utiliza para comprar un frigorífico y una lavadora, que paga al comerciante. Este ingresa los 990 euros en su entidad financiera, y esta última mantiene en forma de reservas 9,90 euros, y los 980,10 euros restantes los presta a Carla, que los ingresa en su cuenta corriente.
- Hasta ahora, se han producido unos pocos movimientos; pero, ¿cuánto dinero hay en la economía a partir del depósito de 1000 euros de Martín?

Dinero total generado = 1000 + 990 + 980,10 = 2970,10 euros

Así es como las entidades financieras multiplican el dinero.

3.2 ¿Cómo controla el BCE la cantidad total de dinero?

Si el BCE, *a priori,* controla únicamente la cantidad de billetes y monedas (efectivo en circulación), ¿cómo puede llegar a controlar la cantidad total de dinero en la economía? La respuesta está en la propia cantidad de efectivo en circulación, así como en el establecimiento del coeficiente de caja.

El BCE controla el dinero de alta potencia, también llamado **base monetaria,** que no es otra cosa que el **efectivo en manos del público** y las **reservas líquidas.** Como, además, el público mantiene en efectivo una parte de sus depósitos (e), tendremos que:

$$BM = E + R = e \cdot D + \theta \cdot D = (e + \theta) \cdot D$$

Por otra parte, la oferta monetaria (M) está compuesta por el efectivo en manos del público más el resto de los depósitos. Por tanto:

$$M = E + D = e \cdot D + D = (e + 1) \cdot D$$

Relacionando las dos expresiones:

$$\frac{M}{BM} = \frac{(e + 1)}{(e + \theta)} \cdot M = \frac{(e + 1)}{(e + \theta)} \cdot BM$$

con lo que, conociendo el valor aproximado del coeficiente de efectivo de la eurozona (e), **el BCE,** a través del establecimiento del coeficiente de reservas (θ) y del control de la base monetaria, **podrá determinar el nivel y el crecimiento de toda la cantidad de dinero en la economía.**

Nos queda por ver el **mecanismo** a través del cual llega el dinero emitido desde el BCE hasta las manos del público. Es evidente que se necesita la intervención de los bancos, quienes actúan como enlace entre emisor y público. Para ello, el BCE cuenta con varios instrumentos. En la sección «Comprendemos la economía: el mecanismo de transmisión monetaria», mostramos el principal: las **operaciones de mercado abierto.**

Conceptos económicos: OPF y LTRO

- **Operaciones principales de financiación (OPF):** préstamos del BCE a los principales bancos durante una semana. Fijan los tipos de interés, indicando el signo de la política monetaria.
- **Operaciones de financiación a plazo más largo (LTRO):** préstamos del BCE a los principales bancos durante plazos más largos (incluso hasta tres años). Sirven para proporcionar una financiación extra a la economía.

Ejemplo: LTRO de 16/12/2020, en la que se prestan, a tres años, 50 413 millones de euros, a un interés del 0 %. Acudieron 156 grandes bancos.

Comprendemos la economía: el mecanismo de transmisión monetaria

A TRAVÉS DE LAS OPERACIONES DE MERCADO ABIERTO, EL BCE INYECTA LIQUIDEZ EN EL EUROSISTEMA

1 El BCE conoce la capacidad de expansión que tiene la base monetaria a través del multiplicador $\frac{e+1}{e+\theta}$

2 Es decir, **el BCE conoce cuánto dinero se creará en la economía** a partir de cierta base monetaria.

3 Por tanto, en función de la cantidad de dinero que el BCE se plantea como objetivo, inyectará una cantidad determinada de base monetaria.

4 ¿Cómo lo hace? Es sencillo: el BCE anunciará que está dispuesto a prestar la base monetaria que necesiten los bancos a cambio de un precio determinado. Es decir, **el BCE no fija la cantidad de base monetaria, sino que fija su precio: el tipo de interés.**

5 Una vez que la liquidez se halla en manos de los bancos, estos expandirán los depósitos y prestarán el dinero al público. El dinero habrá llegado a las personas. Este es **el mecanismo de transmisión monetaria.**

6 **Actualmente,** la economía europea está debilitada y es necesario que exista abundante liquidez. Por eso, **el BCE presta (durante 7, 10, 21, 98 o hasta 1099 días) todo el dinero que los principales bancos deseen al tipo de interés del cero por ciento.**

7 ¿Que ocurriría **si el BCE quisiera limitar la cantidad de dinero** en la economía? Pues que **anunciaría que presta dinero a un tipo de interés mayor.** De esta manera, los principales bancos solicitarán menos dinero y llegará menos dinero al público.

4 CONTRATOS FINANCIEROS

Conceptos económicos: las tarjetas bancarias

Los titulares de cuentas corrientes suelen disponer de una tarjeta de **débito,** la cual les permite (solo si disponen de fondos) realizar compras y retirar efectivo de los cajeros automáticos.

Las entidades financieras, estudiado el caso, pueden conceder crédito al titular de una cuenta corriente y ofrecerle una tarjeta de **crédito,** normalmente limitada a una cantidad. De esta forma, el titular podrá realizar operaciones sin que el saldo de su cuenta corriente se altere hasta el momento de la liquidación, normalmente al mes siguiente.

Por último, queremos señalar la operativa de las denominadas tarjetas *revolving*. Las estudiamos en la sección «Comprendemos la economía: las tarjetas *revolving*».

Comprende, piensa, investiga...

1 Explica la diferencia entre cuenta corriente de carácter indistinto y cuenta corriente de carácter conjunto.

2 Calcula intereses y devolución de la segunda y la tercera cuotas mensuales que se pagarán en el ejemplo «Comprendemos la economía: las tarjetas *revolving*».

3 Usando tus conocimientos en TIC, realiza el cuadro de amortización del ejemplo relativo a la tarjeta *revolving* en una hoja de cálculo y comprueba la cifra total de intereses pagados.

Como hemos visto, el público mantiene en efectivo una pequeña cantidad de sus saldos. La mayor parte de estos los mantiene en depósitos, siendo los más utilizados los depósitos a la vista, es decir, las cuentas corrientes.

4.1 La cuenta corriente

La cuenta corriente es un **contrato** entre una persona física o jurídica y una entidad bancaria gracias al cual la primera podrá depositar y retirar fondos en ella con el fin de gestionar sus cobros y pagos cotidianos.

De esta forma, las personas suelen disponer de una cuenta corriente donde centralizan todas sus operaciones financieras rutinarias (ingreso de nómina, pagos de recibos, transferencias, disposición de efectivo, etc.).

Como clientes bancarios, tenemos **derecho** a recibir, gratuita y periódicamente, información sobre comisiones, tipos de interés y tarifas aplicadas en nuestras operaciones y extractos de movimientos. Además, la entidad financiera debe proporcionarnos el contrato de nuestra cuenta bancaria en cualquier momento. Por último, existe un procedimiento de reclamación gratuito y tenemos derecho a recibir instrucciones sobre el manejo adecuado de los productos financieros contratados.

Tradicionalmente, el mantenimiento de una cuenta corriente en una entidad bancaria ha conllevado la aplicación de **comisiones** y otros gastos asociados al uso de tarjetas de débito y de crédito. Sin embargo, debido a la competencia del sector y al aumento de la operativa a través de **Internet,** las entidades bancarias ofrecen cuentas corrientes libres de comisiones bajo ciertas condiciones, como puede ser la domiciliación de la nómina, el mantenimiento de un saldo mínimo, la utilización (un número mínimo de veces) de una tarjeta de crédito, la domiciliación de varios recibos o la contratación de algún seguro. Analizamos, en la tabla siguiente, el significado de algunos de los términos más comunes, relacionados con las cuentas corrientes.

Concepto	Significado
Titular/titulares	Persona o personas físicas o jurídicas que celebran el contrato con la entidad bancaria. Son, por tanto, ostentadores de los derechos y las obligaciones a los que este da lugar.
Carácter indistinto	Cuando existen varios titulares en una cuenta corriente de carácter indistinto, estos pueden realizar operaciones sin disponer de la firma o autorización del resto.
Carácter conjunto	Cuando el carácter de la cuenta corriente es conjunto, los titulares no pueden realizar operaciones sin la autorización o firma del resto de los titulares.
Remuneración	Normalmente, el rendimiento de los saldos positivos en una cuenta corriente es muy reducido o nulo. No obstante, algunas entidades bancarias ofrecen remuneraciones más altas si se mantienen saldos mínimos.
Descubierto	Cuando el saldo de una cuenta corriente es menor que cero, la cuenta se halla al descubierto o en números rojos, por lo que el titular se convierte en deudor de la entidad bancaria, y esta aplicará unos intereses sobre la deuda.
Comisiones	La entidad bancaria puede establecer comisiones de mantenimiento, cuota de tarjeta y comisiones por descubierto, entre otras.

4.2 Seguridad y responsabilidad

Las operaciones bancarias a través de Internet son muy cómodas. Sin embargo, es conveniente observar unas reglas mínimas de seguridad:

- **No respondas *emails* que soliciten información sobre tus datos bancarios,** ni abras archivos adjuntos.
- Instala sistemas **antivirus** y **antimalware** y no descargues en tu teléfono aplicaciones desde fuentes no oficiales.
- No actives el recordatorio de contraseñas al iniciar una app.
- Con el código **IMEI** de tu teléfono, podrás bloquearlo si lo pierdes o denunciar su sustracción. Pulsa ***#06#** en tu móvil para conocerlo.
- **Memoriza el PIN** de tus tarjetas y no lo compartas con nadie. Procura que no guarde relación con ningún dato personal tuyo.
- **Limita la operativa de tus tarjetas bancarias.** Restringe y limita retiradas de efectivo, desactiva pagos por compras *online*, prohíbe pagos en el extranjero, etc. Hazte con una tarjeta **prepago** y utilízala en tu operativa *online*, cargándola desde la app oficial de tu banco, en el momento de la compra.
- No proporciones el número de tu tarjeta en establecimientos de comercio electrónico desconocidos. **Desconfía,** también, **de las ofertas «imposibles».**

Conceptos económicos: las otras tarjetas

Tarjeta prepago o monedero

Desvinculada de la cuenta corriente y, cargada con fondos, permite efectuar pagos o retirar efectivo. Es **segura** para compras *online* y viajes al extranjero.

Tarjeta comercial

Tarjetas que, normalmente en colaboración con entidades financieras, emiten algunos comercios (grandes cadenas de supermercados, ropa, etc.) con el fin de **facilitar el pago** de las compras a sus clientes.

Tarjeta de club

Emitidas por empresas comerciales con el fin de fidelizar clientes a través de descuentos y promociones. **No permiten el pago** de productos.

Comprendemos la economía: las tarjetas *revolving*

CUANDO USAS UNA TARJETA DE CRÉDITO TRADICIONAL, EL BANCO CARGARÁ EL IMPORTE DEL CRÉDITO UTILIZADO A PRINCIPIOS DEL MES SIGUIENTE.

SIN EMBARGO, **SI USAS UNA TARJETA REVOLVING,** EL CRÉDITO UTILIZADO PUEDE DEVOLVERSE A **PLAZOS,** A TRAVÉS DE PEQUEÑAS CUOTAS MENSUALES.

CARACTERÍSTICAS:

- **Cuotas mensuales reducidas**
- **Tipo de interés muy elevado**
- **Pueden generar EFECTO BOLA DE NIEVE**

EJEMPLO:

Alfonso renueva el salón de casa, pagando el importe con su tarjeta revolving.

Crédito dispuesto: **2500 euros**

Tipo de interés nominal anual: **19,95 %**

Cuota menusal: **50 euros**

VEAMOS CÓMO ALFONSO PAGA SU NUEVO SALÓN DE CASA

1. Como la cuota es mensual, dividimos el tipo de interés nominal anual entre doce, para obtener el **TIPO DE INTERÉS MENSUAL** → 19,95/12 = 1,6625 %
2. Cada mes, Alfonso pagará su CUOTA (50 EUROS). Con esta cuota deberá atender:
   a. INTERESES (1,6625 % de lo que deba en ese momento).
   b. DEVOLUCIÓN DE LA DEUDA
3. Veamos el **PRIMER PAGO**:
   a. CUOTA PAGADA → **50, 00 euros**
   b. INTERESES → 1,6625 % DE 2500 → **41,56 euros**
   c. DEVOLUCIÓN → (50 - 41,56) → **8,44 euros**
   d. DEBE TRAS PRIMER PAGO → (2500 - 8,44) → **2491,56 euros**

ALFONSO PAGA LOS PRIMEROS 50 € Y AÚN DEBE 2491,56 euros

4. A este ritmo, Alfonso:
   a. Tardará **9 AÑOS** en pagar la deuda
   b. Habrá pagado **5397,78 €** (INTERESES: **2895,78 €**)

5

EL CONTRATO DE SEGURO

Conceptos económicos: tomador, beneficiario y asegurador

En los contratos de seguro suelen aparecer estas tres figuras, las cuales pueden coincidir o no en la misma persona. Veamos cuáles son sus diferencias:

- → **Tomador:** persona que contrata el seguro y que atiende el pago de la prima.
- → **Asegurado:** persona que, según contrato, resulta cubierta del riesgo convenido.
- → **Beneficiario:** persona que percibe la indemnización. Normalmente coincide con el asegurado, algo que no ocurre en los seguros de vida.

Las actividades cotidianas de la vida están expuestas a que ocurran **imprevistos.** Algunos de ellos son desafortunados, y surgen como la expresión del riesgo inherente a la vida, a la actividad empresarial o, sencillamente, por azar. Con objeto de minimizar el impacto económico negativo asociado a estos eventos, aparece la figura del contrato de seguro, íntimamente ligado a otro concepto: la **mutualización.**

5.1 Concepto y elementos en el contrato de seguro

La **Ley 50/1980,** de 8 de octubre, **de Contrato de Seguro,** establece en su artículo primero que «el contrato de seguro es aquel por el que el **asegurador** se obliga, mediante el cobro de una **prima** y para el caso de que se produzca el **evento** cuyo riesgo es objeto de cobertura a **indemnizar,** dentro de los límites pactados, el daño producido al **asegurado** o a satisfacer un capital, una renta u otras prestaciones convenidas».

Así pues, en el contrato encontramos necesariamente:

- → **Asegurador:** ostenta el **derecho** a cobrar una cantidad periódica llamada prima. Si ocurriese el evento objeto del contrato, estará obligado a indemnizar al asegurado según lo establecido en el contrato.
- → **Asegurado:** ostenta el **derecho** a percibir una indemnización si sucediera el evento objeto del contrato. Está obligado a desembolsar periódicamente al asegurador una cantidad denominada prima.
- → **Evento:** suceso que, en caso de producirse en **las condiciones que establece el contrato,** dará lugar al pago por parte del asegurador de una indemnización. El evento debe ser probable y ocasionar un perjuicio al asegurado.
- → **Prima:** cantidad de dinero que el asegurado entrega al asegurador de manera periódica (mensual, trimestral, semestral, anual, etc.).

En realidad, cuando un grupo de personas contratan un seguro, están mutualizando las pérdidas que les ocasionaría sufrir un evento determinado. Cada una de ellas, aporta una pequeña cantidad periódicamente. Si alguna de ellas sufre el evento, será indemnizada con una cantidad muy superior a su aportación. Esta cantidad está disponible gracias a que todos los asegurados han aportado su prima. Esto es **mutualizar.** La compañía de seguros es quien gestiona las primas.

Así que en realidad, un contrato de seguro no es más que un producto que logra **traspasar dinero de unas personas** (todas las que pagan la prima) **a otras** (las que sufre el percance). La **compañía de seguros,** simplemente, actúa como **intermediario,** conectándolas a todas. El riesgo se ha mutualizado.

5.2 Tipos de seguros

En función de los riesgos asumidos y de la naturaleza del evento objeto del contrato, la Ley establece varios tipos de seguros, que quedan englobados en dos categorías: seguros de daños y seguros de personas. La Ley dedica sus Títulos II y III a desarrollar su articulado. A continuación, exponemos sus características principales.

Seguro de daños	**De incendios**	El asegurador se obliga, dentro de los límites establecidos en la Ley y en el contrato, a indemnizar los **daños producidos por incendio** en el objeto asegurado (art. 45).
	De robo	El asegurador se obliga, dentro de los límites establecidos en la Ley y en el contrato, a indemnizar los **daños derivados de la sustracción ilegítima** por parte de terceros de las cosas aseguradas. La cobertura comprende el daño causado por la comisión del delito en cualesquiera de sus formas (art. 50).
	De transporte	El asegurador se obliga, dentro de los límites establecidos por la Ley y en el contrato, a indemnizar los **daños materiales** que puedan sufrir con ocasión o a **consecuencia del transporte** las mercancías porteadas, el medio utilizado u otros objetos asegurados (art. 54).
	De lucro cesante	El asegurador se obliga, dentro de los límites establecidos en la Ley y en el contrato, a indemnizar al asegurado la **pérdida del rendimiento económico** que hubiera podido alcanzarse en un acto o actividad de no haberse producido el siniestro descrito en el contrato (art. 63).
	De caución	El asegurador se obliga, en caso de incumplimiento por el tomador del seguro *[comprador]* de sus obligaciones legales o contractuales, a indemnizar al asegurado *[vendedor]* a título de resarcimiento o penalidad los daños patrimoniales sufridos dentro de los límites establecidos en la Ley o en el contrato. Todo pago hecho por el asegurador deberá serle reembolsado por el tomador del seguro (art. 68).
	De crédito	El asegurador se obliga, dentro de los límites establecidos en la Ley y en el contrato, a indemnizar al asegurado las **pérdidas** finales que experimente **a consecuencia de la insolvencia definitiva de sus deudores** (art. 69).
	De responsabilidad civil	El asegurador se obliga, dentro de los límites establecidos en la Ley y en el contrato, a cubrir el riesgo del nacimiento a cargo del asegurado de la obligación de indemnizar a un tercero los daños y perjuicios causados por un hecho previsto en el contrato de cuyas consecuencias **sea civilmente responsable el asegurado,** conforme a derecho (art. 68).
	De defensa jurídica	El asegurador se obliga, dentro de los límites establecidos en la Ley y en el contrato, a hacerse cargo de los **gastos** en que pueda incurrir el asegurado como consecuencia de su intervención en un **procedimiento** administrativo, **judicial** o arbitral, y a prestarle los servicios de **asistencia jurídica** judicial y extrajudicial derivados de la cobertura del seguro (art. 76).
	De reaseguro	El reasegurador se obliga a reparar, dentro de los límites establecidos en la Ley y en el contrato, la deuda que nace en el patrimonio del reasegurado a consecuencia de la obligación por este asumida como asegurador en un contrato de seguro (art. 77).
Seguro de personas	**De vida**	El asegurador se obliga, mediante el cobro de la prima estipulada y dentro de los límites establecidos en la Ley y en el contrato, a satisfacer al beneficiario un **capital,** una **renta** u otras **prestaciones** en el caso de muerte o bien de supervivencia del asegurado, o de ambos eventos conjuntamente (art. 83).
	De accidentes	Se entiende por accidente la lesión corporal que deriva de una causa violenta súbita, externa y ajena **a la intencionalidad del asegurado,** que produzca invalidez temporal, permanente o muerte. Las disposiciones contenidas en los artículos ochenta y tres a ochenta y seis del seguro de vida y en el párrafo 1 del artículo ochenta y siete son aplicables a los seguros de accidentes (art. 100).
	De enfermedad y asistencia sanitaria	El asegurador podrá obligarse, dentro de los límites de la póliza, en caso de siniestro, al pago de ciertas sumas y de los **gastos de asistencia médica y farmacéutica.** Si el asegurador asume directamente la prestación de los servicios médicos y quirúrgicos, la realización de tales servicios se efectuará dentro de los límites y condiciones que las disposiciones reglamentarias determinan (art. 105).
	De decesos y dependencia	El asegurador se obliga, dentro de los límites establecidos en este título y en el contrato, a prestar los **servicios funerarios** pactados en la póliza en caso de fallecimiento del asegurado (art. 106).

Comprende, piensa, investiga...

1 **1-2-4.** Explica la diferencia entre tomador, asegurado y beneficiario e identifícalos en el siguiente caso. Realiza una puesta en común con tus compañeros.

«Jaime ha contratado un seguro de vida que cubre el riesgo de fallecimiento de su esposa, Mónica, de tal manera que sus hijos puedan acceder a una renta hasta alcanzar los 30 años de edad».

2 Establece ante qué tipo de seguro estamos en los siguientes casos:

a) Nuestros hijos son muy traviesos y nos preocupa que puedan cometer alguna imprudencia con consecuencias para terceros. Contrataremos un seguro de...

b) He comprado un artículo valioso por Internet y he pagado una cantidad adicional en concepto de seguro de...

ECONOMÍA: PIENSA Y RESPONDE

CUESTIONARIO

Solo una respuesta es correcta:

1. El dinero:
   - No puede ser cualquier bien, aunque este sea un medio de pago, generalmente aceptado.
   - Interesa a quien dispone de él y, también, a quien no dispone de él.
   - Es todo aquello que nos permite pagar por los bienes y servicios, exceptuando las tarjetas de crédito y débito.
   - Ninguna es correcta.
2. En cuanto a los tipos de dinero:
   - El dinero actual es dinero-mercancía.
   - El dinero FIAT es dinero de curso legal.
   - El dinero fiduciario es dinero-signo con respaldo.
   - Todas son correctas.
3. Si un bien es considerado dinero-mercancía:
   - Una desventaja es que su nivel de consumo (como bien) será inferior al deseado.
   - Deberá ostentar el mismo valor como dinero que como bien.
   - Será deseable que sea divisible y fácilmente transportable.
   - Todas son correctas.
4. En cuanto a las funciones del dinero:
   - La principal es la de servir como patrón de pago diferido.
   - El que sea unidad de cuenta permite conservar el valor.
   - Este solo sirve como medio de pago en determinadas situaciones.
   - Ninguna es correcta.
5. En una economía, el público mantiene un 25 % de su dinero en efectivo y el coeficiente de caja es del 5 %. En estas condiciones:
   - Se necesitan 10 000 euros de base monetaria para crear 480 000 euros de dinero total.
   - No. Únicamente se necesitan 1 000 euros de base monetaria.
   - No. Se necesitan 100 000 euros de base monetaria.
   - Ninguna es correcta.
6. El trueque:
   - Requiere la doble coincidencia de necesidades.
   - Está prohibido en la actualidad.
   - Como modalidad para conseguir bienes y servicios se vio desplazado por la aparición del dinero.
   - La primera y la tercera son correctas, no así la segunda.
7. El euro:
   - Es moneda fiduciaria.
   - Es dinero-signo sin respaldo.
   - Es moneda fiat.
   - Todas son correctas.
8. La inflación:
   - Aumenta el poder de compra del dinero.
   - Genera inercias y expectativas que pueden acelerarla.
   - Es consecuencia de una escasez de dinero en la economía.
   - Ninguna es correcta.

CUESTIONARIO

9. En cuanto al BCE:
   - Es la institución encargada de pagar los salarios de la economía.
   - Emite las principales monedas del mundo (dólar, yen, euro).
   - Controla la cantidad de dinero a través del tipo de interés.
   - Ninguna es correcta.
10. Una disminución del uso de efectivo por parte de las personas dará lugar:
    - A un aumento de la cantidad de dinero total en la economía.
    - A una reducción en la cantidad de dinero todal en la economía.
    - A inflación, necesariamente.
    - Ninguna es correcta.
11. Si el BCE impusiera a los bancos comerciales la obligatoriedad de custodiar la totalidad íntegra de los depósitos de sus clientes:
    - El coeficiente legal de caja sería del cien por cien.
    - La cantidad total de dinero en la economía coincidiría con la base monetaria.
    - Los bancos comerciales no podrían prestar.
    - Todas son correctas.
12. Si el BCE pretende restringir el crecimiento del dinero en la economía:
    - Prestaría fondos a los bancos comerciales a bajos tipos de interés.
    - El tipo de interés de sus operaciones de mercado abierto sería alto.
    - Suspendería las subastas de dinero.
    - Ninguna es correcta.
13. En relación con el ahorro, cuando la inflación futura es imprevista y, por tanto, no anticipada por los agentes:
    - Beneficia al prestamista.
    - Perjudica al prestatario.
    - No afecta al ahorro.
    - Ninguna es correcta.
14. En el contrato de cuenta corriente de una popular entidad financiera puede leerse: «*5.3. Cancelación del Contrato: El Titular podrá proceder a su cancelación mediante comunicación al Banco con un mes de antelación. Si la cuenta presentase saldo a favor del Banco, solo podrá cancelarse por el Titular, previo pago de dicho saldo, así como de sus intereses, comisiones y gastos devengados*». Así las cosas:
    - La cuenta podrá cancelarse en cualquier momento, previa petición de cualquier interesado.
    - La cuenta no podrá cancelarse si existe saldo a favor del banco.
    - La cuenta podrá cancelarse si el titular cobra los intereses, comisiones y gastos devengados.
    - Ninguna es correcta.
15. Una tarjeta *revolving:*
    - Es una tarjeta de crédito con cuotas aplazadas.
    - Es una tarjeta de débito.
    - Es una tarjeta prepago.
    - Ninguna es correcta.

Recuerda seleccionar el material de trabajo de esta unidad para tu **portfolio**.

COMPRUEBA TU APRENDIZAJE

1 ¿Qué es un contrato de seguro? ¿Cuáles son las distintas partes que intervienen en este? ¿Qué es la prima? ¿Y el evento? ¿Por qué, cuando hablamos de seguros, hablamos de mutualizar riesgos?

2 Imagina que es posible el siguiente suceso: cada vez que cualquier persona introduzca su mano en el bolsillo, extraerá un billete de 20 euros.

- **a** ¿Qué ocurriría con los precios de los bienes y servicios que consumimos?
- **b** ¿Qué ocurriría con el valor de los billetes de 20 euros?
- **c** ¿Cómo podría detenerse esta situación?

3 Usando el ejemplo propuesto en «Conceptos económicos: OPF y LTRO», correspondiente al epígrafe tercero de esta unidad, calcula la cantidad total de dinero que se crearía finalmente si el coeficiente de caja es del 1% y el público mantiene en efectivo el 25% de sus depósitos.

4 Suecia baraja la posibilidad de eliminar el efectivo (monedas y billetes) y sustituirlo por una moneda digital. Si en la zona euro se tomara esta decisión:

Realiza el ejercicio anterior con el nuevo valor del coefeciente de efectivo y compara los resultados. ¿Qué ha ocurrido? ¿Por qué?

5 Identifica las figuras de «tomador», «asegurado» y «beneficiario» en los siguientes casos:

- **a** Antonio ha vendido a Lucía una nave industrial. Antonio desea asegurar el cobro de su venta.
- **b** Felipe acaba de obtener su permiso de conducción B y, a partir de ahora, conducirá su propio vehículo.
- **c** Marta acaba de adquirir una vivienda gracias a un préstamo hipotecario concedido por una entidad bancaria. Preocupada por su amortización, ha decidido asegurar el pago de la deuda en caso de que fallezca o se quede sin empleo.

6 Indica qué tipo de seguro es adecuado en las siguientes situaciones y establece su categoría como de daños o personal:

- **a** Deseas disfrutar de una renta en caso de sufrir un grave percance o de padecer una enfermedad inhabilitante.
- **b** Deseas percibir una indemnización en caso de que alguien cometa un robo en tu casa.
- **c** Deseas que tus hijos reciban una renta hasta que estos sean económicamente independientes en caso de que fallezcas.

7 Un compañero tuyo ha contratado una tarjeta *revolving*. Él desconoce su funcionamiento y te ha comunicado que piensa financiar la compra de una motocicleta (3000 euros) con ella y pagar cómodamente mediante plazos mensuales de 65 euros. Le has pedido el contrato de la tarjeta y en el mismo figura una tasa de interés nominal del 18 por ciento.

- **a** ¿Cuándo terminará de pagar la motocicleta si firma la operación hoy mismo?
- **b** ¿Cuántos intereses acabará pagando?
- **c** ¿Cuánto capital habrá pagado finalmente?
- **d** ¿Qué cuota debería pagar mensualmente para pagar completamente la deuda en un año?
- **e** Ayúdate de la hoja de cálculo para realizar el ejercicio.

8 Busca en Internet el término «corralito financiero» y responde:

- **a** ¿Qué es un corralito financiero?
- **b** ¿De dónde viene el nombre?
- **c** ¿Por qué se produce?
- **d** ¿Cuándo se acaba?
- **e** Reflexiona sobre este fenómeno y explica qué consecuencias crees que puede tener sobre nuestras vidas, nuestras decisiones de consumo, sobre la actividad de las empresas, etc.

anayaeducacion.es Realiza la autoevaluación interactiva de la unidad.

NOTICIAS, REDES Y ECONOMÍA

Monedas digitales públicas (I): Origen, diseño y características

(28/01/2020) David Tercero Lucas
www.nadaesgratis.es

[...] Las nuevas formas de dinero digital, la proliferación de las criptomonedas y el gran descenso del uso y la demanda del efectivo en algunos países como Noruega y Suecia han forzado a los **bancos centrales** a comenzar a examinar la viabilidad de emitir una **moneda digital pública** (CBDC por sus siglas en inglés). Una moneda digital pública es una nueva forma de dinero emitida virtualmente por el banco central (pasivo del banco central) y que serviría como moneda de curso legal.

[...] Las monedas digitales públicas se enmarcan dentro del concepto de dinero.

[...] Por un lado, una moneda digital pública servirá como medio de pago, al facilitar las transacciones económicas. Por otro lado, también será una unidad de cuenta y un depósito de valor (al contrario que las monedas digitales privadas, cuya elevada volatilidad las aleja de poder ser un depósito de valor). Asimismo, cumplirían la cuarta función del dinero que se adicionó posteriormente: ser un medio de pago diferido.

Sus implicaciones dependen en gran medida de su diseño y de las características que tengan.

[...] Si se pretende en última instancia que la moneda digital pública sustituya completamente al efectivo, debería tener accesibilidad total. Por último, [...] puede ser una moneda digital basada en **tokens** (análoga a las criptomonedas privadas) o basada en cuentas en el banco central (account-based). [...] Mientras que una CBDC basada en tokens es completamente **anónima** (al igual que el efectivo, cuyos pagos no se pueden rastrear), una CBDC basada en cuentas no sería completamente anónima, pero sí más fácil de poner en práctica.

[...] A las características anteriores, se adicionan otras dos que son fundamentales debido a sus grandes implicaciones: por un lado, **si es accesible para todos los públicos** [...] **o se restringe** a un determinado grupo de individuos. Por otro, **si genera** o lleva asociado un tipo de **interés** (*interest-bearing* CBDC) **o no** lo tiene (como las monedas digitales privadas).

Una moneda digital pública accesible para todos los individuos sería un instrumento monetario sin riesgo de liquidez o de crédito, totalmente seguro y de fácil acceso. **Los depósitos en los bancos comerciales,** en cambio, **siguen presentando el riesgo de que la entidad financiera quiebre** (aunque exista el seguro de garantía de depósitos).

[...] Si la CBDC está remunerada, es decir, lleva asociada un tipo de interés, se podría convertir en un nuevo instrumento del banco central. Su demanda, estaría relacionada con el nivel del tipo de interés que, en caso de ser positivo, incrementaría la apetencia por un activo totalmente seguro.

[...] La irrupción de las monedas digitales públicas será una disrupción en el escenario monetario actual.

CUESTIONES

1 ¿Qué es una CBDC? ¿Por qué crees que podría ser considerado dinero?

2 En caso de ser emitida, ¿qué ventajas y qué inconvenientes crees que aparecerían si es anónima? A la hora de responder, ten en cuenta si el uso del efectivo actual es anónimo o no.

3 ¿Por qué razón se señala que los depósitos de los bancos comerciales siguen presentando el riesgo de que la entidad financiera quiebre? (Razona la respuesta aplicando lo aprendido en el epígrafe 3.1. de la unidad).

4 **Cabezas pensantes.** Buscad en Internet información sobre el fondo de garantía de depósitos. Explicaos, unos a otros, qué es, qué garantiza y en qué límites.

anayaeducacion.es Consulta en «Revista Digital» noticias sobre emprendimiento.

6

EL SECTOR PÚBLICO

La actividad financiera del Estado

El Estado es uno de los tres pilares básicos de la economía. Podemos afirmar, sin riesgo a equivocarnos, que **el Estado está presente en la mayoría de decisiones económicas que tomamos a diario.** De esta manera, es el Estado quien proporciona servicios tan importantes como la educación o la sanidad; o quien se encarga del desarrollo de infraestructuras básicas de transporte. Su actividad no se limita a la prestación de servicios de interés público o a la producción de bienes. Además, el Estado persigue el objetivo de mejorar la distribución de la renta. Si a todo esto le añadimos una intensa actividad legislativa, nos hallamos ante un agente económico que **produce bienes y servicios esenciales,** interviene en la **distribución de la renta** y **regula** las actividades económicas y sociales. Estamos, sin duda alguna, ante un agente económico especial, habida cuenta de una de sus características más especiales: su **poder de coacción.**

anayaeducacion.es Consulta en el apartado «Economía y vida cotidiana» aspectos económicos.

PLANIFICAMOS

- EL SECTOR PÚBLICO
  - EL PAPEL DEL ESTADO EN LA ECONOMÍA
  - LOS INGRESOS PÚBLICOS
  - EL GASTO PÚBLICO
  - DÉFICIT PÚBLICO Y DEUDA PÚBLICA
  - LA DISTRIBUCIÓN DE LA RENTA

El papel del Estado en la economía

¿Por qué interviene el Estado en la economía? ¿Es necesario? ¿Qué es la actividad financiera del Estado?

Los ingresos públicos

¿Cuáles son las fuentes de los ingresos públicos? ¿Cuáles de ellas son las más importantes?

El gasto público

¿En qué gasta el Estado? ¿Dónde podemos encontrar la planificación de gastos? ¿Cómo, dónde se elabora esa planificación? ¿Quién se encarga de ello?

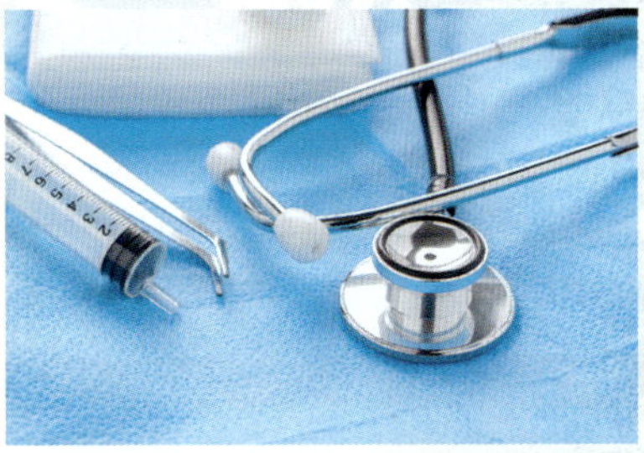

Déficit y deuda pública

¿Puede el Estado gastar más de lo que ingresa? ¿A qué podría deberse esta situación?

La distribución de la renta

¿Qué papel ostenta el Estado en la distribución de la renta entre los ciudadanos? ¿Qué herramientas utiliza para alterarla?

1

EL PAPEL DEL ESTADO EN LA ECONOMÍA

Argumentos económicos: Adam Smith y las funciones del Estado

Hace más de 200 años, Adam Smith escribiría:

«El soberano solo tiene tres deberes que cumplir (...). Primero, el deber de **proteger** a la sociedad de la violencia (...). Segundo, (...) el deber de establecer una exacta administración de la **justicia.** Y tercero, el deber de edificar y mantener ciertas **obras públicas** que jamás será del interés de ningún individuo (...) el edificar y mantener».

Adam Smith. *La riqueza de las naciones.* Alianza Editorial, Madrid, 1994, pp. 659-660.

Comprende, piensa, investiga...

1 Imagina el caso de una empresa que vierte residuos tóxicos a un río. Explica qué medidas podría tomar el sector público.

2 Razona el criterio de clasificación de los siguientes gastos en los PGE (por programas, orgánica y económica):

a) Programa 322F: Educación en el exterior: 107119,14 miles de euros.

b) Programa 322F: Retribuciones básicas 21104,00 miles de euros.

c) Ministerio de Educación y Formación Profesional. Dirección General de Planificación y Gestión Educativa (18.08): 2167919,93 miles de euros.

Todas las economías se hallan afectadas por la **intervención** del Estado en los mercados a través de la **regulación,** de la participación en ellas como agente **productor** o **proveedor** de servicios y como **redistribuidor** de rentas.

1.1 La justificación de la intervención

¿Por qué interviene el sector público en la economía? Las razones son las siguientes:

- **Provisión de bienes y servicios de carácter preferente:** ¿quién financia el alumbrado, las carreteras, la sanidad, la educación? La respuesta podría estar en el mercado, aunque podría ocurrir que parte de la población tal vez no consumiera este tipo de servicios (educación, sanidad) en sus cantidades **óptimas.** Si entendemos que una población formada y sana genera ventajas para el conjunto de los ciudadanos **(externalidades positivas),** podemos concluir que los Estados ofrecerán estos servicios de manera generalizada, y no dejarán su provisión exclusivamente al mercado.
- **Establecimiento del marco jurídico de la actividad económica:** leyes, decretos, órdenes, directivas para modificar el comportamiento de las empresas y de los consumidores, regulación de mercados tan importantes como el de trabajo o vivienda. El sector público dicta normativa para que la actividad económica se desarrolle dentro de unos cauces establecidos y contribuya a alcanzar objetivos de bienestar. Podemos destacar las intervenciones en el mercado de trabajo y la regulación en materia de medio ambiente.
- **Regulación de estructuras de mercado:** con el fin de prohibir y delimitar el campo de acción de ciertas formas de mercado agresivas con los consumidores, como los oligopolios y los monopolios.
- **Distribución de la renta:** las diferencias de renta, entre los individuos de una sociedad, son inevitables, aunque es deseable que la distribución de esta sea lo más equitativa posible. En las economías en las que la mayor parte de la renta está en manos de unos pocos, existirán importantes bolsas de pobreza y la igualdad de oportunidades se verá seriamente amenazada. El sector público actúa con herramientas fiscales para redistribuir la renta de la sociedad y alcanzar situaciones más equitativas.

1.2 La actividad financiera del Estado

Las principales funciones del sector público, que se derivan de las justificaciones anteriores, necesitan, para poder ser llevadas a cabo, de la existencia de **actividad financiera.** Esta, ejecutada en virtud del poder de coacción propio del mismo, debe ser entendida como aquella que posibilita al Estado **captar recursos económicos** (ingresos públicos) y, según unos principios que regulan jurídicamente esta actividad, **emplear estos recursos** (gasto público) para evitar o paliar los «fallos de mercado». Esta actividad financiera quedará legitimada a través de la aprobación, por parte de las Cortes Generales, de la **Ley de Presupuestos Generales del Estado** «Comprendemos la economía: los Presupuestos Generales del Estado».

Comprendemos la economía: los Presupuestos Generales del Estado

CADA AÑO

- EL GOBIERNO **ELABORA** LOS PRESUPUESTOS GENERALES DEL ESTADO (PGE).
- LAS CORTES GENERALES **EXAMINAN**, **ENMIENDAN** Y **APRUEBAN** LOS PGE. → ANTES DE FINALES DE AÑO
- LOS PGE INCLUIRÁN **TODOS** LOS **INGRESOS** Y LOS **GASTOS** DEL ESTADO.

EN LA LEY DE PGE DE CADA AÑO ENCONTRAREMOS:

1. EL PRESUPUESTO DEL ESTADO
2. LOS PRESUPUESTOS DE LOS ORGANISMOS AUTÓNOMOS
3. EL PRESUPUESTO DE LA SEGURIDAD SOCIAL
4. LOS PRESUPUESTOS DE LAS ENTIDADES PÚBLICAS EMPRESARIALES
5. LOS PRESUPUESTOS DE LAS SOCIEDADES MERCANTILES ESTATALES
6. LOS PRESUPUESTOS DE LAS FUNDACIONES, UNIVERSIDADES PÚBLICAS Y RESTO DE ENTIDADES

¿CÓMO SE RECOGE EL CONTENIDO DE LOS PGE?

SERIE ROJA: FIGURAN LOS INGRESOS PREVISTOS Y LOS GASTOS AUTORIZADOS POR PROGRAMAS DE GASTO (CUÁL ES EL DESTINO DE LO QUE SE GASTA).

SERIE VERDE: FIGURAN LOS INGRESOS PREVISTOS Y LOS GASTOS AUTORIZADOS CLASIFICADOS DE MANERA ORGÁNICA (QUIÉN GASTA) Y ECONÓMICA (EN QUÉ SE GASTA).

SERIE AMARILLA: EXPLICA LAS GRANDES CIFRAS DE LOS PGE. INCLUYE EL INFORME ECONÓMICO Y FINANCIERO. IMPRESCINDIBLE PARA COMENZAR LA LECTURA DE LOS PGE.

NO OLVIDES

- EN LA ELABORACIÓN DE LOS PRESUPUESTOS SON FASES IMPORTANTES:
  - ESTIMACIÓN DE LOS INGRESOS
  - APROBACIÓN DEL TECHO DE GASTO → LÍMITE DE GASTO TENIENDO EN CUENTA LOS INGRESOS ESTIMADOS.
- SI NO SE APRUEBAN LOS PGE, SE PRORROGAN LOS DEL AÑO ANTERIOR.
- EL GOBIERNO PUEDE ELABORAR PROYECTOS DE LEY PARA MODIFICAR GASTOS E INGRESOS EN EL MISMO AÑO.

2 LOS INGRESOS PÚBLICOS

Conceptos económicos: los tributos

Los tributos se clasifican en **tasas, contribuciones especiales** e **impuestos.**

- **Impuestos:** tributos exigidos sin contraprestación en virtud de actos que pongan de manifiesto la capacidad económica de las personas.
- **Tasas:** tributos exigidos como contraprestación a un servicio administrativo que demanda un ciudadano.
- **Contribuciones especiales:** tributos exigidos a quienes se benefician especialmente de obras públicas.

Comprende, piensa, investiga...

1 Usando la información de las tablas de este apartado, calcula:

a) el total de ingresos públicos consolidados para 2021,

b) y el porcentaje que suponen los ingresos por cotizaciones sociales dentro del total de ingresos públicos en 2021.

2 **Cabezas pensantes.** Realiza una tabla similar a la analizada en la sección «Comprendemos la economía» para el caso de Susana, cuya remuneración es la siguiente:

a) Sueldo base más complementos: 1680 euros

b) Dos pagas extraordinarias de 1200 euros.

c) No ha realizado horas extraordinarias.

Para que el sector público pueda intervenir en la actividad económica, es necesario que cuente con **ingresos con los que hacer frente a los gastos derivados de su actuación en la economía.** Ahora bien, ¿cuáles son las fuentes de estos ingresos?

2.1 Las principales fuentes de ingresos públicos

En la economía española, la mayor parte de los ingresos públicos provienen de las **operaciones corrientes (96,1%).** Veamos cuáles son estas:

- **Impuestos directos y cotizaciones sociales:** básicamente el impuesto sobre la renta de las personas físicas (IRPF) y el impuesto sobre sociedades (IS), así como aportaciones a la Seguridad Social de empresas y de personal empleado (cotizaciones).
- **Impuestos indirectos:** principalmente, el impuesto sobre el valor añadido (IVA) y los impuestos especiales.
- **Tasas, precios públicos y otros ingresos:** generalmente, tributos cedidos a las corporaciones locales.
- **Transferencias corrientes:** ingresos obtenidos sin contrapartida (por ejemplo, los fondos recibidos de la Unión Europea).
- **Ingresos patrimoniales:** procedentes de la explotación del patrimonio del sector público.

Dentro de los ingresos por operaciones corrientes, hemos de señalar la importancia que tienen los impuestos y las cotizaciones sociales (ver la tabla de la siguiente página), las cuales suponen el 87,8 por ciento de los ingresos por operaciones corrientes consolidados del Estado.

Informe económico y financiero. PGE 2021

Capítulo	Importe	% s/total	% Δ 21/20
I. Impuestos directos y cotizaciones sociales	221945,71	68,5	3,4
II. Impuestos indirectos	51479,78	15,9	9,1
III. Tasas y otros ingresos	14255,34	4,4	-3,0
IV. Transferencias corrientes	15422,75	4,8	26,1
V. Ingresos patrimoniales	8401,54	2,6	44,8
Operaciones corrientes	**311505,12**	**96,1**	**5,7**
VI. Enajenación de inversiones reales	643,24	0,2	163,0
VII. Transferencias de capital	8081,70	2,5	175,9
Operaciones de capital	8724,93	2,7	174,9

(*) El término «consolidado» implica que se han eliminado transferencias internas entre administraciones. En cuanto a los ingresos aquí computados, no figuran las relativas a impuestos cedidos a otras administraciones (por ejemplo, el 50% del IRPF e IVA, entre otros, están cedidos a las CC. AA. de régimen común).

2.2 El carácter coactivo de los ingresos

Los ingresos públicos existen por una razón o justificación principal, que no es otra que **financiar los gastos públicos.** El Estado utiliza su poder coactivo para obtener ingresos en virtud de un contrato social materializado en la Constitución española (**artículo 31.1:** «Todos contribuirán al sostenimiento de los gastos públicos de acuerdo con su **capacidad económica** mediante un sistema tributario justo inspirado en los principios de **igualdad y progresividad** que, en ningún caso, tendrá alcance confiscatorio»).

La propia norma limita el alcance de este poder al impedir que sea confiscatorio y, por otro lado, establece la condición para modular la intensidad recaudatoria: la **capacidad económica.** Además, en igualdad de condiciones, todos debemos contribuir en igual cuantía (igualdad) y, a medida que dispongamos de mayor capacidad económica, debemos contribuir en una mayor proporción **(progresividad).** Dentro de los ingresos públicos, existen dos figuras muy relevantes, por su capacidad recaudatoria. Hablamos de los **impuestos** y de las **cotizaciones sociales** (tabla «impuestos directos y cotizaciones sociales»).

- **Impuestos:** los impuestos más relevantes son el impuesto sobre la renta de las personas físicas (IRPF) y el impuesto sobre el valor añadido (IVA).
- **Cotizaciones sociales (CS):** contribuciones de asalariados, funcionarios y de empresas (individuales y sociedades) al sistema de Seguridad Social, para financiar las coberturas del sistema (pensiones, desempleo, incapacidad, etc.). Son de obligada aportación, y su cuantía se determina aplicando un porcentaje sobre la remuneración. Tal y como se aprecia en el siguiente cuadro, son los ingresos más importantes.

Impuestos directos y cotizaciones sociales	IRPF	IS	CS
221 945,71	43 660,34	21 720,22	153 483,87
Impuestos indirectos	**IVA**	**IE**	**Otros**
51 479,77	36 033,99	8 683,65	6 762,13

Economía española. Ingresos previstos para 2021. Millones de euros. Elaboración propia a partir de PGE 2021 (IS: impuesto sobre sociedades; IE: impuestos sobre consumos específicos).

Conceptos económicos: contingencias comunes y profesionales

Personas ocupadas y empresas en las que trabajan deben cotizar, es decir, **ingresar en la Seguridad Social una parte de sus remuneraciones, con el fin de que el sistema cuente con fondos suficientes para atender sus prestaciones.** Ahora bien, ¿por qué motivos?

- **Cotización por contingencias comunes:** incluimos las bajas por enfermedad común, accidente no laboral, viudedad o jubilación, entre otras.
- **Cotización por contingencias profesionales y desempleo:** situaciones que originan una desprotección relacionada con el puesto de trabajo (desempleo, accidente o enfermedad laboral, entre otras).

En «Comprendemos la economía: cómo cotiza una persona asalariada», calculamos la cotización mensual para el caso de Elena, cuyas condiciones laborales son: salario base: 1400 euros; complementos: 250 euros; horas extraordinarias: 100 euros; 2 pagas extraordinarias (salario base más complementos).

Comprendemos la economía: cómo cotiza una persona asalariada

La cotización se calcula aplicando **porcentajes** sobre la **base de cotización,** que está compuesta por el salario base, los complementos salariales y el reparto mensual de las pagas extraordinarias. Si añadimos las horas extraordinarias, obtendremos la base de cotización por desempleo y contingencias profesionales.

Contingencias	Base de cotización	Tipo de la empresa	Cuota de la empresa	Tipo del trabajador	Cuota del trabajador
Comunes	1925	23,60 %	454,30	4,70 %	90,48
Horas extraordinarias	100	23,60 %	23,60	4,70 %	4,70
Desempleo	2025	5,50 %	111,38	1,55 %	31,39
FOGASA	2025	0,20 %	4,05	-	-
Formación Profesional	2025	0,60 %	12,15	0,10 %	2,03
Accidentes de trabajo y enfermedades profesionales	2025	1,40 %	28,35	-	-
TOTAL			**633,83**		**128,60**

3 EL GASTO PÚBLICO

En el epígrafe anterior indicábamos que el sector público recababa ingresos con el fin de atender los gastos derivados de su intervención en la economía. Al conjunto de estos gastos lo denominaremos gasto público; y dedicaremos el presente epígrafe a determinar sus componentes principales.

3.1 ¿En qué gasta el Estado?

Responderemos a esta pregunta utilizando las políticas de gasto como concepto clave. Una política de gasto agrupa todos aquellos gastos realizados en actividades de naturaleza similar. De esta manera, podemos hablar de políticas de gasto en educación, sanidad, justicia, cultura, etc.

Las veintiséis políticas de gasto propuestas por el Ministerio de Hacienda y Administraciones Públicas se agrupan en cinco grandes áreas, que son:

- **Servicios públicos básicos:** justicia, defensa, seguridad ciudadana y política exterior.
- **Actuaciones de protección y promoción social:** pensiones, desempleo, servicios sociales, fomento del empleo, acceso a la vivienda, entre otros.
- **Producción de bienes públicos de carácter preferente:** sanidad, educación y cultura.
- **Actuaciones de carácter económico:** infraestructuras, I+D+i, turismo, agricultura y pesca, transporte, entre otras.
- **Actuaciones de carácter general:** administración financiera y tributaria, deuda pública, transferencias a otras administraciones públicas, entre otras.

Presupuestos generales del Estado. Distribución por grandes áreas de gasto

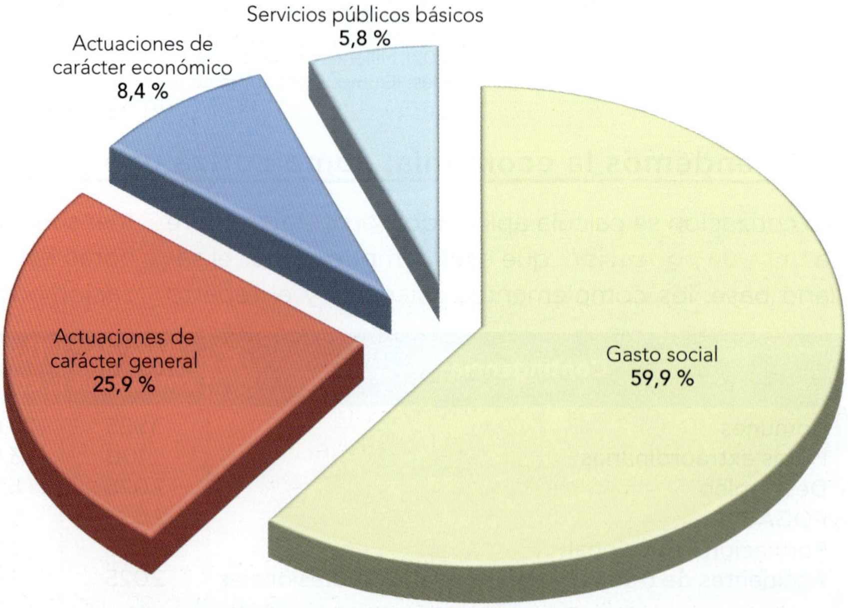

Fuente: Informe económico y financiero. PGE 2021.

Comprende, piensa, investiga...

1 Usando la información de gasto financiero y no financiero, proporcionada en la sección «Conceptos económicos», calcula el gasto público total para 2021. De esta cifra, ¿qué cantidad puede denominarse gasto real?

2 Usando la información de las tablas de las páginas 92 y 93 y el resultado del ejercicio anterior, calcula:

a) el exceso de gasto público total sobre los ingresos públicos totales,

b) y el exceso de gasto no financiero total sobre los ingresos públicos totales.

3 **Asamblea de ideas.** Valora las cantidades presupuestadas de gasto en Educación y Sanidad para el año 2021. Utiliza la información de la tabla de la página 95. (Pista: ¿quién ofrece los servicios de educación y sanidad?).

4 ¿Crees que el gasto en pensiones se reducirá o aumentará en los próximos años? ¿Qué crees que ocurrirá si no se logra reducir el desempleo?

3.2 Las grandes políticas de gasto

Analizamos las grandes políticas de gasto para 2021.

Políticas de gasto (incluyen fondos Next Generation UE)	2021	% s/total
SERVICIOS PÚBLICOS BÁSICOS	22 697,00	5,5
GASTO SOCIAL (1+2)	239 765,00	58,2
1. Actuaciones de protección y promoción social	226 394	54,9
Pensiones	163 297	39,6
Otras prestaciones económicas	20 623	5,0
Servicios sociales y promoción social	5 201	1,3
Fomento del empleo	7 405	1,8
Desempleo	25 012	6,1
Acceso a la vivienda y fomento de la edificación	2 253	0,5
Gestión y administración de Trabajo y Economía Social	104	0,0
Gestión y admón. de la inclusión, de la SS y de la Migración	2 499	0,6
2. Producción de bienes públicos de carácter preferente	13 371	3,2
Sanidad	7 330	1,7
Educación	4 893	1,2
Cultura	1148	0,3
ACTUACIONES DE CARÁCTER ECONÓMICO	43 399	12,0
ACTUACIONES DE CARÁCTER GENERAL	100 227	24,3
Alta dirección	752	0,2
Servicios de carácter general	9 434	8,8
Administración financiera y tributaria	1564	0,4
Transferencias a otras administraciones públicas	56 802	15,14
Intereses de deuda pública	31 675,00	7,7
CAPÍTULOS 1 A 8	**412 087**	**100,0**

Fuente: A partir del Informe Económico y Financiero PGE 2021 y Presentación del Proyecto de PGE 2021. Millones de euros.

Las **grandes partidas de gasto** son, por este orden: **pensiones** (39,6 %), transferencias a otras administraciones públicas (15,14 %), servicios de carácter general (8.8%), intereses de deuda pública (7,7 %) y desempleo (6,1 %). En los servicios de carácter general no están incluidos los **fondos de financiación de las comunidades autónomas y de las entidades locales,** ni en las transferencias a otras administraciones públicas se incluye la **dotación adicional de recursos a las comunidades autónomas por COVID-19.**

El gasto que se presenta en la tabla de la página 95 **no es el gasto total.** La explicación es la siguiente:

En nuestra economía, las comunidades autónomas (CC. AA.) tienen, entre otras, las competencias de Educación y Sanidad transferidas. Sin embargo, las CC. AA. no cuentan con ingresos propios suficientes para desarrollar estas actividades (tampoco si tenemos en cuenta los tributos cedidos por el Estado), por lo que el Estado aporta recursos a través de diferentes fondos, para que las CC. AA. puedan ofrecer estos servicios públicos.

Si a los gastos del Estado por políticas, añadimos los fondos que se transfieren a las CC. AA. y la deuda pública a devolver, tenemos que **la cifra total de gasto para 2021 alcanza los 550 487 millones de euros.**

anayaeducacion.es Consulta la información correspondiente a las metas del objetivo 1.

Conceptos económicos: gasto no financiero y gasto financiero

Los números de los PGE no son fáciles de entender. Acabamos de examinar el gasto previsto para 2021, clasificado por políticas de gasto, el cual ascendía a 412 087 millones de euros.

Si consultamos el **Informe Económico y Financiero de los PGE de 2021,** en su página 302, veremos:

- **Gasto no financiero:** 416 495,73 millones de euros. Esta es la cifra de gasto que debemos tener en mente. Podemos identificarlo como el **gasto «real»** del sector público en la economía.
- **Gasto financiero:** 133 988,07 millones de euros. Esta cifra proviene, de una parte, de fondos que se prestan a otras administraciones y, de otra, de deuda pública que hay que devolver (pero que se refinanciará).

OBJETIVOS DE DESARROLLO SOSTENIBLE

Fin de la pobreza

«Poner en práctica a nivel nacional sistemas y medidas apropiados de protección social para todos y, para 2030, lograr una amplia cobertura de los pobres y los más vulnerables».

Objetivos de Desarrollo Sostenible, obj. 1.

ODS Accede, desde Internet, al texto del **Real Decreto Ley 20/2020, de 29 de mayo, por el que se establece el ingreso mínimo vital** y realiza una presentación digital donde cuentes:

a) Su principal objetivo (parte V exposición de motivos)

b) Artículos 3 y 4.

4

DÉFICIT Y DEUDA PÚBLICA

Conceptos económicos: la estabilidad presupuestaria

Artículo 3. Principio de estabilidad presupuestaria. Ley 2/2012.

1. La **elaboración, aprobación** y **ejecución** de los presupuestos y demás actuaciones que afecten a los gastos o ingresos de los distintos sujetos comprendidos en el ámbito de aplicación de esta Ley se realizará en un **marco de estabilidad presupuestaria,** coherente con la normativa europea.
2. Se entenderá por **estabilidad presupuestaria** de las administraciones públicas la **situación de equilibrio** o de **superávit estructural.**

La **actividad financiera** del Estado genera una corriente de ingresos y gastos que se planifican anualmente en los PGE. Ahora bien, **¿y si los ingresos estimados finalmente no son suficientes** para financiar los gastos que se han planificado? ¿Y si se necesitara gastar más?

4.1 El déficit público

La **Ley 2/2012, de Estabilidad Presupuestaria y Sostenibilidad Financiera,** establece que los PGE deben aprobarse en un marco de estabilidad presupuestaria. Ahora bien, durante el proceso de ejecución del presupuesto, los ingresos estimados pueden ser insuficientes o pueden aparecer nuevos gastos, surgiendo un déficit presupuestario, que no es otra cosa que un **exceso de gasto sobre los ingresos previstos.**

Además, el gobierno, en situaciones especiales (como la **pandemia COVID-19),** puede, en línea con lo acordado en la Unión Europea, suspender la regla de estabilidad, permitiendo que exista un mayor nivel de déficit público del inicialmente acordado.

4.2 El déficit estructural y cíclico

¿Es sostenible que una economía gaste más de lo que ingresa año tras año? La respuesta debería ser negativa. Sin embargo, existen matices que debemos conocer.

- **Déficit cíclico:** Todas las economías atraviesan por etapas de crisis económica. En ellas, aumenta el desempleo, reduciéndose los ingresos y aumentando los gastos públicos. El sector público intentará **minimizar los impactos de la crisis económica.** El exceso de gastos sobre ingresos causará déficit público cíclico. Con la llegada del crecimiento económico, los ingresos serán mayores que los gastos y el sector público obtendrá superávit. Como vemos, el déficit cíclico puede existir y no tiene por qué suponer un problema para la economía.
- **Déficit estructural:** ¿Cuánto gasto público necesita la economía para funcionar al margen de las crisis o de los auges económicos? Si estimamos este **nivel de gasto público necesario** y resulta que es mayor que los ingresos públicos, la economía estará incurriendo en **déficit estructural,** lo cual sí que supondrá un problema grave, ya que, o bien el gasto público planteado es demasiado alto para el nivel de ingresos que se obtiene, o bien los ingresos públicos no son suficientes para mantener el nivel de funcionamiento normal del sector público (pensiones, sanidad, educación, etc.). En otras palabras, el sector público incurrirá en déficit año tras año y esto sí que tiene tintes de ser **insostenible.**

La Constitución española, en su **artículo 135,** establece que «El Estado y las Comunidades Autónomas no podrán incurrir en un déficit estructural que supere los márgenes establecidos, en su caso, por la Unión Europea para sus Estados miembros». Para el caso de nuestra economía, antes de la pandemia COVID-19, ya presentaba un déficit estructural de aproximadamente el 4 % del PIB (ver «Comprendemos la economía: ratios déficit/PIB y deuda/PIB»).

Comprende, piensa, investiga...

1 **Consecuencias y resultados (CyR).** ¿Qué relación hay entre déficit público y deuda pública? Identifica qué concepto es la causa, y cuál, la consecuencia.

2 El déficit público de la economía española ascendió, en 2019, a 35 637 millones de euros. Sabiendo que el PIB de ese año fue de 1 244 772 millones de euros, calcula la ratio déficit/PIB. ¿Estaría la economía sujeta al PDE?

3 Busca en Internet información sobre las últimas cifras de déficit y deuda. Explica qué significan.

4 Observa el gráfico de la página siguiente. ¿Crees que nuestra economía tiene un problema con el déficit estructural? ¿Cómo lo resolverías?

4.3 La deuda pública y sus consecuencias

¿Cómo es posible gastar más de lo que se ingresa? Endeudándose. Cuando el sector público gasta más de lo que ingresa, **pide prestado.** Para ello, emite títulos de deuda a diferentes plazos y rendimientos (Letras del Tesoro, Obligaciones del Estado...), subastándolos por un importe menor al que, a su vencimiento, debe reintegrar.

Empresas, instituciones, ciudadanos, etc., prestan, así, dinero al Estado, recibiendo periódicamente unos intereses y, al vencimiento, el dinero prestado.

¿Cuáles son las consecuencias de endeudarse?

- **Al vencimiento de la deuda:** habrá que devolverla (amortizarla) o refinanciarla (emitir nueva deuda para devolverla). En el primero de los casos, habrá que reducir gastos públicos o aumentar ingresos públicos.
- **Deben pagarse los intereses de la deuda:** cuyo monto total está relacionado con el tipo de interés aplicado. Una economía con un volumen abultado de deuda y con déficits estructurales altos necesitará garantías adicionales para que pueda endeudarse a costes razonables (por ejemplo, el Banco Central Europeo interviene indirectamente para que el coste de la deuda pública sea bajo). En ausencia de estas garantías, a las economías con mayor deuda y déficit, se les exigirá un interés mayor. Este interés mayor se conoce con el nombre de **prima de riesgo** y su evolucion debe vigilarse, pues puede aumentar la factura de la deuda.

Comprendemos la economía: ratios déficit/PIB y deuda/PIB

EL PIB (PRODUCTO INTERIOR BRUTO) ES VALOR DE TODA LA PRODUCCIÓN FINAL DE BIENES Y SERVICIOS QUE SE REALIZA EN EL INTERIOR DE UN PAÍS EN UN PERÍODO DE TIEMPO (NORMALMENTE, UN AÑO).

PRODUCIR ESTOS BIENES Y SERVICIOS GENERA RENTAS (SALARIOS Y BENEFICIOS), RENTAS QUE SON GASTADAS POR LOS HOGARES E INVERTIDAS POR LAS EMPRESAS.

PARECE EL PIB UN BUEN CANDIDATO CON EL QUE COMPARAR OTRAS VARIABLES, ¿NO ES CIERTO?

COMPARAMOS DÉFICIT PÚBLICO CON PIB [DEF/PIB]

- Los Estados de la UE deben presentar un déficit (CÍCLICO+ESTRUCTURAL) inferior al 3 % de su PIB
- El DÉFICIT ESTRUCTURAL debe ser como máximo 0,5 % PIB.
- Deben tomarse acciones correctoras para reducirlo (REFORMAS PARA AUMENTAR INGRESOS PÚBLICOS Y/O REDUCIR GASTOS PÚBLICOS).
- Si un país no lo reduce por sí solo, la UE propondrá recomendaciones y el país estará sujeto al protocolo de DÉFICIT EXCESIVO **(PDE).**

COMPARAMOS DEUDA PÚBLICA CON PIB [DP/PIB]

- En la UNIÓN EUROPEA el NIVEL DE DEUDA PÚBLICA de un Estado miembro NO DEBE SUPERAR el 60 % del PIB.

Economía española. Evolución reciente del déficit público y déficit estructural. Comisión Europea (2014-2019). Previsiones FMI (2020)

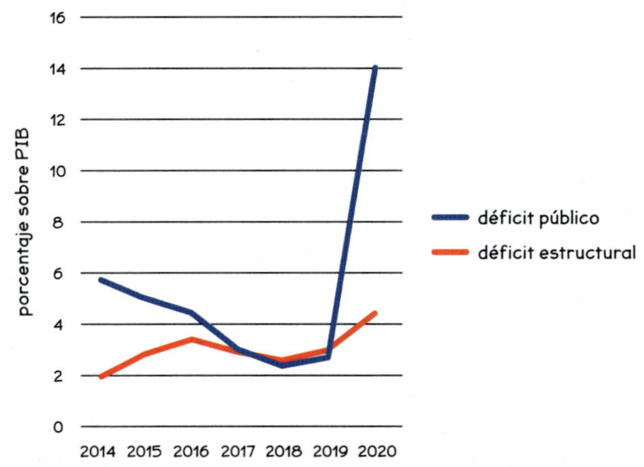

5 LA DISTRIBUCIÓN DE LA RENTA

El Estado redistribuye la renta que inicialmente perciben los factores de producción.

Comprende, piensa, investiga...

1. El índice de Gini de un país arroja un valor de 0,35, mientras que el del país vecino se sitúa en 0,50. Valora y explica cuál de estas dos economías está mejor distribuida la renta.
2. **Pienso, me interesa, investigo...** El impuesto más importante de nuestra economía es el IRPF, el cual es un impuesto progresivo. Analizamos este concepto en el epígrafe segundo. Pues bien, explica qué relación puede existir entre la progresividad y la distribución de la renta. Puedes ayudarte con la gráfica de la curva de Lorenz a partir de mejorar la distribución B, haciendo que la persona más rica ceda renta a las restantes.

Las **relaciones económicas** que se establecen entre los ciudadanos de un Estado generan **rentas.** Así, por ejemplo, las personas que trabajan por cuenta ajena reciben un salario; las personas que ejercen como autónomos generan unos beneficios, como las sociedades (S. A., S. L., sociedades cooperativas, etc.). También es el caso de las personas que invierten sus ahorros o que alquilan sus propiedades. Ahora bien, ¿está la renta igualmente distribuida?

5.1 La redistribución de la renta

La obtención de rentas por parte de personas trabajadoras, empresarias, inversoras, etc., tal y como la hemos descrito en la introducción de este epígrafe, corresponde a lo que en economía se conoce como **distribución primaria de la renta.**

Si no existiera actividad financiera del Estado, la distribución de la renta final de una economía coincidiría con la distribución primaria de la renta.

Sin embargo, el sector público interviene en la economía según unos criterios determinados **(equidad, justicia, moralidad, eficiencia, solidaridad,** etc.), lo que afecta a la distribución inicial de la renta. Por ejemplo, cuando hay personas que no generan rentas y que viven por debajo del umbral de la pobreza, el Estado determina que deben recibir una ayuda para mejorar su situación personal y familiar y que deben acceder a programas de fomento que les permitan superar esta dramática situación y contar con la posibilidad de generar rentas.

Es entonces, cuando, a través de la **actividad financiera del Estado,** mediante la recaudación de ingresos públicos (por ejemplo, cobro de impuestos) y la ejecución de políticas de gasto (por ejemplo, ayuda familiar), el **Estado redistribuye la renta,** alterando la distribución primaria u original. En «Comprendemos la economía: el índice de Gini», analizamos una de las principales herramientas para medir de la desigualdad en la distribución de la renta.

5.2 Los efectos de la desigualdad de la renta

La desigual distribución de la renta, tanto a nivel global como a nivel del Estado, genera una serie de consecuencias negativas, entre las cuales destacamos:

- **Consecuencias sociales:** movimientos migratorios forzosos, con el consiguiente desarraigo social y familiar; desigualdad de género, elevación de las tasas de criminalidad, concentración de bolsas de pobreza y disminución del bienestar infantil y de la calidad educativa.
- **Consecuencias sanitarias:** aumento del consumo de drogas, aumento del riesgo potencial de propagación de epidemias, concentración de enfermedades en determinadas zonas o estratos de la población.
- **Consecuencias económicas:** menor crecimiento económico debido a la menor igualdad de oportunidades, menor capacidad de innovación, menor inversión pública, concentración del poder político y económico, que limita las posibilidades de emprendimiento.

5.3 Las herramientas de redistribución de la renta

Las herramientas con las que los Estados cuentan para incidir sobre la distribución de la renta son, principalmente, tres:

- **Impuestos:** cantidades de dinero que se detraen de los individuos que manifiestan su capacidad económica a través de la generación de rentas (impuestos directos, como el IRPF) o a través de sus actos de compra (impuestos indirectos, como el IVA).
- **Gasto público en bienes preferentes:** gasto que busca sentar las bases para la igualdad de oportunidades (educación y sanidad).
- **Transferencias corrientes:** flujos de dinero sin contrapartida (ayudas) que recibe la ciudadanía más pobre con el fin de cubrir las necesidades consideradas vitales. Destacamos las prestaciones y los subsidios por desempleo y el ingreso mínimo vital.
- **Inversiones públicas en infraestructuras:** necesarias para propiciar el desarrollo económico y dotar al Estado de un andamiaje sólido para el desarrollo de la actividad económica.

Argumentos económicos: la igualdad en la Constitución

El artículo 9.2 de la Constitución española establece una misión al Estado en materia de igualdad:

«Corresponde a los poderes públicos promover las condiciones para que la libertad y la igualdad del individuo y de los grupos en que se integra sean reales y efectivas; remover los obstáculos que impidan o dificulten su plenitud y facilitar la participación de todos los ciudadanos en la vida política, económica, cultural y social».

Comprendemos la economía: el índice de Gini

90 000 €

IMAGINEMOS UNA ECONOMÍA COMPUESTA POR TRES PERSONAS EN LA QUE LA RENTA TOTAL ES DE **90 000 €** ANUALES. SUPONGAMOS QUE LA PRIMERA PERSONA ES POSEEDORA DE **7 500 €**, LA SEGUNDA, DE **30 000 €**, Y LA TERCERA, DE **52 000 €** ➡ **[7 500, 30 000, 52 500]** ➡ SITUACIÓN B EN EL GRÁFICO

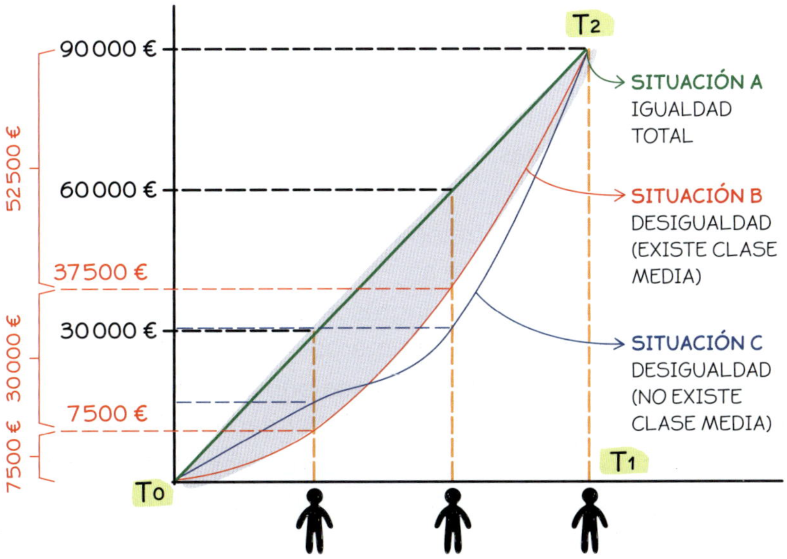

1. La **LÍNEA VERDE** representa una distribución de la renta totalmente igualitaria (cada persona posee 30 000 euros de renta).
2. La **LÍNEA ROJA** representa la situación propuesta en el enunciado. Esta línea se llama **CURVA DE LORENZ.**
3. **CUANTO MÁS ALEJADA** de la línea verde esté la línea que representa la distribución, **MÁS DESIGUAL** será esta.
4. **INCONVENIENTES:** ¿la situación C (15 000, 15 000, 60 000) es más (o menos) deseable? El índice de Gini no podrá determinar qué distribución es preferible (las Curvas de Lorenz se cruzan).

$$\text{ÍNDICE DE GINI} = \frac{\text{ÁREA ENTRE CURVA DE LORENZ Y CURVA DE TOTAL IGUALDAD}}{\text{ÁREA DEL TRIÁNGULO } T_0\text{-}T_1\text{-}T_2}$$

IGUALDAD TOTAL → EL ÁREA ES NULA → **IG = 0**

DESIGUALDAD MÁXIMA → EL ÁREA COINCIDE CON EL TRIÁNGULO → **IG = 1**

ECONOMÍA: PIENSA Y RESPONDE

CUESTIONARIO

Solo una respuesta es correcta:

1. Los Presupuestos Generales del Estado (PGE):
   - Incluyen los presupuestos de las comunidades autónomas.
   - Deben confeccionarse anualmente y ser aprobados antes de comienzos de año.
   - Excluyen a la Seguridad Social.
   - Todas son correctas.
2. Si pretendemos averiguar quién es la institución o qué unidad lleva a cabo el gasto público, en los Presupuestos Generales del Estado (PGE), deberemos consultar:
   - El libro rojo.
   - El libro verde.
   - El libro amarillo.
   - Ninguna es correcta.
3. La actividad financiera del Estado se refiere a:
   - Aquella actividad que consiste en llevar a cabo los gastos necesarios para que el sector público acometa sus funciones.
   - Aquella actividad que consiste en obtener los ingresos necesarios para que el sector público acometa sus funciones.
   - Aquella actividad que consiste en obtener ingresos suficientes y llevar a cabo los gastos necesarios con los que el sector público logre sus objetivos.
   - Todas son correctas.
4. Dentro de los ingresos corrientes:
   - La principal fuente proviene del IRPF.
   - Las cotizaciones sociales conforman la figura más importante.
   - Ocupan un lugar especial las transferencias que se realizan a las comunidades autónomas.
   - Ninguna es correcta.
5. Podríamos afirmar que el término «progresividad», en el ámbito de los ingresos públicos, se refiere a:
   - Aquella situación en la que los ingresos públicos se exigen en mayor cuantía a la población más numerosa.
   - Aquella situación en la que los ingresos públicos se exigen en menor cuantía a quienes ostentan una mayor capacidad económica.
   - Aquella situación en la que los ingresos públicos se exigen en mayor cuantía a quienes ostentan una mayor capacidad económica.
   - Ninguna es correcta.
6. Nuestro sistema fiscal se rige:
   - Por los principios de igualdad, capacidad y progresividad.
   - Por el principio de progresividad, exclusivamente.
   - Por el principio de corresponsabilidad, ya que los ingresos públicos no tienen carácter coactivo.
   - La primera y la tercera son correctas, no así la segunda.

CUESTIONARIO

7. El área de gasto más importante, dentro de los Presupuestos Generales del Estado (PGE):
   - Es la compuesta por los «servicios públicos básicos».
   - Es la denominada «actuaciones de carácter económico».
   - Es la que conocemos como «actuaciones de carácter general».
   - Ninguna es correcta.
8. En cuanto al gasto financiero del sector público:
   - Es una partida significativa de gasto público.
   - contiene préstamos que el sector público realiza.
   - contiene pagos de deuda pública (devoluciones), aunque esta deuda pública puede ser refinanciada.
   - Todas son correctas.
9. Dentro del gasto, que podríamos llamar gasto público corriente, destaca como principal:
   - El gasto público en pensiones.
   - El gasto público en intereses de la deuda pública.
   - El gasto público en desempleo.
   - Ninguna es correcta.
10. En cuanto al déficit público:
    - Este es consecuencia de la deuda pública.
    - Es calculado como el exceso de gastos públicos realizados sobre los ingresos públicos obtenidos, durante un período de tiempo, normalmente un año.
    - Es muy poco frecuente en nuestra economía.
    - Ninguna es correcta.
11. La deuda pública:
    - Representa la consecuencia de la obtención de déficits públicos.
    - No debe alcanzar el 60 % del PIB.
    - Siempre tendrá la consideración de sostenible.
    - La tercera respuesta no es correcta.
12. En una economía:
    - Debe preocupar más el déficit cíclico que el estructural.
    - Debe preocupar más el déficit estructural que el cíclico.
    - No debe preocupar el déficit, sea cual sea su naturaleza.
    - Ninguna es correcta.
13. En cuanto a distribución de la renta, tras la intervención del sector público, lo que observamos es:
    - La distribución secundaria de la renta.
    - La distribución primaria de la renta.
    - La distribución opaca de la renta.
    - Ninguna es correcta.
14. El índice de Gini:
    - Es una de las medidas que más se utilizan para determinar el grado de igualdad en la distribución de la renta de una economía.
    - Puede no ayudar a discriminar distribuciones de la renta en algunos casos.
    - Se sitúa entre 0 (máxima igualdad) y 1 (máxima desigualdad).
    - Todas son correctas.

COMPRUEBA TU APRENDIZAJE

1 Justifica si las siguientes afirmaciones son verdaderas o no, proponiendo un enunciado correcto en caso de que sea falsa:

- **a** Los Presupuestos Generales del Estado incluyen los presupuestos del Estado y los de la Seguridad Social.
- **b** Podemos encontrar una visión general y resumida de las principales cifras de los Presupuestos Generales del Estado si consultamos el libro rojo (serie roja).
- **c** Si dos curvas de Lorenz se cruzan, siempre podremos determinar qué distribución de la renta, asociada a cada una de ellas, es más deseable.
- **d** El impuesto sobre la renta de las personas físicas es un impuesto progresivo, al igual que lo son las cotizaciones sociales.
- **e** Para conocer el gasto público en educación y sanidad, basta con mirar las cifras de gasto público por políticas de gasto.
- **f** El déficit estructural nunca podrá existir si no existe déficit total; es decir, si existe superávit.
- **g** La Unión Europea establece que el déficit público no debe superar el 60 % del producto interior bruto y que, si lo hace, el país miembro en cuestión quedará acogido al Protocolo de Déficit Excesivo.
- **h** Los ingresos corrientes son la principal fuente de gasto público en nuestra economía.
- **i** Los Presupuestos Generales del Estado no pueden prorrograrse.

2 Consulta en Internet el proyecto de Presupuestos Generales del Estado (PGE) para el próximo año (o consulta los aprobados para el año en curso). Puedes encontrarlos en https://www.hacienda.gob.es/es. Descarga el informe económico y financiero (serie amarilla) y:

- **a** Consulta las cifras de «ingresos públicos consolidados».
- **b** Consulta las grandes áreas de «gasto (políticas de gasto)».
- **c** Consulta los gastos clasificados por políticas de «gasto (políticas de gasto)».
- **d** Compara las cifras con las que has analizado en esta unidad (PGE 2021). ¿Han cambiado mucho? ¿Cuáles adviertes significativamente diferentes?

3 Explica con tus palabras qué entiendes por déficit estructural y por qué puede ocurrir.

4 Consulta en Internet el dato sobre el último déficit público disponible para nuestra economía (pista: en www.datosmacro.com puedes obtenerlo fácilmente). Consulta, también en la misma fuente, el dato sobre el producto interior bruto (PIB) de ese mismo año. A continuación:

- **a** Divide el dato de déficit (en euros) entre el dato de PIB. El resultado que has obtenido, ¿es superior o inferior al 3 %?
- **b** ¿A cuánto sale un punto de PIB? Busca un gasto (entre las políticas de gasto) que sea similar o calcula una proporción para llevar a cabo una comparación (por ejemplo, un punto de PIB sale a X millones de euros y con esos X millones de euros podrían financiarse Y veces la política de...).
- **c** Busca, también en la misma fuente, el dato de deuda pública. ¿Es superior o inferior al 60 %?
- **d** ¿Puedes ver, en la misma fuente, alguna gráfica que represente la evolución de estas dos magnitudes (déficit y deuda públicas)? ¿Cuál es su evolución reciente?

5 Una sociedad está compuesta por cinco personas. Se sabe que la renta total anual disponible se cifra en 150 000 euros. Representa la curva de Lorenz para las siguientes distribuciones de renta:

- **a** (10 000, 15 000, 20 000, 45 000, 60 000).
- **b** (10 000, 10 000, 15 000, 40 000, 75 000).
- **c** (15 000, 20 000, 25 000, 40 000, 50 000).
- **d** ¿Qué distribuciones de la renta pueden compararse en función de sus curvas de Lorenz?
- **e** En función de los resultados de la gráfica, ¿cuál es la distribución más igualitaria? ¿Por qué? ¿A qué valor estará más cercano su índice de Gini?

6 Explica qué ocurrirá en una economía (déficit y deuda pública) que entra en recesión, en la cual su tasa de desempleo aumenta del 10 % al 18 % y en la que su estructura impositiva depende en gran parte de impuestos vinculados al trabajo (cotizaciones sociales e impuestos sobre la renta).

7 Calcula las aportaciones a la Seguridad Social que realizan una empresa y una persona contratada por ella en relación con los siguientes datos:

- **a** Salario base: 1000 euros.
- **b** Complementos: 350 euros.
- **c** Pagas extraordinarias: 2 (a recibir en junio y diciembre), de cuantía 1000 euros.
- **d** Período: mes de mayo.

Utiliza los porcentajes de cotización propuestos en la tabla de la sección Comprendemos la economía, del epígrafe segundo de esta unidad.

anayaeducacion.es Realiza la autoevaluación interactiva de la unidad.

España saldrá de la crisis con un déficit estructural de 60 000 millones según el FMI

Javier G. Jorrín 13/11/2020
www.elconfidencial.es

[...] Las políticas de protección de rentas activadas por el Gobierno con el inicio del Estado de alarma —créditos ICO, ERTE, cese de actividad, subsidios de desempleo, etc.— sirvieron para evitar una recesión mucho más profunda y limitaron los riesgos de una crisis prolongada, como ocurrió en 2008. El Fondo Monetario Internacional (FMI) ha aplaudido la **«rápida y contundente implementación de medidas de ingresos y liquidez»** en el informe anual de su misión a España publicado este viernes. No solo eso, los directores del organismo recuerdan al Gobierno «la importancia de mantener las políticas de apoyo hasta que la recuperación esté asentada».

[...] Sin embargo, el FMI también recuerda al Gobierno que **las cuentas públicas quedarán en una situación delicada tras la pandemia,** por lo que hay que asumir que España necesitará una política fiscal restrictiva [...].

Según las estimaciones del Fondo Monetario, España saldrá de la crisis del coronavirus con un **déficit estructural cercano al 4,5 % del PIB.** [...] La crisis del coronavirus habría aumentado el déficit estructural en el entorno de 1,5 puntos del PIB, desde el 3,1% hasta el 4,5%. Y, lo que es más preocupante, esta sería la fotografía de las cuentas públicas justo antes de que empiece a jubilarse la generación del ***baby boom*** que disparará el gasto en pensiones.

En estos meses se han puesto en marcha diversas medidas para aumentar el gasto corriente que se **consolidarán** en forma de mayor gasto estructural. Se pueden sumar aquí diversas **políticas sanitarias,** el **aumento del empleo público,** o las transferencias sociales, como el **ingreso mínimo vital,** la **subida de las pensiones, o el salario de los funcionarios.** Al mismo tiempo se ha acelerado el deterioro de las cuentas de la Seguridad Social como consecuencia del 'parón' de la inmigración por las restricciones a la movilidad.

[...] Para el FMI, es «crítico» que España se prepare para el **momento en el que lleguen las restricciones** monetarias del FMI, ya que si la situación del país es delicada, las **primas de riesgo** podrían deteriorar rápidamente la balanza por cuenta corriente del país.

[...] Una de las vías que señala el Fondo es el aumento de la **presión fiscal,** que en España «es relativamente baja en comparación con los países de su entorno». En especial, señala un tributo para mejorar la recaudación: el **IVA.** El FMI no es el único organismo internacional que pide a España subir el IVA, lo ha hecho también la Comisión Europea.

[...] En su opinión (FMI), sería posible ejecutar ya en 2021 una subida de impuestos sobre los ahorros de los grupos «más ricos y menos afectados» por la crisis.

[...] (por el lado de los gastos estructurales) el FMI [...] pide incentivar el retraso de la jubilación, elevar las cuotas a la Seguridad Social y fomentar el ahorro complementario (además de) [...] estimular el crecimiento potencial de la economía. Solo con el aumento del PIB y la mejora de la recaudación generada, el déficit estructural ya se corregiría.

CUESTIONES

1 ¿Está de acuerdo el Fondo Monetario Internacional en asumir déficits cíclicos?

2 ¿Cuál es la principal preocupación del FMI en relación con el déficit de nuestra economía? ¿Por qué crees que, en ausencia de ajustes, aumentaría la prima de riesgo de la deuda pública?

3 ¿Qué partidas parecen haber aumentado la presión sobre el déficit estructural de nuestra economía?

4 ¿Qué soluciones o acciones por el lado de los gastos y por el lado de los ingresos propone el FMI?

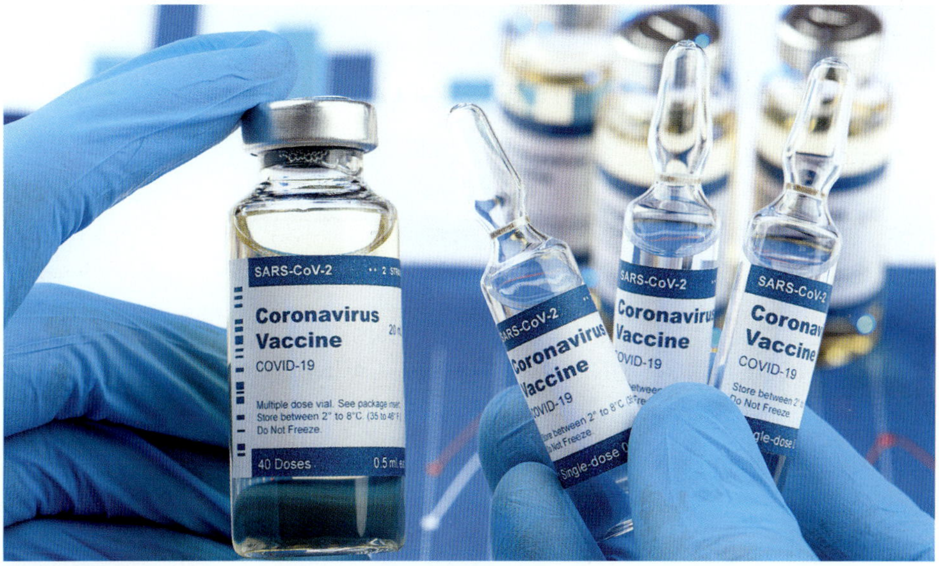

anayaeducacion.es Consulta en «Revista Digital» noticias sobre emprendimiento.

7

INTERÉS E INFLACIÓN

Los precios

Los precios de los bienes y servicios que consumimos, determinan nuestra **capacidad de compra.** El dinero del que disponemos, que normalmente proviene de las rentas de nuestro trabajo, tendrá una mayor (o menor) capacidad para comprar bienes y servicios en función de la evolución de los precios. Así, si estos (en general) suben, nuestro dinero comprará menos y ajustaremos nuestro nivel de consumo o pediremos prestado para mantenerlo, acción que dependerá del interés que estemos dispuestos a asumir.

Llegamos, de esta forma, a dar con una **relación** que es importante en economía: la evolución de los precios y el interés, presente en las operaciones de préstamo. Estas dos variables están ligadas por una relación causa-efecto que, si bien no es igual de intensa en todas las épocas, no hay que perder de vista. Aprenderemos algo más sobre ello en esta unidad.

anayaeducacion.es Consulta en el apartado «Economía y vida cotidiana» aspectos económicos.

PLANIFICAMOS

INTERÉS E INFLACIÓN

- EL INTERÉS
- LA POLÍTICA MONETARIA
- LA INFLACIÓN
- CONSECUENCIAS DE LA INFLACIÓN
- HIPERINFLACIÓN Y DEFLACIÓN

El interés

Sabemos algo acerca del interés, pero ¿qué es exactamente? ¿Es, como se dice normalmente, el precio del dinero? ¿Por qué existe el interés?

La política monetaria

Ya conocemos la misión del BCE, pero ¿por qué utiliza el tipo de interés? ¿Cuál es la relación entre tipos de interés y actividad económica?

La inflación

En la unidad cuarta hablamos de inflación. Repasaremos el concepto y estudiaremos sus causas. ¿Sabemos cómo medirla?

Consecuencias de la inflación

La inflación es un fenómeno delicado por su carácter inercial. ¿Qué consecuencias tiene su aparición y su persistencia en el tiempo?

Hiperinflación y deflación

¿Y si la inflación acelera? ¿Qué podría llegar a ocurrir con el dinero? En cambio, ¿y si los precios, en lugar de subir, cayeran sistemáticamente? ¿Sería bueno para la economía?

1 EL INTERÉS

Argumentos económicos: las razones para exigir un interés en el siglo XVI

«[...] el préstamo de dinero, según Vitoria y Soto, es por su propia naturaleza gratuito, pues solo existe obligación de devolver lo prestado. Puede justificarse, sin embargo, [...] que el prestamista reciba una compensación, en forma de interés por el capital prestado. [...] Cuatro son (tales justificaciones): **damnum emergens** (daño emergente), **lucrum cessans** (lucro cesante), **periculum sortis** (riesgo) y **titulus morae** (mora)*».*

José María Garrán Martínez. «La concepción del préstamo y la usura en los maestros salmantinos Francisco de Vitoria y Domingo de Soto». *Anales de Estudios Económicos y Empresariales*, nº 4. 1989, página 127.

En unidades anteriores hemos visto cómo las empresas solicitan y obtienen préstamos para llevar a cabo sus inversiones planeadas **(unidad tercera)**, cómo algunas personas deciden ahorrar, demorando sus decisiones de consumo e invirtiendo su dinero **(unidad cuarta)** y cómo los bancos actúan como intermediarios financieros, recibiendo depósitos de personas que, posteriormente, prestan a otras **(unidad quinta)**. En todas las economías existen relaciones financieras entre personas que quieren, hoy, invertir y personas que quieren, hoy, gastar. De esta relación surge un concepto clave, el **interés.**

1.1 El interés y el tipo de interés

En una relación financiera, podemos definir el interés como aquella **cantidad de dinero que la persona que recibe los fondos (prestatario) debe entregar a la persona que presta los fondos (prestamista), junto con el principal del préstamo.** Así, por ejemplo, si Luis presta 1000 euros a Laura, esta deberá devolver, tras el plazo acordado esta cantidad más unos intereses.

¿Cómo se calcula esta cantidad? Apuesto a que ya conoces la respuesta: aplicando un porcentaje a la cantidad prestada. Aplicando el tipo de interés **(i).**

Intereses = cantidad prestada x i

En el epígrafe tercero de la unidad quinta de este libro, señalábamos que el tipo de interés es el precio del dinero. Esta afirmación es muy corriente, pero debemos matizarla:

- **El tipo de interés:** es el porcentaje que exigimos por renunciar durante un tiempo determinado a nuestro capital.
- **El tipo de interés:** es el porcentaje que debemos satisfacer por disfrutar durante un tiempo determinado de un capital prestado.

Así que puedes afirmar que el tipo de interés es el precio del dinero, pero siempre que comprendas que **es el coste al cual se presta el dinero durante un tiempo.**

1.2 ¿Por qué un interés?

Hay razones poderosas para exigir (satisfacer) un interés cuando se presta (recibe prestado) un capital o una cosa. Veamos qué razones argumentaban, en el siglo XVI, Francisco de Vitoria y Domingo de Soto (ver «Argumentos económicos: las razones para exigir un interés en el siglo XVI»):

- **El daño emergente:** perjuicio que sufre el prestamista por no disponer, durante la duración del préstamo, de un determinado bien.
- **El lucro cesante:** beneficio que no disfruta el prestamista por no disponer del bien prestado.
- **El riesgo:** de no recuperar el bien prestado.
- **La mora:** compensación por no devolver el bien en el plazo acordado.

En el mundo actual, los tipos de interés están determinados por multitud de factores. Explicamos en «Comprendemos la economía: ¿qué determina el tipo de interés de mercado?», los más significativos.

1.3 ¿Quién determina el tipo de interés?

Si el tipo de interés es el precio por usar el dinero un tiempo, ¿cómo se determina?, ¿existe un único tipo de interés?

En el epígrafe tercero de la quinta unidad de este libro, abordamos el **mecanismo de transmisión monetaria.** Aprendimos que el BCE presta dinero a los grandes bancos a un tipo de interés determinado (en la actualidad, al 0%). Dijimos, entonces, que los bancos procedían a prestar este dinero a las personas y a las empresas. En realidad, hay un paso intermedio. Veamos la secuencia completa:

- **El BCE** presta dinero a los grandes bancos a través de las operaciones de mercado abierto, exigiendo un **tipo de interés oficial.**
- **Los grandes bancos,** posteriormente, se prestan dinero entre ellos a un tipo de interés que, evidentemente, está relacionado con el tipo de interés oficial. Este tipo de interés es el llamado **tipo de interés interbancario** (euribor).
- **Por último,** los bancos prestan dinero al público y a las empresas a un tipo de interés que depende del anterior y de otros factores relacionados con la actividad económica y con las particularidades del mercado y de los prestatarios. Es **el tipo de interés del mercado.**

Comprende, piensa, investiga...

1 **Cabezas pensantes.** El tipo de interés medio anual que se aplicó a los préstamos hipotecarios destinados a la adquisición de vivienda en 2019, para el conjunto de la economía, fue del 2,57%. El tipo de interés medio anual para los préstamos al consumo, ese mismo año, fue del 8,34%. Y el tipo de interés medio anual de las tarjetas *revolving*, ese mismo año, fue del 19,79%. Explica, razonadamente, a qué crees que se deben las diferencias entre los tipos de interés citados.

Comprendemos la economía: ¿qué determina el tipo de interés de mercado?

SI ACUDIMOS A UNA ENTIDAD FINANCIERA PARA SOLICITAR UN **PRÉSTAMO,** LA **ACEPTACIÓN** DE LA PROPIA OPERACIÓN Y EL **TIPO DE INTERÉS** ESTARÁN, PROBABLEMENTE, DETERMINADOS POR LOS SIGUIENTES FACTORES:

1 NUESTRA CAPACIDAD DE PAGO

- De qué **ingresos** disponemos
- Cuál es su **cuantía**
- **Cada cuánto** los recibimos
- Cuál es su **origen**
- Qué **otros gastos** tenemos

2 NUESTRAS GARANTÍAS

- **Personales:** respondemos de las deudas con nuestro patrimonio, presente y futuro.
- **Reales:** aportamos bienes que puedan cubrir una posible insolvencia.

3 EL RIESGO DE LA OPERACIÓN

- **Riesgo:** probabilidad de no recuperar el capital prestado (todo o parte) o de no recuperar los intereses.
- **A mayor riesgo** ➡ mayor interés

ADEMÁS, FORMAN PARTE DEL TIPO DE INTERÉS:

1 LA INFLACIÓN ESPERADA

- Si se espera que los precios suban cada año un 2 % ➡ (el dinero comprará un 2 % menos cada año) ➡ el banco nunca exigirá menos de un 2 % anual ➡ el tipo de interés será mayor que el 2 %.

2 EL COSTE DEL CAPITAL QUE SE PRESTA

- La entidad financiera presta un dinero que previamente ha conseguido a un **coste** (tipo de interés interbancario, tipo de interés de los depósitos, ...).

3 LA GANANCIA ESPERADA (MARGEN)

- Las entidades financieras se dedican a captar y a prestar dinero. Y cobran un **margen** por ello que quedará reflejado en el tipo de interés.

AÚN HAY MÁS: ¿EMPRESA O PARTICULAR? ¿Y SI LA ENTIDAD FINANCIERA PRESTA EL DINERO A OTRAS PERSONAS O EMPRESAS QUE PROMETEN MEJORES RESULTADOS? ¿Y SI EXISTEN RIESGOS GLOBALES? ¿HAY COMPETENCIA EN EL SECTOR BANCARIO? ¿HAY NEGOCIOS MEJORES QUE PRESTAR A EMPRESAS Y PARTICULARES? (SÍ, HAY MUCHO MÁS).

2

LA POLÍTICA MONETARIA

El mandato del BCE consiste en controlar la inflación, por lo que la política monetaria girará en torno al mismo. Aprendamos algo más.

2.1 La misión del BCE

El BCE tiene como principal misión «definir y ejecutar la política monetaria de la zona euro», con el **objetivo clave** de **mantener la estabilidad de los precios,** evitando que estos suban más de un 2% anual.

Las variables fundamentales de la política monetaria son dos:

- La cantidad de dinero.
- El tipo de interés (el precio del dinero).

Tal y como vimos en la unidad 5 de este libro, el BCE controla la cantidad total de dinero en la zona euro a través del control absoluto sobre el dinero de alta potencia (billetes y monedas). El BCE se comporta de esta manera como un monopolista, ya que es el único órgano que puede emitir monedas y billetes.

¿Qué poder tiene un monopolista en un mercado cualquiera?

Mucho. Pensemos en una localidad donde, sea por las causas que sean, únicamente existe una peluquería, y no es posible que puedan aparecer más. En ese caso, ¿qué hará la persona que regenta este negocio?

- Decidirá cuántos cortes de pelo realiza y, por tanto, estará condicionando el precio de mercado.
- Decidirá el precio al que corta el pelo y, por tanto, estará condicionando la cantidad que puede comprarse.

Lo mismo ocurre con el dinero de alta potencia. El **BCE** podrá, bien determinar la **cantidad de dinero** que desea para la eurozona, o bien fijar el precio por disponer del mismo (el **tipo de interés**) y esperar la demanda de dinero a ese tipo de interés por parte de las grandes entidades financieras.

Lo anterior lo estudiamos en el epígrafe tercero de la unidad quinta: la **inyección** de dinero en la eurozona se realiza principalmente a través de operaciones de mercado con las grandes entidades financieras bancarias, a través de las cuales el BCE presta cantidades de dinero a estas a un tipo de interés determinado. El resultado final es que **el BCE establece el tipo de interés oficial del dinero** que, como sabemos, es determinante a la hora de construir el tipo de interés del mercado.

2.2 La relación entre los tipos de interés y la actividad económica

- **Tipos de interés bajos** significa dinero barato o, lo que es lo mismo, un estímulo para pedir prestado y consumir hoy, estimulando de esta manera la actividad económica a través del **gasto** en consumo. Además, los **tipos de interés bajos también alientan la inversión.** Si las empresas pueden obtener préstamos a menor coste, será más fácil invertir y contribuir, por tanto, al **crecimiento de la actividad económica.**
- Por el contrario, **tipos de interés altos** provocarán un encarecimiento de los préstamos, por lo que hogares y empresas contendrán su gasto y sus inversiones, respectivamente. Además, el ahorro se verá

Comprende, piensa, investiga...

1. Teniendo en cuenta lo aprendido en este epígrafe, responde a las siguientes cuestiones razonando tu respuesta:

   a) La crisis mundial desatada por la pandemia COVID-19 hundió las tasas de crecimiento económico de los países afectados. ¿Crees que la cantidad de dinero aumentó o disminuyó?

   b) De acuerdo con la respuesta del apartado anterior, si las economías de la zona euro comenzaran a crecer intensamente, provocando crecimientos en los precios superiores al 3%, ¿qué medidas de política monetaria crees que tomaría el BCE?

incentivado, pues si los tipos de interés son elevados, podrán obtenerse mayores rendimientos. En conclusión, el **gasto en consumo no crecerá,** e incluso disminuirá. Las empresas, por su parte, paralizarán o **disminuirán su ritmo de inversiones,** ya que financiarlas a través de préstamos será ahora más caro. Todo ello contribuirá a que la economía **«se enfríe»,** disminuyendo su ritmo de crecimiento.

2.3 La política monetaria

Con el nombre de política monetaria reconocemos todas aquellas **decisiones** sobre tipos de interés y cantidad de dinero que buscan influir positivamente en la **actividad económica.**

En la zona euro, el **BCE** es el responsable de la política monetaria, y tiene como objetivo **contener el crecimiento de los precios por debajo de un 2 % anual,** ya que entiende que mantener los precios de todos los bienes y servicios relativamente estables, contribuye positivamente al crecimiento económico («Comprendemos la economía: la estabilidad de precios y el crecimiento económico»).

Para ello, como ya sabemos, utilizando los tipos de interés, controla la cantidad de dinero en la economía, manteniéndola en un nivel tal que no genere una inflación mayor al 2 % anual. Esta relación entre cantidad de dinero e inflación será la que estudiaremos en el próximo epígrafe.

Conceptos económicos: la temperatura de la economía

Cuando una economía crece de manera intensa y el público gasta su renta en consumo, se dice que la economía se **calienta,** tensionando los precios. En estos casos, la política monetaria actúa **subiendo los tipos de interés** (reduciendo la cantidad de dinero) **para enfriar la economía,** haciendo disminuir el gasto en bienes y servicios y logrando contener el crecimiento de los precios.

Por el contrario, **cuando la economía no crece** y los precios tampoco, la política monetaria tratará de estimular la economía **reduciendo los tipos de interés.**

Comprendemos la economía: la estabilidad de precios y el crecimiento económico

¿POR QUÉ EL BCE PERSIGUE LA ESTABILIDAD DE PRECIOS?

¿? REDUCE LA INCERTIDUMBRE SOBRE LOS PRECIOS FUTUROS DE LOS BIENES Y SERVICIOS QUE CONSUMIMOS, EVITANDO COMPORTAMIENTOS NO DESEABLES →

Si creyéramos que los precios de los bienes y servicios que consumimos iban a subir mañana, probablemente haríamos **acopio** de ellos hoy.

Si todos nos comportásemos igual, generaríamos un problema de **desabastecimiento.**

De la misma forma, si pensáramos que los mismos bienes y servicios costarían menos con el tiempo, dejaríamos para más tarde las compras, lo que provocaría graves problemas en las empresas y, en consecuencia, en el empleo.

¿? REDUCE LA INCERTIDUMBRE SOBRE EL RENDIMIENTO DE LAS INVERSIONES →

Invertir significa sacrificar una cantidad de dinero, hoy, para, con cierta probabilidad, recoger rendimientos en el futuro.

Si los precios no son estables y suben, en el futuro estos rendimientos podrán comprar una cantidad mucho menor de bienes y servicios. En otras palabras, **la inflación reduce el rendimiento de las inversiones** y, por tanto, las desalienta.

Sin inversión, no hay innovación. De hecho, esto ya sabemos que ocurre con el ahorro.

AUMENTA LA CONFIANZA EN EL DINERO →

Si los precios no varían demasiado, **el dinero conserva su valor con el paso del tiempo** y las personas podremos ahorrar con la confianza de que, cuando recuperemos el dinero, su poder de compra estará intacto.

El ahorro es muy importante en la economía pues, bien canalizado, supone la fuente de financiación que muchas empresas necesitan para invertir.

ES UNA GARANTÍA PARA LUCHAR CONTRA LA DESIGUALDAD →

Si los precios suben demasiado, el dinero comprará cada vez menos y, **quienes menos tienen tendrán que reducir el abanico de bienes y servicios que consumen para concentrar su gasto en los bienes más imprescindibles** (alimentos y vivienda), aumentando la desigualdad económica.

3
LA INFLACIÓN

Argumentos económicos: ¿por qué un 2 % de inflación?

- Los precios pueden subir debido a mejoras de calidad y a la incorporación de innovaciones, algo que es completamente normal y no implica riesgos.
- Un 2 % de subida es un margen adecuado para evitar caer en una espiral deflacionista, en la que los precios se reducen año tras año.
- El 2 % de variación se mide para toda la zona euro. Por tanto, habrá estados en los que los precios suban menos o, incluso, caigan.

Fuente: BCE.

Comprende, piensa, investiga...

1 A continuación, se ofrecen datos relativos al IPC para el conjunto de la economía española:

a) Noviembre 2020: 104,447.

b) Octubre 2020: 104,275

c) Noviembre 2019: 105,304

d) Diciembre 2019: 105,228

Calcula todas las variaciones de precios posibles y comenta y valora los resultados.

2 Visita la web del Instituto Nacional de Estadística y, en su apartado «IPC», consulta los últimos datos sobre precios. Averigua la tasa de variación de precios mensual, interanual y acumulada correspondiente al último dato.

Cuando los precios suben intensamente, el público pierde la confianza en el dinero, causando problemas muy graves en la sociedad.

3.1 La inflación

Existe inflación cuando los precios de los bienes y servicios que consumimos habitualmente crecen, período tras período. Se requiere, así:

- Un **aumento en los precios de la mayoría de bienes y servicios** que componen nuestra cesta habitual de la compra (alimentos, vivienda, vestido, energía, transporte, educación, sanidad, ocio, cultura, restauración, etc.), **sostenido en el tiempo.**

El BCE considera significativo un nivel de inflación en el que los precios, en su conjunto y a medio plazo, crezcan por encima del 2 % anual (ver «Argumentos económicos: ¿por qué un 2 % de inflación?»).

Antes de abordar las causas de la inflación, tenemos que señalar su característica principal: **una vez que aparece, la inflación es difícil de eliminar.** En otras palabras, es persistente y presenta inercias. Esto ocurre porque, cuando los precios suben, el público espera que sigan subiendo y estas expectativas se incorporan a sus decisiones (así, pedirán más por sus inversiones, exigirán subidas de salarios, incrementarán los precios de venta, etc.). Por esta razón, el BCE hace hincapié en dar a conocer su objetivo con total transparencia: **mantendremos la estabilidad de precios.**

3.2 Las causas de la inflación

El porqué del crecimiento de los precios hay que buscarlo en varias razones, las cuales pueden, incluso, darse de manera simultánea:

- **Inflación de demanda:** el público desea adquirir más bienes y servicios de los que pueden ofrecerse, por lo que los precios terminan subiendo. Esta situación puede ocurrir por dos motivos:
  - **Explicación monetarista:** un exceso de dinero en la economía provocará que las personas deseen gastar más y, si la economía no es capaz de producir más bienes y servicios (debido, entre otros factores, a un mercado de trabajo con desempleo voluntario), los precios comenzarán a subir.
  - **Explicación keynesiana:** el dinero por sí mismo no genera inflación. De hecho, es posible hacer crecer a la economía expandiendo el gasto (reduciendo el desempleo involuntario), ya que esta no ha llegado aún a producir a pleno rendimiento. Solo cuando esta llegue a su nivel potencial los precios comenzarían a aumentar.
- **Inflación de costes:** en este caso, la subida generalizada de los precios de los bienes y servicios está relacionada con el aumento de los costes de producción, tales como las materias primas, la energía o los salarios. Si esta subida de costes termina trasladándose a los precios de venta, está claro que se generará inflación de costes.

3.3 Combatir la inflación

La inflación de **demanda** es relativamente sencilla de combatir. Para ello, la autoridad monetaria (en nuestro caso, el BCE) **subirá los tipos de interés,** reduciendo de esta forma el crecimiento de la cantidad de dinero y fomentando el ahorro, de tal manera que el gasto se contendrá. En este caso, hablaremos de política monetaria restrictiva, la cual enfriará la economía. El coste, no obstante, consistirá en asumir más desempleo y, por tanto, estancamiento económico.

No ocurre lo mismo con la **inflación de costes,** provocada por **desequilibrios** en los mercados de materias primas que obedecen a causas diversas, entre las cuales cabe citar factores **geopolíticos, climáticos, estructurales y de incorrecto funcionamiento de mercados e instituciones.**

3.4 Cómo se mide la inflación

Si queremos averiguar si existe inflación y en qué cuantía, deberemos **comparar en dos momentos de tiempo el nivel general de precios.** Ahora bien, teniendo en cuenta la enorme cantidad de bienes y servicios que existen en una economía, ¿es posible sintetizar en una sola cifra los precios de todos ellos? La respuesta es afirmativa, y esa cifra se conoce como índice de precios al consumo **(IPC).** El IPC recoge, en una sola cifra, la información relativa a los precios de los bienes y servicios representativos del consumo de los hogares de una economía. Desarrollamos este aspecto en la sección (ver «Comprendemos la economía: calcular el IPC»).

Conceptos económicos: cómo se comunica la inflación

El INE ofrece tres medidas:

- Inflación mensual: comparación entre el IPC calculado con el del mes anterior.
- Inflación interanual: comparación entre el IPC calculado con el del mismo mes del año anterior.
- Inflación acumulada: comparación entre el IPC calculado con el de diciembre del año anterior.

La comparación se lleva a cabo a través del cálculo de la **tasa de variación. Si la variación es positiva,** hablaremos de inflación.

Comprendemos la economía: calcular el IPC

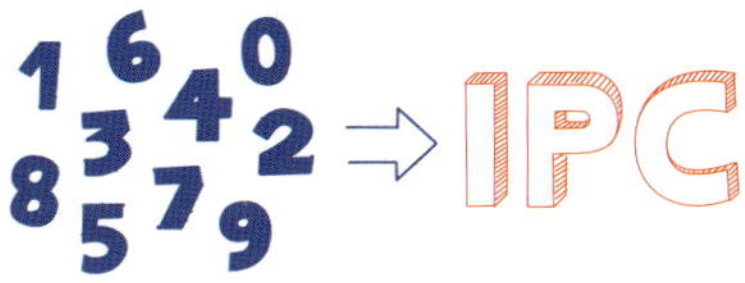

PARA MEDIR LA INFLACIÓN SEGUIREMOS DE CERCA **UN SOLO NÚMERO** (UNO SOLO) QUE **RECOGE INFORMACIÓN SOBRE 220 000 PRECIOS DE 489 ARTÍCULOS QUE REPRESENTAN NUESTRA CESTA COTIDIANA DE LA COMPRA.**
ESE NÚMERO SE LLAMA ÍNDICE DE PRECIOS AL CONSUMO ➡ **IPC**

1 SUPONGAMOS QUE EN LA ECONOMÍA EXISTEN ÚNICAMENTE TRES BIENES: ALIMENTOS, ENERGÍA Y VESTIDO

2 SUPONGAMOS QUE LOS HOGARES GASTAN 100 € EN ALIMENTOS, 40 € EN ENERGÍA Y 20 € EN VESTIDO (160 € EN TOTAL)

3 POR TANTO, LOS ALIMENTOS SUPONEN EL 62,5 % DEL GASTO (100/160), LA ENERGÍA, EL 25 % (40/160) Y EL VESTIDO, EL 12,5 % (20/160)

4 SUPONGAMOS QUE, ESTE MES, LOS PRECIOS UNITARIOS SON:
- ALIMENTOS: 2 €
- ENERGÍA: 10 €
- VESTIDO: 5 €

¡CALCULAMOS!

1 SUPONGAMOS QUE, EL MES SIGUIENTE, LOS PRECIOS UNITARIOS SON:
- ALIMENTOS: 2,25 €
- ENERGÍA: 12 €
- VESTIDO: 4,25 €

2 SI COMPARAMOS LOS PRECIOS DE ESTE MES (1) CON EL MES DE INICIO (0) (P_1/P_0), TENEMOS:
- ALIMENTOS: 112,5 %
- ENERGÍA: 120 %
- VESTIDO: 85 %

3 EVOLUCIÓN DE LOS PRECIOS ESTE MES
- ALIMENTOS: ↑ 12,5 %
- ENERGÍA: ↑ 20 %
- VESTIDO: ↓ 15 %

4 PARA CONOCER SI LOS PRECIOS (EN GENERAL) SUBIERON O BAJARON, PODRÍAMOS HACER UNA MEDIA, PERO...

ESTA MEDIA NO PUEDE SER ARITMÉTICA (PORQUE **NO GASTAMOS LO MISMO EN CADA BIEN**).
ASÍ QUE CALCULAMOS UNA MEDIA PONDERADA ➡ CADA PORCENTAJE MULTIPLICADO POR SU IMPORTANCIA EN EL GASTO.

$$IPC = 112{,}5 \cdot 0{,}625 + 120 \cdot 0{,}25 + 85 \cdot 0{,}125 = 110{,}9$$

LOS PRECIOS SUBIERON UN **10,9 %** CON RESPECTO AL MES ANTERIOR

4 CONSECUENCIAS DE LA INFLACIÓN

Conceptos económicos: actualizar una renta con el IPC

Adquirir en noviembre de 2020 lo que podíamos comprar en noviembre de 2000 con 20 euros, costaría 28,80 euros, un 44 por ciento más.

- Renta inicial (noviembre de 2000): 20 euros.
- Renta final (noviembre de 2020): 28,80 euros.
- Tasa de variación: 44 %

La inflación nunca es una buena noticia para casi nadie. Podría decirse que, a la larga, todos salimos perjudicados aunque a corto plazo pueda brindar la oportunidad de que existan ganadores y perdedores. Desde luego, en términos agregados, la inflación es una mala noticia, siempre. Veamos algunas de sus consecuencias.

4.1 La inflación y el poder de compra

Cuando los precios suben, nuestro dinero compra cada vez menos cantidad de bienes y servicios. **La inflación disminuye el poder de compra.** La capacidad del dinero como depósito de valor se resiente. Preguntemos a nuestros familiares o amistades qué podían adquirir hace veinte años con un billete de veinte euros. Probablemente no lo recuerden, pero sí sabrán decirnos que con esa cantidad de dinero podían adquirir muchos más bienes de los que hoy pueden comprar. El mismo billete, la misma cantidad, ahora compra menos.

4.2 La inflación y el ahorro

La inflación penaliza el ahorro. En presencia de una inflación elevada, ahorrar es un mal negocio, tal y como vimos en el epígrafe quinto de la cuarta unidad. Esto sucede cuando la inflación no es esperada, ya que los tipos de interés sí que incorporan la inflación esperada. Así, por ejemplo:

Martín decide ahorrar 3 000 euros y prestarlos durante un año. Si Martín espera una inflación del 2 por ciento anual, sabe que, dentro de un año, necesitaría 3 060 euros [3 000·(1,02)] para no perder poder de compra. Por tanto, si Martín espera ganar un 3 % en la operación, deberá exigir un tipo de interés anual del 5 por ciento.

Si, finalmente, la inflación resulta ser mayor, Martín habrá visto cómo sus ganancias se reducen. La inflación, si no es esperada, perjudica al ahorro.

Tipo de interés = **inflación esperada** + **margen** → 5 % = 2 % + 3 %

¿Cuánto habrá ganado realmente Martín? La respuesta está en lo que llamamos el **tipo de interés real**; es decir, el tipo de interés una vez descontada la inflación. Podemos **aproximar** su cálculo como (en realidad es un poco más complicado):

Tipo de interés real = tipo de interés nominal - inflación

Haremos unos cálculos en la sección «Comprendemos la economía: el rendimiento real de un proyecto de ahorro».

4.3 La inflación y la pobreza

La inflación afecta más a la población con menor renta. La razón es sencilla: si los precios suben, debe dedicarse una proporción mayor de renta para mantener estable el consumo.

Aquella parte de la población que tiene una mayor capacidad de compra por disponer de más renta, puede satisfacer los precios altos e intentar salvaguardarse de la inflación ahorrando su excedente de renta. De esta manera, protegerá una parte del poder adquisitivo de su dinero. No sucederá lo mismo con la población con menor renta que verá cómo le es más difícil ahorrar, ya que debe dedicar la mayor parte de su renta a consumo.

Comprende, piensa, investiga...

1 **Asamblea de ideas.** Martín, en el año 2012, comenzó a ahorrar 100 euros mensuales.

Utilizando la siguiente fórmula, calcula a cuánto ascenderán hoy sus ahorros (Vf) si fue depositando los 100 euros mensuales (C) en un fondo de inversión que ha arrojado un rendimiento medio mensual (i) del 0,23%.

$$Vf = C \cdot \frac{(1+i)^n - 1}{i}$$

2 Usando tus conocimientos TIC, abre la hoja de cálculo y realiza el apartado anterior, insertando en una celda la fórmula financiera del valor final.

3 **Piensa y comparte en pareja.** Si la inflación media mensual durante ese período hubiera sido del 0,1%, calcula la ganancia real de Martín en la operación.

Si a lo anterior añadimos que, normalmente, son los precios de los bienes y servicios básicos quienes muestran un comportamiento más intenso, el problema se agrava.

4.4 La inflación y los impuestos

En las economías con inflación existe una tendencia a subir los sueldos con el objetivo de mantener el poder adquisitivo de estos o, como mínimo, evitar que caiga demasiado. Pensemos, por ejemplo, en el caso de Elena, con unas rentas salariales anuales de 35 000 euros. Supongamos que la inflación que afecta a la economía es del 3,5 % y que su convenio colectivo establece una subida salarial del 2 %, por lo que durante el año siguiente sus ingresos salariales serían de 35 700 euros. Es evidente que **Elena habrá perdido un 1,5 % de su capacidad de compra,** ya que el coste de la vida aumenta un 3,5 % y sus ingresos únicamente un 2 %; pero **existe otro inconveniente,** que vemos a continuación: el **efecto fiscal.**

Según la tabla de la derecha, Elena contribuiría con sus impuestos de la siguiente forma: los primeros 12 450 euros de ingresos, con un 19 %; los siguientes, hasta 20 200 euros, con un 24 %, y los siguientes, hasta 35 000 euros, con un 30 %, lo que arroja un tipo impositivo medio del **24,76 % (Elena dedica el 24,76 % de su renta a pagar impuestos).** Con la subida de salario debida a la inflación, Elena debería tributar también en un tramo posterior, el del 37 %. En ese caso, su tipo medio sería del 25,67 % (Elena ahora dedica un 25,67 % de su renta a pagar impuestos). En conclusión, Elena, en términos reales, ingresa menos y contribuye más.

Conceptos económicos: la inflación y los impuestos

Rentas anuales (€)	Tipo impositivo (%)
0 - 12 450	19 %
12 451 - 20 200	24 %
20 201 - 35 200	30 %
35 201 - 60 000	37 %

Con el aumento del salario, Elena debe tributar, adicionalmente, al 30 % la cantidad de 200 euros y al 37 % la cantidad de 700 euros, lo que finalmente hace que desembolse unos 289 euros más, cuando en realidad sus ingresos reales, su capacidad de compra, ha disminuido.

Comprendemos la economía: el rendimiento real de un proyecto de ahorro

ELENA INVIRTIÓ HACE 10 AÑOS 6 000 EUROS EN UN PROYECTO DE AHORRO QUE LE HA PROPORCIONADO, DURANTE ESTE PERÍODO, UNA RENTABILIDAD MEDIA ANUAL DEL 2,78 % ANUAL, LOGRANDO OBTENER **7 892,91 EUROS**

1 ¿CUÁL ES LA CANTIDAD QUE HOY OBTENDRÁ?

$6000 \cdot (1{,}0278)^{10}$

7 892,91 €

2 ¿CUÁNTO NECESITARÁ HOY PARA PODER COMPRAR LO MISMO QUE HACE 10 AÑOS?

Renta inicial → 6 000 €

Renta actualizada → 6558 €

(nov 2010-nov 2020)

3 ¿CUÁNTO HA GANADO **REALMENTE** ELENA?

7 892,91 – 6 558,00

1334,91 €

¡ATENCIÓN! SI ELENA NO HUBIERA INVERTIDO SU DINERO ¡HABRÍA PERDIDO 558 EUROS!

LA PREGUNTA ES: ¿QUÉ TIPO DE INTERÉS ANUAL MEDIO LE HUBIERA PERMITIDO GANAR 1334,91 EUROS?

PARA GANAR 1334,91 EUROS, TENDRÍA QUE HABER OBTENIDO 7334,91 EUROS

$6\,000 \cdot (1+r)^{10} = 7334{,}91$

r = 2,03 %

EL PROYECTO DE AHORRO DE ELENA LE HA OFRECIDO UN **RENDIMIENTO REAL MEDIO ANUAL** DEL 2,03 %

5 HIPERINFLACIÓN Y DEFLACIÓN

A través de su política monetaria, las economías modernas tratan de controlar el crecimiento de los precios y mantenerlo por debajo del 2%. Para ello, controlan la **cantidad** de **dinero** y los **tipos** de **interés,** e intentan hacerlo de manera constante y sistemática, siguiendo una **regla** muy sencilla y simple. En otras palabras, las autoridades monetarias anuncian que, cuando los precios crezcan por encima del 2%, tomarán medidas limitando el crecimiento de la cantidad de dinero o subiendo los tipos de interés, y viceversa.

5.1 La hiperinflación

No siempre ha ocurrido lo anterior. De hecho, los comportamientos de las autoridades monetarias actualmente son debidos a los acontecimientos que han venido ocurriendo a lo largo de los años.

Ha habido épocas en la historia en las que la inflación se ha disparado de tal manera que **el público ya no deseaba tener dinero.** Puede parecer sorprendente; pero, cuando en una economía los precios suben cada cinco minutos, el dinero sirve para poco.

Imaginemos una economía en la que los precios se doblan una vez al día. De esta manera, un refresco que inicialmente cuesta 1,80 euros, al finalizar el día tendría un precio de 3,60 euros; al día siguiente, de 7,20 euros, y unas horas más tarde, de 14,40 euros. Ante tal situación, ¿qué hace el público? Gasta todo su dinero rápidamente, pues pierde su valor a una velocidad altísima. Esto hace aumentar aún más los precios, y la economía entra en una espiral de subidas de precios muy complicada de atajar.

Episodios como los anteriores han existido a lo largo de la historia. En la década de los años veinte del siglo pasado, Alemania sufrió una hiperinflación que, en apenas dos años, llevó a que la tasa de crecimiento de los precios rondara el 30 000%, debido a que el Gobierno aumentó espectacularmente la cantidad de dinero para poder hacer frente a los pagos de la Primera Guerra Mundial. La solución a estos procesos pasa por reducir drásticamente la cantidad de dinero, crear una nueva moneda o fundar un nuevo banco central.

5.2 La inflación galopante

Podemos hablar de inflación galopante cuando se alcanzan **tasas de crecimiento** de los precios de **dos** o **tres dígitos,** sin llegar, por tanto, al caso extremo de hiperinflación.

Las consecuencias para la sociedad son dramáticas. A estas tasas de crecimiento en los precios, el **dinero** también **pierde valor muy rápido,** y el público se ve obligado a gastarlo en cuanto lo obtiene. Aparecen las colas en los supermercados para comprar bienes de primera necesidad que suben de precio constantemente, provocando **desabastecimiento** e incertidumbre. En las economías en las que esto ocurre, el público suele intentar protegerse con la tenencia de otra moneda que sí sea considerada fuerte, en la medida de lo posible.

Estos procesos de inflación han aparecido en diversas épocas en economías de América del Sur.

Comprende, piensa, investiga...

1 Usando el ejemplo de hiperinflación utilizado en el epígrafe 5.1, calcula el precio del refresco un mes después (a los treinta días).

2 **Consecuencias y resultados (CyR).** Imagina que una economía sufre una deflación del 10 % anual. Imagina que el día 1 de enero, una familia sopesa la decisión de sustituir su automóvil por uno nuevo que cuesta 24 000 euros. ¿Cuánto costaría aproximadamente el automóvil a finales de ese mismo año? ¿Qué decisión crees que tomaría esta familia? ¿Por qué?

Argumentos económicos: la inflación y la cantidad de dinero

Para Milton Friedman, **la inflación es un fenómeno monetario, producido por un crecimiento de la cantidad de dinero más rápido que de la producción.**

En el caso de las hiperinflaciones, como la alemana, la cantidad de dinero aumentó hasta cifras inimaginables hoy día y se imprimieron billetes de valor nominal desorbitado (se llegaron a imprimir billetes de 1 millón de marcos).

5.3 La deflación

La deflación ocurre en una economía cuando tiene lugar un **descenso generalizado** en el nivel de precios. Constituye, por tanto, el caso opuesto a la inflación.

Lejos de parecer una buena noticia, la deflación es un proceso que perjudica a las economías. Por ejemplo, en presencia de deflación, el público espera que en un futuro los precios sean más bajos. Esto le puede llevar a **posponer decisiones de consumo** y provocar una caída en la actividad económica, ya que las empresas verían cómo aumentan sus *stocks* y disminuyen las ventas, provocando tensiones en el mercado de trabajo.

La acción de las autoridades monetarias, en este caso, consistirá en aumentar la cantidad de dinero en circulación, disminuyendo los tipos de interés con el fin de motivar el gasto en consumo.

La crisis provocada por la pandemia COVID-19 motivó que la inflación de nuestra economía pisara terreno negativo. Concretamente, la tasa de inflación interanual de noviembre de 2020 era del –0,8 por ciento. Si la economía siguiera registrando estas tasas negativas, cabría hablar de deflación.

La deflación provoca que el crecimiento económico se estanque, conduciendo a las economías por sendas de bajos niveles de productividad.

OBJETIVOS DE DESARROLLO SOSTENIBLE

Hambre cero

«Adoptar medidas para asegurar el buen funcionamiento de los mercados de productos básicos alimentarios (...), a fin de ayudar a limitar la extrema volatilidad de los precios de los alimentos».

Objetivos de Desarrollo Sostenible, obj. 2.

ODS En el año 2002, el índice de precios mundial de los alimentos ascendía a 53,1. En 2020, 105,0.

Calcula la inflación, según este índice de precios, ocurrida en todo el período.

anayaeducacion.es Consulta la información correspondiente a las metas del objetivo 2.

ECONOMÍA: PIENSA Y RESPONDE

CUESTIONARIO

Solo una respuesta es correcta:

1. En términos financieros, el interés:
   - Es la diferencia entre tipo de interés y el capital invertido.
   - Es la diferencia entre la cantidad recogida tras el período de ahorro y la cantidad invertida.
   - Es un porcentaje.
   - Todas son correctas.
2. Entre otras variables, afecta también al tipo de interés:
   - La inflación esperada.
   - La capacidad de pago del prestamista.
   - El nivel de riesgo del que informa el prestatario.
   - Ninguna es correcta.
3. En la formación del tipo de interés del mercado, en la zona euro, intervienen:
   - El tipo de interés oficial del euro.
   - El euribor.
   - El margen de ganancia con el que trabajan las entidades financieras bancarias.
   - Todas son correctas.
4. El BCE:
   - Persigue la estabilidad de la cantidad de dinero de la economía.
   - Tiene como misión mantener estables los tipos de interés.
   - Utiliza los tipos de interés para perseguir la estabilidad de precios.
   - Todas son correctas.
5. La estabilidad de precios es deseable porque:
   - Contribuye a crear inflación.
   - Reduce la incertidumbre a la que nos enfrentamos las personas cuando realizamos actividades económicas.
   - Elimina la confianza en el dinero.
   - Ninguna es correcta.
6. Si la actividad económica es intensa y comienzan a existir tensiones sobre los precios de la mayoría de los bienes y servicios, el tono de la política monetaria implementada por el BCE será:
   - Expansivo, aumentando los tipos de interés y la cantidad de dinero en la economía.
   - Restrictivo, aumentando los tipos de interés y la cantidad de dinero en la economía.
   - Restrictivo, aumentando los tipos de interés y reduciendo la cantidad de dinero en la economía.
   - Ninguna es correcta.

CUESTIONARIO

7. La inflación:
   - Implica que los precios de algunos bienes y servicios aumentan de manera sostenida en el tiempo.
   - Ocurre cuando el IPC ofrece tasas de variación negativas.
   - Es el aumento, sostenido en el tiempo, de los precios de la mayoría de bienes y servicios que consumimos.
   - Ninguna es correcta.
8. La inflación de demanda:
   - Tiene lugar cuando los aumentos en los precios están provocados por factores geopolíticos y muy relacionados con las materias primas básicas.
   - Está provocada por el descenso en las ventas de los productores de bienes y servicios.
   - Es, también, conocida como inflación de costes, por el daño que provoca a la capacidad de compra de hogares y empresas.
   - Ninguna es correcta.
9. La inflación:
   - Es difícil de eliminar.
   - Distorsiona el funcionamiento de los impuestos.
   - Si no es esperada, reduce el rendimiento de los proyectos de ahorro.
   - Todas son correctas.
10. Aproximadamente, el tipo de interés real:
    - Se obtiene sumando al tipo de interés nominal, la inflación.
    - Se obtiene restando al tipo de interés nominal, la inflación.
    - Es calculado, independientemente de la inflación que exista en la economía.
    - Ninguna es correcta.
11. A la hora de calcular el IPC:
    - Se tienen en cuenta los bienes y servicios que conforman la cesta de la compra.
    - Se tienen en cuenta un número reducido de bienes y servicios, debido a la complejidad de su cálculo.
    - Es necesario vigilar la evolución de los precios de la cesta de la compra.
    - La primera y la tercera respuestas son correctas.
12. La deflación:
    - Preocupa a los responsables de la política monetaria tanto como la inflación.
    - Es una gran ventaja para la economía.
    - Provoca que las economías crezcan a ritmos altos.
    - Ninguna es correcta.
13. La inflación:
    - Hace más pobres a los ricos.
    - Hace más ricos a los pobres.
    - Hace más pobres a los pobres.
    - Ninguna es correcta.

Recuerda seleccionar el material de trabajo de esta unidad para tu **portfolio.**

COMPRUEBA TU APRENDIZAJE

1 Justifica si las siguientes afirmaciones son verdaderas o no, proponiendo un enunciado correcto en caso de que sea falsa:

a La deflación provoca que las empresas vendan por completo sus inventarios, dando lugar a situaciones de desabastecimiento.

b El tipo de interés es la cantidad de dinero que se exige al prestar un capital durante un cierto período de tiempo.

c Si en la economía tiene lugar una inflación no esperada, los tipos de interés reales pueden superar a los nominales.

d El BCE vigila los tipos de interés con el fin de mantener estables los depósitos bancarios.

2 La mayoría de webs de entidades financieras ofrecen un simulador de préstamos. En ellos puedes calcular la cuota mensual que deberás pagar para devolver el préstamo así como su tipo de interés. Se pide:

a Simula un préstamo de 10 000 euros para la adquisición de un vehículo. Anota el coste. Haz lo mismo, indicando que quieres el dinero para irte de viaje en vacaciones.

b Ahora simula un préstamo de 30 000 euros para la adquisición de una vivienda (un préstamo hipotecario). Anota el coste.

c ¿Qué otra información has tenido que indicar? ¿Por qué crees que es necesaria?

d Compara los resultados (en cuanto a coste) obtenidos en el primer apartado. ¿A qué crees que se deben las diferencias?

e Compara los resultados del primer apartado con los del segundo. ¿Hay diferencias en el tipo de interés? ¿A qué crees que se deben?

3 Abre la hoja de cálculo y calcula los valores finales (fórmula financiera de valor final) de los siguientes proyectos personales de ahorro (utiliza un tipo de interés mensual del 0,23 por ciento):

a Aportación mensual de 20 euros desde los quince años hasta los veintidós.

b Aportación mensual de 50 euros desde los veintidós años hasta los treinta.

c Aportación mensual de 150 euros desde los treinta años hasta los sesenta y cinco.

d ¿Cuánto dinero se ha ahorrado a los 22 años? Capitaliza ese montante hasta los 65 años al 2,80 % anual. Haz lo mismo para el apartado b.

e Suma las cantidades obtenidas en los apartados c, d y e. ¿Cuál sería el ahorro final generado a los 65 años?

4 A partir de la siguiente tabla con datos del IPC de la economía española, calcula:

2019M10	2019M11	2019M12	2020M01
105,126	105,304	105,228	104,202

2020M02	2020M03	2020M04	2020M05
104,078	103,679	103,992	103,986

2020M06	2020M07	2020M08	2020M09	2020M10
104,466	103,528	103,575	103,731	104,275

a Inflación interanual, mensual y acumulada en octubre de 2020. Valora los resultados

5 A partir de la información del gráfico inferior, razona el tono de la política monetaria del BCE de la última década.

Zona euro. Evolución IPC (armonizado), tipo de interés a 3 meses y tipo de interés en el mercado monetario. Año 2012 = 100.

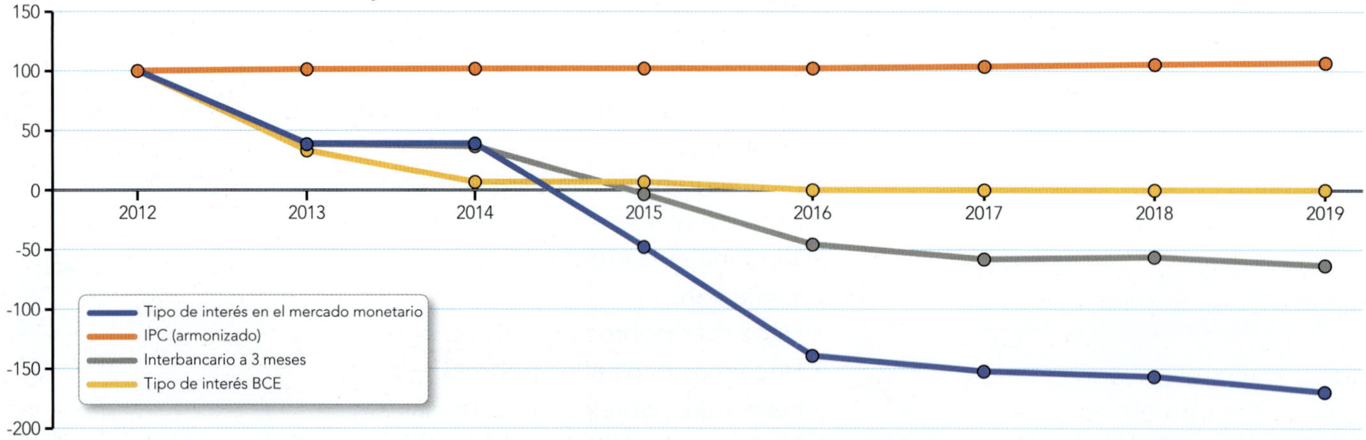

Fuente: Eurostat.

anayaeducacion.es Realiza la autoevaluación interactiva de la unidad.

A pesar de que el IPC no sube, llenar el carro de la compra cada vez es más caro; estos son los motivos

08/07/2020
https://www.elblogsalmon.com/

[...]

El carro de la compra de los españoles se resiente

El IPC se calcula a partir de 479 artículos, agrupados por subclases, que finalmente se agregan para obtener el índice final; es decir, el IPC general. Aunque la gran parte de los artículos se podrían comprar durante el confinamiento, existe una pequeña parte de estos artículos que no estaban disponibles, como son los servicios de restauración, hostelería, eventos deportivos, etc.

El Instituto Nacional de Estadística (INE) ha tenido que crear dos indicadores diferentes para poder conocer la evolución de los precios de un grupo de productos consumidos durante el confinamiento. Estos indicadores son los bienes COVID-19 y servicios COVID-19, para poder analizar si los productos no afectados por la pandemia del coronavirus se han vuelto más caros.

Si revisamos los datos del IPC, los bienes COVID-19 han aumentado el precio en un 1,1 por ciento y los servicios COVID-19 han disminuido el precio en un 1,4 por ciento.

[...]

Ante la alta demanda, muchos de los comerciantes han intentado aprovechar el momento para aumentar los precios a los productos más consumidos. Si el año pasado llenar la cesta de la compra de fruta fresca costaba 5 euros de media, ahora su coste ha aumentado un 9,2 por ciento, según los datos del INE.

Podemos considerar que la fruta es el alimento básico que más ha aumentado su precio en un 9,2 por ciento, seguido de las patatas con un aumento del precio del 6,10 por ciento y las frutas en conserva y productos a base de frutas con un aumento del precio del 5,10 por ciento:

[...]

El aumento de los precios no responde a un aumento de los precios de los productores, sino que es resultado de las decisiones de los supermercados. Los supermercados han realizado un gran incremento de las ventas como consecuencia de las medidas que se tomaron.

Los bienes y servicios COVID-19

Debido al confinamiento, el INE no pudo recoger, con garantías, todos los precios habituales, existiendo un riesgo para la fiabilidad de los datos.

Se decide, entonces, seguir la evolución de los precios de los bienes y servicios habituales en confinamiento, clasificados con el nombre Grupo Especial Bienes COVID-19 y Grupo Especial Servicios COVID-19.

En noviembre de 2020, los precios de los bienes COVID-19 (solo bienes) habían experimentado una variación del 1 % con respecto al mismo mes de 2019, mientras que la inflación interanual (todos los bienes y servicios) se situaba en el −0,8 %.

CUESTIONES

1. Averigua si el INE continua estudiando la evolución de los bienes y servicios COVID-19.
2. Ante una situación como la vivida en la primavera del 2020, ¿qué índice te parece más representativo a la hora de evaluar los precios, el IPC o el de bienes y servicios COVID-19? Razona la respuesta.

anayaeducacion.es Consulta en «Revista Digital» noticias sobre emprendimiento.

8

EL TRABAJO

Trabajar

La falta de empleo **(paro)** es uno de los mayores problemas a los que puede enfrentarse una persona en su vida activa. Como ya sabemos, la gran parte de las rentas que recibimos provienen del trabajo. Perder el empleo significa dejar de recibirlas y sustituirlas por una prestación que reducirá nuestro presupuesto en una proporción importante.

No nos detendremos aquí, ya que contar con un empleo no siempre es suficiente. La **temporalidad** no es una buena noticia, como tampoco lo es el **subempleo.** A lo largo de esta unidad estudiaremos estos conceptos, analizando el mercado más importante de una economía: el **mercado de trabajo.** Su adecuado funcionamiento conforma una de las piedras angulares del bienestar de la sociedad.

anayaeducacion.es Consulta en el apartado «Economía y vida cotidiana» aspectos económicos.

PLANIFICAMOS

EL TRABAJO

- OFERTA Y DEMANDA DE TRABAJO
- DESEMPLEO
- CONSECUENCIAS DEL DESEMPLEO
- NUESTRO MERCADO DE TRABAJO
- LA PRODUCTIVIDAD

El mercado de trabajo

¿Qué entendemos por trabajo? ¿Quién o quiénes conforman la oferta de trabajo? ¿Quién o quiénes demandan trabajo? ¿Qué variables les afectan?

Desempleo y subempleo

¿Cuándo se considera que una persona está en situación de desempleo? ¿Qué tipos de desempleo existen? ¿Son todos igual de graves? ¿Qué es el subempleo?

Consecuencias del desempleo

¿Cuáles son las consecuencias personales, sociales y económicas del desempleo?, ¿y del subempleo?

Nuestro mercado de trabajo

Si no todas las economías son iguales, tampoco lo son los mercados de trabajo. ¿Qué caracteriza al nuestro?

La productividad

Sabemos qué es la productividad del trabajo. ¿Cómo puede aumentar esta? ¿Qué es la productividad total de los factores? ¿Por qué es importante la productividad?

1 EL MERCADO DE TRABAJO

Comprende, piensa, investiga...

1 **Consecuencias y resultados (CyR).** Observa el gráfico del mercado de trabajo propuesto en este epígrafe.

a) Imagina que el salario aumenta por encima del salario de equilibrio (W*). Trázalo hasta que corte con las curvas de demanda y de oferta, hallando las cantidades demandadas y ofertadas de trabajo. ¿Qué está pasando? ¿Cuál de las dos cantidades de trabajo crees que se intercambiará en el mercado? ¿Sabes cómo se denomina esta situación?

2 Teniendo en cuenta la situación del apartado último del ejercicio anterior, ¿qué ocurriría si la curva de demanda se trasladara hacia la derecha porque aumentan las ventas de las empresas? Razona la respuesta.

3 **Asamblea de ideas.** A partir de la información proporcionada en «Comprendemos la economía: cifras sobre la población en edad de trabajar», averigua cómo se han calculado las tasas de actividad, ocupación y paro. Después, acude a la web del INE y consulta (en la sección «Mercado de trabajo») los últimos datos publicados de la EPA, calculando las tasas anteriores.

De todos los mercados que existen en una economía, el más significativo es, sin lugar a dudas, el del mercado de trabajo. Por la **singularidad** del bien intercambiado (la fuerza de trabajo de las personas), por las repercusiones sociales que tienen sus desequilibrios, el mercado de trabajo cuenta en todas las economías con un tratamiento especial por parte de las autoridades económicas.

1.1 La oferta de trabajo

La oferta de trabajo muestra la **predisposición a trabajar por parte de las personas a cambio de un salario determinado.** Es importante no confundir el término «oferta de trabajo» con las ofertas de empleo que las empresas publican en varios medios. Veamos, a continuación, qué personas conforman la oferta de trabajo, dedicando la sección «Comprendemos la economía: cifras sobre la población en edad de trabajar», a analizar su realidad.

La población de un país puede dividirse en dos grandes grupos:

- **Población que no está en edad de trabajar:** personas que no tienen 16 o más años.
- **Población en edad de trabajar:** personas que tienen 16 o más años. Dentro de este grupo, distinguimos:
  - Población económicamente **inactiva:** personas que se ocupan de su hogar, estudiantes, jubilados y prejubilados, incapacitadas para trabajar y dedicadas a trabajos sociales sin remuneración.
  - Población **activa:** personas ocupadas y personas desempleadas. **Ambos grupos conforman la oferta de trabajo.**

La oferta de trabajo depende de varios factores, entre los cuales es determinante el **salario.** Además, depende del salario que se pague en otras ocupaciones y de la valoración individual que se haga del tiempo de ocio al que se renuncia por trabajar. Por último, no hay que olvidar que cualquier cambio que afecte a la estructura de la población, afectará a la población activa (demografía, años de escolarización, etc.).

1.2 La demanda de trabajo

Son las **empresas** las que demandan trabajo porque lo necesitan para producir bienes y servicios. El **salario,** para las empresas, supone uno de los costes de producción más importantes, por lo que este se convierte en uno de los factores cruciales a la hora de demandar una mayor o menor cantidad de trabajo. Otro factor a tener en cuenta es la **productividad** del trabajo, es decir, la cantidad de producción que puede obtenerse por cada hora de trabajo. Otros factores a tener en cuenta son la escala de producción, la tecnología (que condiciona cómo puede sustituirse trabajo por capital) y los precios del resto de los factores productivos.

1.3 El mercado de trabajo

En el mercado de trabajo, la **oferta** de empleo y la **demanda** de empleo interactúan para determinar la cantidad intercambiada de trabajo a un salario determinado. Realizaremos los siguientes supuestos sobre el comportamiento de estas fuerzas de mercado con respecto al salario:

- Supondremos que **las personas están dispuestas a trabajar más** (o mejor, o más motivadas) **si el salario es mayor.** Así, la oferta de trabajo será creciente con el salario.
- Supondremos que **las empresas están dispuestas a contratar menos trabajo si el salario es mayor** y no se producen incrementos en la productividad. Es decir, la demanda de trabajo es decreciente respecto al salario.

Pues bien, si representamos el salario en ordenadas mediante la variable **«W»** *(wage)* y en abscisas la cantidad de trabajo mediante la variable **«L»** *(labour)*, obtendremos el gráfico siguiente:

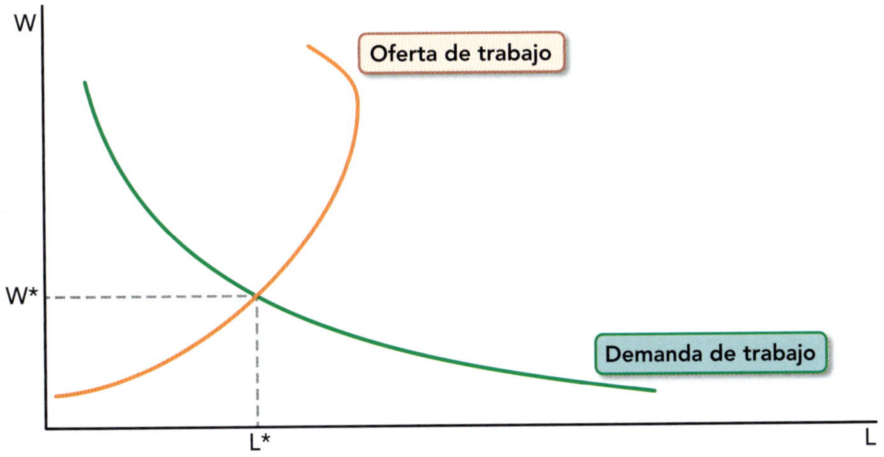

Como podemos observar, el mercado estaría en **equilibrio** para el par de valores (L*, W*). Es decir, existe un salario W* al cual las empresas desearían contratar la cantidad de trabajo L*. A ese nivel de salario, la cantidad de personas que estarían dispuestas a trabajar coincide con L*.

Conceptos económicos: la naturaleza especial del mercado de trabajo

El activo intercambiado en el mercado de trabajo (la fuerza de trabajo) lo convierte en un mercado **especial.** Cualquier desajuste en su funcionamiento provocará que existan personas que deseen trabajar para conseguir renta y no puedan hacerlo, o que las que lo consigan lo hagan a cambio de salarios precarios. Además, la **relación laboral** es una relación **asimétrica,** donde las partes no gozan a menudo de la misma situación de fuerza. En la mayoría de las economías, este mercado no es libre, sino que se encuentra fuertemente regulado por el Estado.

Comprendemos la economía: cifras sobre la población en edad de trabajar

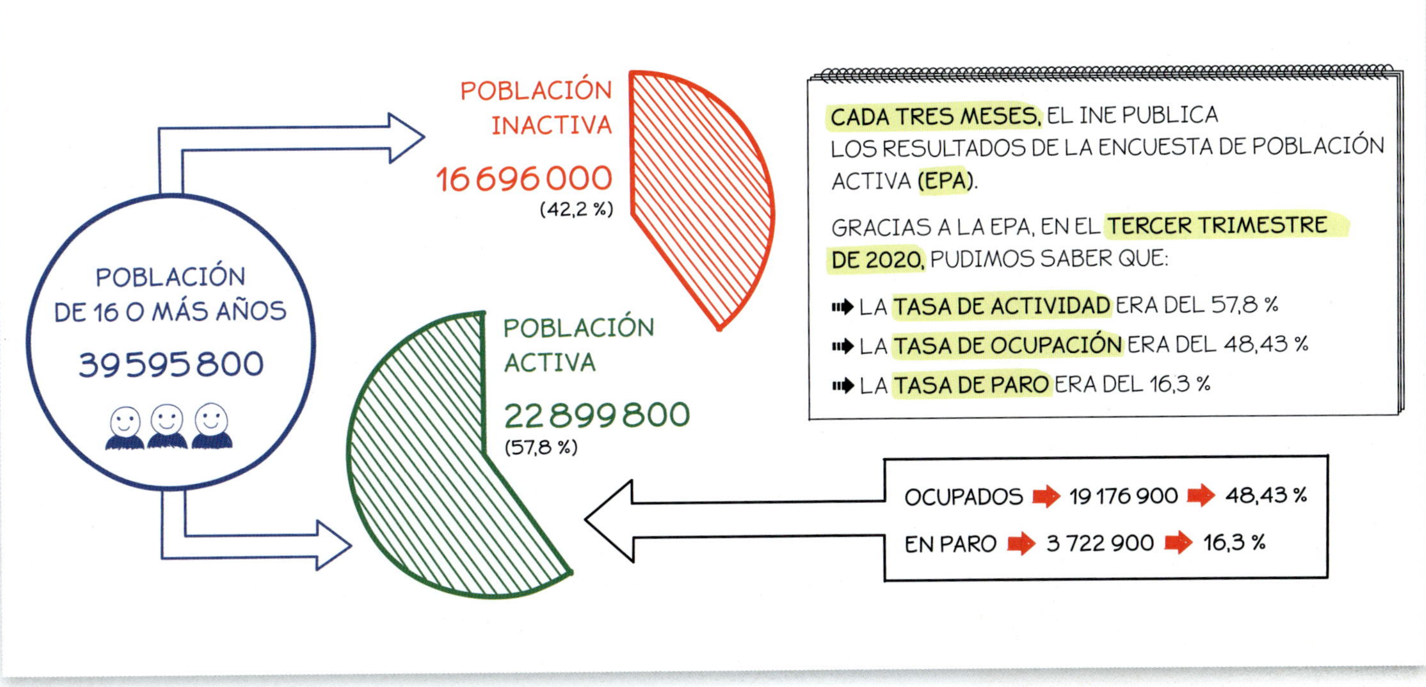

2

DESEMPLEO Y SUBEMPLEO

Una de las mayores **preocupaciones** de nuestra sociedad es el alto nivel de **desempleo** que existe en nuestra economía, aún mayor cuando afecta con intensidad a jóvenes, mujeres y personas mayores de 55 años. Las consecuencias se agravan cuando esta situación se extiende en el tiempo (paro de larga duración).

2.1 Situación de desempleo

Una persona se encuentra en situación de desempleo cuando busca activamente trabajo y no lo encuentra. **Según la metodología de la EPA,** son personas paradas aquellas de 16 o más años que, simultáneamente, reúnen estas condiciones:

- No están trabajando.
- Buscan trabajo (envían currículum vítae, participan en procesos de selección, están inscritas en oficinas de empleo, privadas o públicas, etc.).
- Están disponibles para trabajar.

Las **causas** del desempleo no se deben únicamente al nivel de salario. Desajustes entre formación requerida y cualificación exigida, movilidad geográfica, tipos de contratos o agentes implicados son algunas de las variables que dificultan la gestión del mercado de trabajo.

2.2 Los tipos de desempleo

El desempleo puede deberse a situaciones distintas, que requerirán soluciones distintas. Exponemos, aquí, algunos tipos de desempleo.

- **Desempleo friccional:** es el tipo de desempleo más liviano. Su origen hay que buscarlo en el tiempo que tardan las personas en cambiar de trabajo. Es un desempleo temporal y propio del proceso de entrada y salida de activos al mercado de trabajo.
- **Desempleo estructural:** es de carácter grave y prolongado en el tiempo (larga duración). Se origina por la existencia de **desfases** entre la **oferta** y la **demanda** de trabajo, debido a diferentes exigencias en cuanto a cualificación. Los avances tecnológicos, el cambio de modelo económico o el declive de un sector (por ejemplo, la construcción) motivan que las empresas demanden trabajo con una **cualificación** o **localización** distinta a la que la oferta puede abastecer. En otras palabras, la formación y las habilidades de los trabajadores no se ajustan a lo que demandan las empresas. Este desempleo debe atajarse con **políticas de empleo y formación** que reacondicionen la oferta de trabajo a la demanda, antes de que se enquiste en la estructura económica.
- **Desempleo coyuntural:** es de carácter cíclico. Aparece cuando la actividad económica desciende y las empresas experimentan, por tanto, una caída en sus niveles de producción y ventas, pasando a demandar menos cantidad de trabajo. Puede ser temporal, si la economía se reactiva y no existe cambio de modelo productivo. Sin embargo, si la crisis económica vino motivada por el colapso de un sector con mucho peso en la economía (caso del sector de la construcción para la economía española), **puede convertirse en desempleo estructural** si no se actúa sobre la cualificación de la oferta de trabajo.

anayaeducacion.es Consulta la información correspondiente a las metas del objetivo 5.

Comprende, piensa, investiga...

1 A partir de la información que proporciona el INE en su página web, relativa al mercado de trabajo, calcula el porcentaje de subocupación (subocupados/ocupados). Realiza el cálculo distinguiendo entre hombres y mujeres. Compara los datos con los ofrecidos en este epígrafe y valora si ha habido cambios significativos.

2 A partir de la información proporcionada por la última EPA (visita www.ine.es), calcula las tasas de paro juveniles y la femenina. Compáralas con la tasa de paro general y elabora, ayudándote de la hoja de cálculo, una gráfica similar a la analizada en este epígrafe.

OBJETIVOS DE DESARROLLO SOSTENIBLE

Igualdad de género

«Asegurar la participación plena y efectiva de las mujeres y la igualdad de oportunidades de liderazgo a todos los niveles decisorios en la vida política, económica y pública».

Objetivos de Desarrollo Sostenible, obj. 5.

ODS Busca en la web del INE los datos sobre subempleo (EPA=>Ocupados=> Ocupados subempleados por nivel de formación alcanzado, sexo y grupo de edad). Tabula los datos por sexo y realiza una gráfica para mostrar su evolución temporal (con todos los datos de la serie). Analiza si existe brecha de género y reflexiona en clase sobre ello.

2.3 Subempleo

Además del desempleo, nuestra economía adolece de otro problema: el **subempleo.** Una persona está subempleada cuando se dan, simultáneamente, las siguientes condiciones:

- No trabaja a tiempo completo, aunque está disponible para ello.
- **Desea trabajar más** horas, cambiando de trabajo o buscando otro empleo adicional.

2.4 ERTE y COVID-19

Un ERTE es un expediente de regulación temporal de empleo, figura creada para que aquellas empresas con dificultades económicas serias no desaparezcan y puedan mantener el empleo contratado. De esta manera, el sector público realiza una prestación a las personas que trabajan en la empresa, para que la empresa pueda recuperarse.

Con motivo de la pandemia COVID-19, numerosas empresas se vieron obligadas a cesar en su actividad temporalmente y **se activaron miles de ERTE.** Como consecuencia de ello, estas personas continuaron considerándose ocupadas, a pesar de no estar trabajando. A medida que las empresas fueron recuperando su actividad, los trabajadores comenzaron a incorporarse a sus puestos de trabajo. No obstante, al término de 2020 aún quedaban unas 700000 personas en situación de ERTE.

Conceptos económicos: desempleo y población

- **Desempleo juvenil:** población desempleada menor de 25 años.
- **Desempleo femenino:** las tasas de paro femeninas son generalmente más altas que las relativas a los varones.
- **Desempleo de larga duración:** afecta a personas desempleadas que llevan buscando activamente empleo durante al menos 12 meses sin conseguir un trabajo.

En «Comprendemos la economía: un vistazo a los datos del mercado laboral», analizamos los datos de la EPA (de 3.er trimestre de 2019 a 3.er trimestre de 2020).

Comprendemos la economía: un vistazo a los datos del mercado laboral

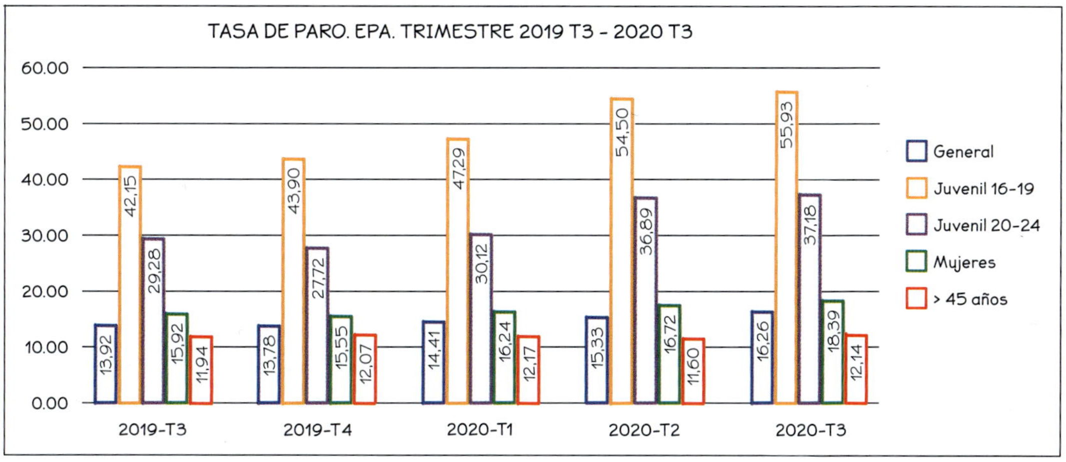

EL PRINCIPAL PROBLEMA DE NUESTRA ECONOMÍA ES LA ELEVADÍSIMA TASA DE PARO JUVENIL (MUCHO MÁS EXPUESTA A LA CRISIS COVID-19).

OTRA DISFUNCIÓN GRAVE ES LA REFERIDA A LA TASA DE PARO FEMENINA, POR ENCIMA DE LA MEDIA GENERAL.

PORCENTAJE DE PERSONAS PARADAS EN LARGA DURACIÓN	2019-T3	2019-T4	2020-T1	2020-T2	2020-T3
1 hasta 2 años en paro	13,92 %	13,57 %	13,41 %	11,80 %	13,65 %
Más de 2 años en paro	29,58 %	29,89 %	28,10 %	22,11 %	22,25 %
Porcentaje de personas paradas que se consideran de larga duración	43,50 %	43,45 %	41,51 %	33,92 %	35,90 %

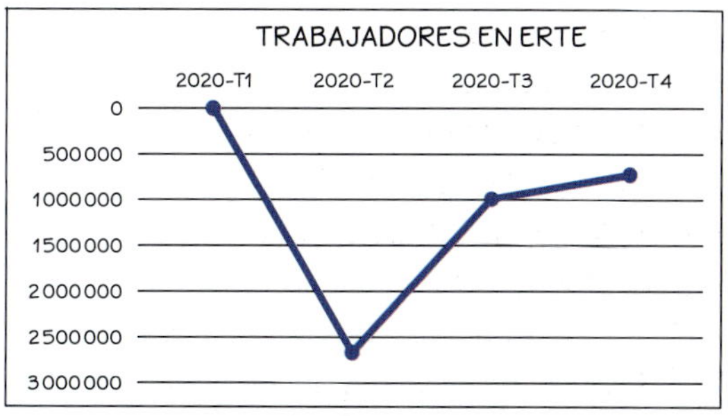

APROXIMADAMENTE, UNA TERCERA PARTE (INCLUSO MÁS) DEL TOTAL DE PERSONAS PARADAS DE NUESTRA ECONOMÍA SON PARADAS DE LARGA DURACIÓN.

DEL TOTAL DE PERSONAS DESOCUPADAS, UN 10 % SON SUBEMPLEADAS

PORCENTAJE DE PERSONAS SUBEMPLEADAS EN RELACIÓN CON EL TOTAL DE PERSONAS OCUPADAS	9,30 %
SUBEMPLEADOS HOMBRES	7,33 %
SUBEMPLEADOS MUJERES	11,66 %

Fuente: EPA 2020 T3

3 CONSECUENCIAS DEL DESEMPLEO

Comprende, piensa, investiga...

1 **Cabezas pensantes.** Accede a la web del INE (www.ine.es), en su sección «Nivel y condiciones de vida (IPC)» => «Condiciones de vida» => «Encuesta de condiciones de vida». Dentro de los resultados, consulta la tasa de riesgo de pobreza por edad y sexo. Compara la evolución reciente para hombres y mujeres y también entre jóvenes y otros colectivos (por ejemplo, personas jubiladas).

2 ¿Cómo crees que afectarían al mercado de trabajo las siguientes medidas?

a) Bonificaciones fiscales para las empresas que contraten.

b) Emigración hacia otros países de parte de la fuerza de trabajo.

c) Aumento del nivel de formación y competencias de las personas desempleadas.

Durante toda la unidad, hemos remarcado el carácter dramático del desempleo, indicando que este genera **consecuencias** económicas y sociales indeseables para cualquier sociedad. Trataremos de analizarlas en el presente epígrafe, así como de señalar algunas de las soluciones.

3.1 Las consecuencias personales

A nivel **individual** y económico, estar sin empleo reduce los ingresos, que, por lo general, suelen ser los únicos o los más importantes para la economía familiar. Esta reducción drástica en la renta personal conducirá a:

- **Reducir** la cantidad de **ahorro** existente hasta el momento.
- Imposibilidad de generar nuevo ahorro.
- **Reducción** significativa del gasto en **consumo.**
- Dificultad para atender el **endeudamiento,** si lo hubiere.

Según la encuesta sobre condiciones de vida, referida al año 2008, la tasa de riesgo de pobreza de la población entre 16 y 29 años era del 18,1%. En 2019, esta tasa se situaba en el **26,5%.** Si tenemos en cuenta que las tasas de paro juveniles son exageradamente altas en nuestra economía, no deberían sorprendernos estos datos.

3.2 Las consecuencias macroeconómicas

El desempleo más dañino para la economía es el desempleo **estructural.** Está motivado por la falta de encaje entre oferta y demanda de empleo y su valor debe ser estimado, ya que no es directamente observable (sí lo es, en cambio, la tasa de paro efectivo). En el año 2019, la tasa de paro estructural de nuestra economía rondaba el 14%. Veamos por qué una tasa tan alta son malas noticias:

- Existen activos en la economía (personas dispuestas a trabajar) que no están siendo utilizados, lo que **resta a la economía potencial de crecimiento.**
- Se excluye del mercado de trabajo a una proporción de personas que, en el caso de nuestra economía, es muy importante. Estas personas sufren una **merma de competencias** debido a la inactividad y se convierten en personas con baja empleabilidad (escasas probabilidades de ser contratadas).
- Las cuentas públicas sufren un **aumento** de los **gastos** y una **disminución** de los **ingresos.** Por el lado de los gastos, aumentan los destinados a protección social y a las prestaciones por desempleo (ver cuadro epígrafe 3.2 de la unidad 6). Por el lado de los ingresos, una menor ocupación equivale a una menor cantidad de ingresos por cotizaciones sociales a la Seguridad Social y también por recaudación de impuestos (IVA e IRPF, sobre todo).

No solo el paro de larga duración (más de un año sin empleo) es desempleo estructural. Parte importante del desempleo juvenil que aún no es de larga duración puede estar explicando estas cifras tan negativas. Y lo que es peor, puede convertirse en paro de larga duración.

3.3 ¿Soluciones?

Las autoridades económicas emprenden una serie de medidas **(políticas de empleo)** para combatir el paro y la subocupación (además de la temporalidad). Destacamos las siguientes:

- **Reorientar** a los desempleados de larga duración y a los jóvenes afectados por las altas tasas de paro (aun cuando no sean de larga duración). Esta acción implica la adopción de **políticas activas de empleo** centradas en la formación y adquisición de nuevas competencias profesionales que deben responder a las necesidades reales de contratación de las empresas, además de lograr un aumento de la productividad.
- Fomentar el empleo por cuenta propia y la **cultura emprendedora,** profundizando en la libre **competencia,** así como en la introducción de reglas que agilicen el funcionamiento del mercado de trabajo.

Conceptos económicos: las consecuencias psicológicas y sociales del desempleo

El desempleo de larga duración tiene consecuencias psicológicas graves para las personas que lo sufren. Además, no golpea con la misma intensidad a todos los colectivos (ver «Comprendemos la economía: desempleo y nivel educativo»).

Comprendemos la economía: desempleo y nivel educativo

ECONOMÍA ESPAÑOLA. TASAS DE PARO POR NIVEL DE FORMACIÓN ALCANZADO.
TODAS LAS EDADES. TRIMESTRES 2019 T3 – 2020 T3. EPA.

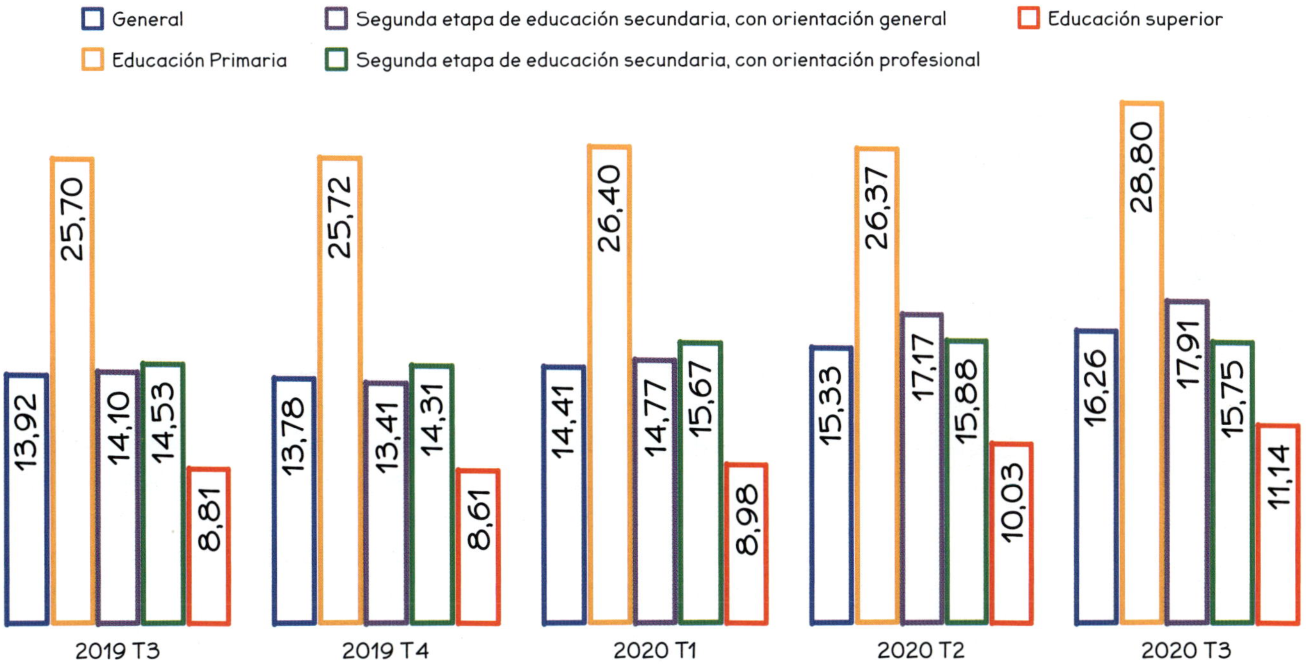

EN NUESTRA ECONOMÍA, LAS MAYORES TASAS DE PARO, SI ATENDEMOS AL NIVEL DE FORMACIÓN ALCANZADO, CORRESPONDEN AL GRUPO DE PERSONAS CON EDUCACIÓN PRIMARIA. LA TASA DE PARO MÁS BAJA OCURRE EN EL GRUPO DE PERSONAS QUE CUENTAN CON EDUCACIÓN SUPERIOR, SEGUIDA DE SEGUNDA ETAPA DE SECUNDARIA CON ORIENTACIÓN PROFESIONAL.

4

NUESTRO MERCADO DE TRABAJO

Comprende, piensa, investiga...

1 **Pienso, me interesa, investigo.** Consulta los últimos datos EPA en relación con:

a) Ocupados asalariados totales.

b) Ocupados asalariados temporales.

Calcula la tasa de temporalidad para los cuatro últimos trimestres. Comenta los resultados e indica si se aprecia un cambio significativo con respecto a lo señalado en este epígrafe.

2 Consulta, ahora, los últimos datos EPA para los ocupados a jornada completa y a jornada parcial. Calcula la ratio parcial/completa. Comenta los resultados e indica si se aprecia un cambio significativo con respecto a lo señalado en este epígrafe.

A continuación, terminaremos de caracterizar el mercado de trabajo.

4.1 ¿Un suelo para el desempleo?

Representamos en la primera gráfica del apartado «Comprendemos la economía: más rasgos distintivos de nuestro mercado de trabajo», la evolución de la tasa de paro y del crecimiento de la economía, medido a través de la tasa de variación del PIB.

El **crecimiento del PIB,** representado por la **línea de color rojo,** ha sido negativo en cinco ocasiones, agrupadas estas en tres crisis (comienzos de los noventa, crisis del 2008 y crisis COVID-19).

→ Durante estos episodios, la **tasa de paro (barras de color azul)** fue muy alta (19,5 % en 1994, 26,09 % en 2013 y 16,50 % en 2020).

Sin embargo, también han existido períodos de crecimiento económico, intenso en algunos años y, sobre todo, sostenido en el tiempo.

→ No obstante, en el período 1995-2006, la economía crecía por encima del 3 % anual y la tasa de paro se mantuvo en torno al 10 %. En el período 2015-2019, el crecimiento estuvo por encima del 2 %, pero la tasa de paro no cayó por debajo del 14 %.

Nuestra economía no es capaz de reducir la tasa de paro sustancialmente cuando existe crecimiento económico. Existe un suelo para la tasa de paro que pareció instalarse en el 10 % (1995-2006) y que aumentó al 14 % (período 2008-2019). Hablamos del peor desempleo posible: el **estructural,** causado por desajustes entre la oferta de trabajo y la demanda de trabajo.

4.2 ¿Qué ocurre con el empleo?

Fijémonos ahora en la segunda gráfica del apartado «Comprendemos la economía: más rasgos distintivos de nuestro mercado de trabajo».

→ Una característica perversa de nuestro mercado de trabajo es la alta **temporalidad** (línea amarilla) que presenta la contratación. En efecto, la ratio entre asalariados temporales y total de asalariados fluctúa en torno al **25 %** en los últimos años. Además, si comparamos su evolución con la del crecimiento de la economía, esta aumenta cuando la economía crece y se reduce cuando la economía entra en crisis (es decir, son los primeros en causar baja en su empleo). Como veremos en el próximo epígrafe, la temporalidad laboral es nefasta para el sano desarrollo de la productividad y de las carreras profesionales.

→ Existe una **correlación** perfecta entre subempleo y trabajo a jornada parcial, lo que podría indicar que **la mayoría de las personas que trabajan a jornada parcial desearían hacerlo a jornada completa** (en ese o en otro puesto de trabajo). De nuevo aquí aparece una falta de encaje entre oferta y demanda de empleo, que generará problemas de masa salarial, horas de trabajo y baja productividad. En relación con estas variables, vemos, además, cómo han aumentado su participación en el empleo a partir de la crisis de 2008, por lo que cabe pensar que, dentro del empleo generado en los últimos años, hay una proporción significativa de empleo temporal, empleo a jornada parcial y subempleo. Esto, unido a los desquilibrios ya estudiados (desempleo juvenil y femenino, no son buenas noticias, ni para las personas que ocupan estos puestos de trabajo, ni para las generaciones venideras ni para nuestra economía.

Comprendemos la economía: más rasgos distintivos de nuestro mercado de trabajo

Economía española. Evolución reciente (1990-2020).
Crecimiento anual PIB y Tasa de paro. Fuente: FEDEA, INE y Funcas.

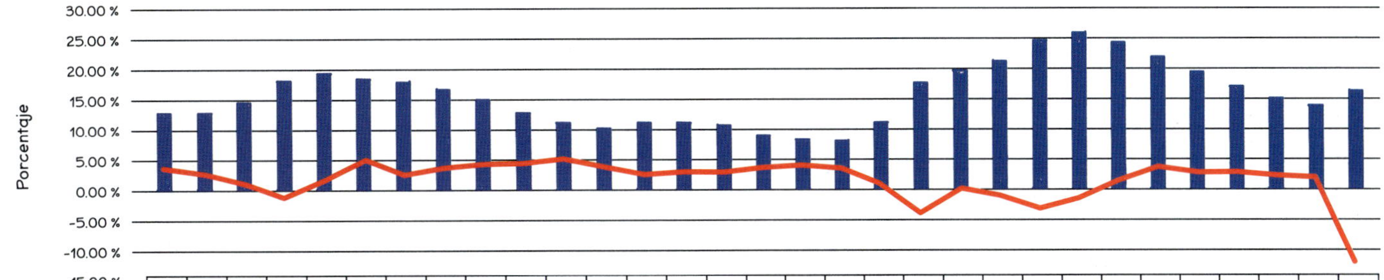

	1990	1991	1992	1993	1994	1995	1996	1997	1998	1999	2000	2001	2002	2003	2004
Tasa de paro	13,0	13,0	14,7	18,3	19,5	18,6	18,1	16,9	15,2	12,8	11,3	10,4	11,3	11,3	10,8
Crecimiento anual PIB en %	3,80	2,50	0,90	-1	2,40	5	2,70	3,70	4,40	4,50	5,20	3,90	2,70	3	3,10

	2005	2006	2007	2008	2009	2010	2011	2012	2013	2014	2015	2016	2017	2018	2019	2020*
Tasa de paro	9,15	8,45	8,23	11,2	17,8	19,8	21,3	24,7	26,0	24,4	22,0	19,6	17,2	15,2	14,1	16,5
Crecimiento anual PIB en %	3,70	4,10	3,60	0,90	-3,8	0,20	-0,8	-3	-1,4	1,40	3,80	3	2,90	2,40	2	-12

Economía española. Evolución reciente (2008-2020). Crecimiento anual PIB.
Ratio personas ocupadas a jornada parcial/jornada completa.
Tasa de temporalidad. Ratio personas ocupadas subempleadas/total personas ocupadas.
Fuente: INE y Funcas. (*) Previsión Funcas. (**) Media T1-T2-T3.

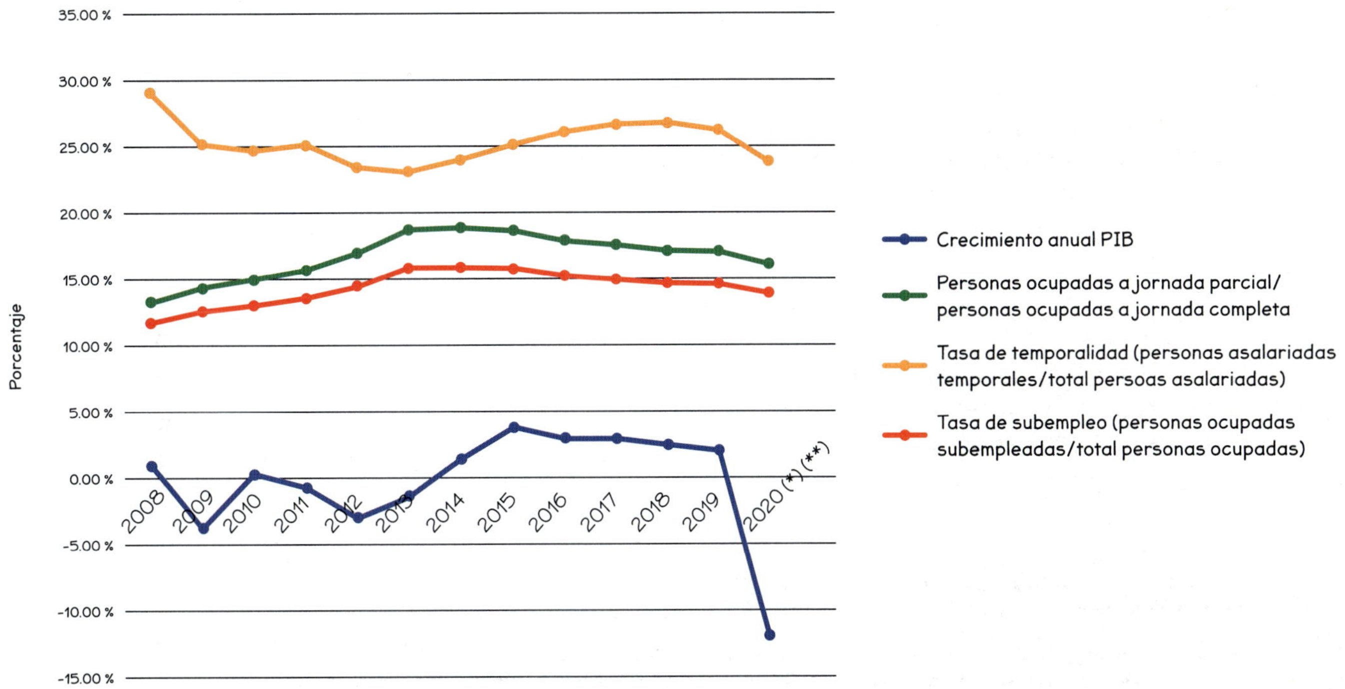

Comprende, piensa, investiga...

1 Imagina una economía que cuenta con un PIB anual igual a 1000 unidades monetarias. La cifra de ocupados ha sido, en este último año, de 200 personas. Calcula la productividad del trabajo. ¿Cómo podría este resultado aumentar el año siguiente? Contempla todas las posibilidades.

2 Explica por qué motivo, en nuestra economía, la productividad del trabajo es anticíclica.

3 Argumenta a qué puede deberse que la PTF registre tasas de crecimiento positivo a partir del año 2015. Emplea la segunda gráfica del apartado «Comprendemos la economía: la productividad del trabajo y la PTF».

Para terminar, señalaremos cómo se comporta la productividad del trabajo en nuestra economía y definiremos la productividad total de los factores.

5.1 La productividad del trabajo

El concepto de productividad del trabajo (unidades producidas por hora de trabajo) lo abordamos en el epígrafe cuarto de la unidad segunda de este libro. A nivel macroeconómico, podemos aproximar el valor agregado de la productividad del trabajo:

- Relacionando el valor de los bienes y servicios finales producidos en un año con el número de personas ocupadas en ese mismo período: PIB/empleo.
- Relacionando el PIB con el número de horas de trabajo (en lugar de personas ocupadas): PIB/horas de trabajo.

En la primera gráfica de «Comprendemos la economía: la productividad del trabajo y la PTF», analizamos la dinámica del PIB y de la productividad del trabajo (medida como PIB/horas de trabajo):

- **La actividad económica** (línea azul) **evoluciona de manera totalmente opuesta a la productividad del trabajo** (línea de color rojo). Es decir:
  - Cuando la economía crece, la productividad del trabajo apenas crece o decrece.
  - Cuando la economía cae, la productividad del trabajo crece a tasas significativas.

Este comportamiento es característico de nuestro mercado de trabajo (poco flexible). La razón: **cuando la economía entra en recesión, se destruye demasiado empleo** (las empresas despiden en lugar de flexibilizar el empleo reduciendo las horas de trabajo).

5.2 La productividad total de los factores (PTF)

La productividad del trabajo únicamente nos habla de la eficiencia en el uso del factor trabajo. Nada nos dice acerca de cómo estamos empleando el capital y, lo más importante, **cuáles son las ganancias en eficiencia debido al uso combinado de trabajo y capital.** La pregunta es, ¿existen sinergias provocadas por...

- (a) ... una mejor **organización** del trabajo?
- (b) ... una mayor **formación del capital humano** que posibilita un mejor aprovechamiento de la tecnología?
- (c) ... un mejor marco tecnológico, con mayores dosis de **innovación?**

La variable que mide la eficiencia en la utilización de capital y trabajo se llama productividad total de los factores (PTF) y cae desde el año 1995 hasta el año 2015 (segunda gráfica en «Comprendemos la economía: la productividad del trabajo y la PTF». ¿Por qué ocurre esto?

- Los determinantes de la PTF apuntados anteriormente (a, b y c) son activos intangibles y parece que, en los últimos 30 años, la economía española ha girado en torno a activos tangibles (construcción) y a servicios donde las ganancias de productividad son escasas. En la segunda gráfica de «Comprendemos la economía: la productividad del trabajo y la PTF», se representa el peso en el PIB de la construcción, con el fin de relacionar las dos variables.

- La **temporalidad** en el empleo es otro factor que castiga la evolución de la PTF, ya que la motivación en el trabajo, la adquisición de nuevas competencias y los procesos de innovación no van a consolidarse con estas cifras de temporalidad.

Por tanto, es **imprescindible** que la inversión en intangibles gane peso en el PIB y que se reduzca la temporalidad laboral.

Comprendemos la economía: la productividad del trabajo y la PTF

Economía española. Crecimiento del PIB y crecimiento del PIB/hora trabajada (productividad del trabajo). Período 1996-2018. Fuente: Conference Board.

Economía española. Evolución PTF y peso de la construcción en el PIB. Período 1995-2017. Fuente: Conference Board. INE.

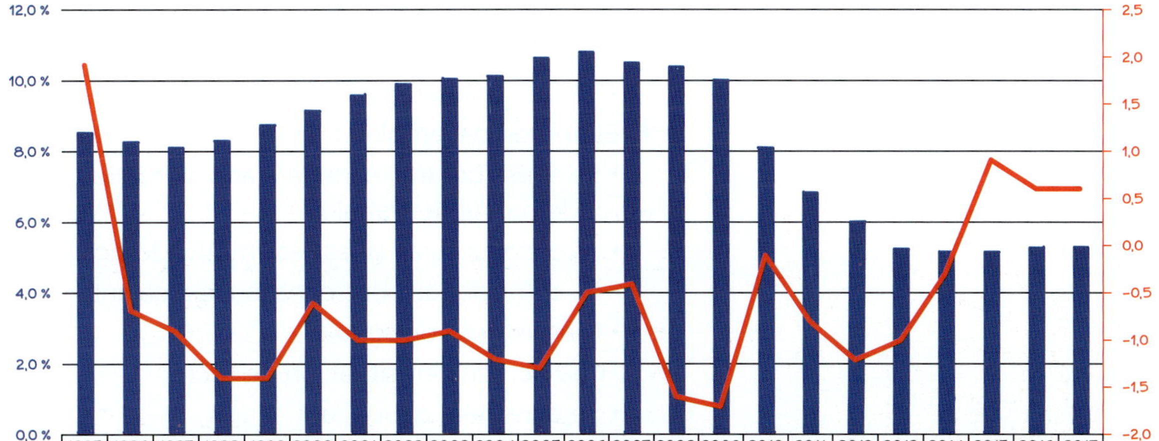

	1995	1996	1997	1998	1999	2000	2001	2002	2003	2004	2005	2006	2007	2008	2009	2010	2011	2012	2013	2014	2015	2016	2017
Peso construcción en PIB (en %)	8,6	8,3	8,2	8,4	8,8	9,2	9,6	9,9	10,1	10,2	10,7	10,8	10,5	10,4	10,1	8,2	6,9	6,1	5,3	5,2	5,2	5,3	5,3
Crecimiento de la PTF	1,9	-0,7	-0,9	-1,4	-1,4	-0,6	-1,0	-1,0	-0,9	-1,2	-1,3	-0,5	-0,4	-1,6	-1,7	-0,1	-0,8	-1,2	-1,0	-0,3	0,9	0,6	0,6

ECONOMÍA: PIENSA Y RESPONDE

CUESTIONARIO

Solo una respuesta es correcta:

1. La oferta de trabajo:
   - Está compuesta por todas aquellas empresas que desean contratar.
   - Está formada por las personas mayores de 16 años.
   - Está representada por aquellas personas que desean trabajar, pero no encuentran dónde.
   - Ninguna es correcta.
2. La demanda de trabajo:
   - Es llevada a cabo por las personas de 16 o más años que se consideran población activa.
   - Es realizada por las empresas.
   - Se relaciona positivamente con el salario.
   - Ninguna es correcta.
3. En nuestra economía,
   - La población activa está compuesta por unos 40 millones de personas, aproximadamente.
   - Existen unos 22 millones de desempleados.
   - La cifra de ocupados oscila alrededor de los 19 millones de personas.
   - Todas son correctas.
4. Una persona se considera desempleada:
   - Cuando no trabaja.
   - Cuando es inactiva.
   - Cuando no trabaja y está buscando empleo de manera activa.
   - Todas son correctas.
5. Una persona está en situación de subempleo:
   - Cuando desearía trabajar más horas en el mismo empleo.
   - Cuando desearía trabajar más horas en otro empleo.
   - Cuando desearía trabajar más horas en el mismo, en otro empleo o en los dos empleos.
   - Todas son correctas.
6. El tipo de desempleo más grave:
   - Es el estructural, caracterizado por la falta de encaje entre oferta y demanda de trabajo.
   - Es el coyuntural, pues está motivado por las crisis económicas.
   - Es el friccional, pues contribuye a calentar la economía.
   - Ninguna es correcta.
7. Una persona en situación de ERTE:
   - Se considera ocupada.
   - Se considera inactiva.
   - Se considera desempleada.
   - Ninguna es correcta.

CUESTIONARIO

8. El desempleo:
   - Supone un coste de oportunidad, pues el sector público debe dedicar recursos que podrían emplearse en otras políticas.
   - Contribuye a que la tasa de ahorro de la economía caiga.
   - Reduce los ingresos públicos.
   - Todas son correctas.
9. Puede ser una solución al desempleo estructural:
   - Reorientar y formar a las personas desempleadas.
   - Retirar los incentivos al emprendimiento y al autoempleo.
   - Reducir las prestaciones por desempleo.
   - Todas son correctas.
10. En cuanto a empleo y nivel de formación alcanzado:
    - Existe una relación negativa entre ellos.
    - A mayor desempleo, mayor formación alcanzada.
    - El desempleo no guarda relación con el nivel de formación logrado.
    - Ninguna es correcta.
11. En nuestro mercado de trabajo:
    - El desempleo rara vez ha bajado del 20%.
    - Existe un suelo para el desempleo muy alto, el cual parece haber aumentado a partir de la crisis de 2008.
    - La tasa de temporalidad es baja, situándose alrededor del 25%
    - Ninguna es correcta.
12. Es un problema grave de nuestro mercado de trabajo, entre otros:
    - La mayor tasa de paro femenina.
    - Las tasas de paro juveniles.
    - Las tasas de subempleo.
    - Todas son correctas.
13. En cuanto a la productividad del trabajo:
    - Evoluciona en sentido inverso al ciclo económico.
    - Se reduce de manera sistemática.
    - Evidencia un mercado de trabajo flexible.
    - Ninguna es correcta.
14. En cuanto a la productividad total de los factores:
    - Normalmente, en nuestra economía, crece, aunque a tasas muy bajas.
    - Su evolución es dramática, evidenciando una reducida inversión en intangibles.
    - Ha mostrado un comportamiento robusto, gracias a la inversión en vivienda.
    - Ninguna es correcta.
15. La productividad del trabajo:
    - Puede medirse como la relación existente entre las horas de trabajo y la población ocupada.
    - Representa la relación que existe entre las horas de trabajo y el PIB.
    - Es la relación entre el PIB obtenido en un período de tiempo y las horas de trabajo desempeñadas durante este.
    - Ninguna es correcta.

COMPRUEBA TU APRENDIZAJE

1 Justifica si las siguientes afirmaciones son verdaderas o no, proponiendo un enunciado correcto en caso de que sea falsa:

a Existe desempleo cuando la demanda de trabajo es superior a la oferta de trabajo.

b La demanda de trabajo es llevada a cabo por las empresas y su relación con el salario es positiva. Es decir, a mayor nivel de salario, mayor demanda de trabajo.

c Para señalar la tasa de temporalidad, tenemos que relacionar los asalariados contratados temporalmente con el total de ocupados de la economía.

d El desempleo estructural puede resolverse reduciendo los salarios.

e Para calcular la tasa de desempleo de la economía, tenemos que comparar las personas desempleadas con el total de población.

f Para aumentar la productividad total de los factores, la economía debe invertir en activos tangibles y aumentar la temporalidad laboral.

2 A continuación, se muestran los datos sobre población activa y población desempleada, por sexo y por tramos de edad, para el tercer trimestre de 2019 y de 2020. Los datos provienen de la EPA y los datos están en miles de personas.

Población activa	Hombres		Mujeres	
	2019-T3	2020-T3	2019-T3	2020-T3
de 16 a 19 años	175,2	163,5	133,5	105,0
de 20 a 24 años	735,6	682,3	613,4	588,0

Población desempleada	Hombres		Mujeres	
	2019-T3	2020-T3	2019-T3	2020-T3
de 16 a 19 años	71,8	83,8	58,3	66,4
de 20 a 24 años	201,0	243,3	194,0	228,9

a Tabula los datos de población ocupada.

b Calcula las tasas de paro para cada sexo y franja de edad.

c Calcula las tasas de ocupación para cada sexo y franja de edad.

d Compara los datos de paro y ocupación entre los dos trimestres. ¿Qué ha ocurrido?

e Compara estos resultados con los datos generales. Puedes encontrarlos en la web del INE. Reflexiona sobre ello distinguiendo sexo y edad.

3 Explica qué es el desempleo estructural, por qué es grave y cómo puede combatirse.

4 A partir de los datos tabulados en la parte inferior de esta página, calcula:

a Las personas (para cada grupo) con contrato temporal.

b Las tasas de temporalidad para cada sexo y grupo de edad.

c Utilizando una hoja de cálculo, compón una gráfica para cada sexo y grupo de edad.

d Compara los resultados obtenidos con los señalados en la segunda gráfica del apartado «Comprendemos la economía: más rasgos distintivos de nuestro mercado de trabajo». Realiza una reflexión sobre ellos.

	2018-T3	2018-T4	2019-T1	2019-T2	2019-T3	2019-T4	2020-T1	2020-T2	2020-T3
Hombres									
De 16 a 19 años									
Total asalariados	87,8	70,9	75,3	80,4	94,7	80,8	78,7	54,1	71,9
Con contrato indefinido	10,1	10,9	13,1	13,7	10,0	10,9	13,5	13,3	9,0
De 20 a 24 años									
Total asalariados	449,1	426,9	411,8	452,7	502,8	470,7	433,9	351,2	400,7
Con contrato indefinido	142,9	139,6	145,1	163,5	165,7	162,5	160,7	141,8	150,9
Mujeres									
De 16 a 19 años									
Total asalariados	69,4	56,4	44,7	59,1	71,1	53,8	43,3	27,3	36,5
Con contrato indefinido	8,5	7,1	6,4	7,0	6,5	6,5	4,9	5,1	4,8
De 20 a 24 años									
Total asalariados	406,5	387,2	361,2	372,0	404,5	388,2	372,0	292,9	344,2
Con contrato indefinido	113,7	129,7	121,9	119,4	118,4	126,6	122,5	160,3	103,7

Población asalariada, por sexo, edad y tipo de contrato. Miles de personas. EPA.

anayaeducacion.es Realiza la autoevaluación interactiva de la unidad.

NOTICIAS, REDES Y ECONOMÍA

El salario mínimo interprofesional (SMI) es el precio mínimo del trabajo. Anualmente, las autoridades laborales especifican su cuantía, en términos mensuales y diarios.

Economistas para la reconstrucción Juan Francisco Jimeno

Daniel Viaña. Madrid 28 diciembre 2020, www.elmundo.es

[...] **Pregunta:** La batalla por el SMI (salario mínimo interprofesional) es otro de los aspectos que han marcado las últimas semanas. ¿Tiene sentido abordar ese debate ahora?

Respuesta (JFJ): El SMI estuvo en niveles muy bajos durante mucho tiempo y las subidas que se hicieron en 2016 y 2017 eran necesarias. Otra cosa es la rapidez. Que en un año se suba un 22,5 %, como pasó en 2019, es demasiado. Y no es lo mismo subirlo en un contexto de expansión que en un contexto como el actual, donde las oportunidades de empleo de la gente que está en esos niveles salariales se han visto muy afectadas. Proseguir con las subidas del SMI tal y como se habían concebido antes de la pandemia me parece un grave error. Además, hay tres **argumentos** para subir el SMI que la evidencia empírica te dice que son bastante **cuestionables.** Uno, que mejora las condiciones de vida de los trabajadores más desfavorecidos. Eso es así siempre y cuando la subida del SMI no signifique que van a perder su empleo, y claramente la subida no es gratis. Las estimaciones muestran que en 2019 la pérdida de puestos de trabajo fue de unos 40 000 o 50 000 empleos. El segundo, que reduce la desigualdad, y tampoco está tan claro que sea así porque no todos los perceptores del SMI viven en familias de bajos ingresos. Y el tercer argumento, que lo utilizan en los sindicatos, es que dinamiza el consumo y favorece la recuperación. Pues tampoco. Tienes que tener en cuenta la pérdida de empleo, las transferencias de rentas... Resumiendo: no es el momento de seguir subiendo el SMI, y si de verdad preocupan las familias de bajo nivel de ingresos, habría que complementar la subida con algún tipo de **complemento directo.** Es lo que se ha tratado de hacer con el ingreso mínimo pero claro, como no se ha diseñado muy bien, y las pruebas lo están demostrando, pues no funciona.

CUESTIONES

1 Averigua el importe del salario mínimo interprofesional en la actualidad.

2 Explica cómo afecta el salario a la oferta de trabajo y a la demanda de trabajo.

3 En el artículo se citan tres razones para aumentar el salario mínimo interprofesional. ¿Podrías enumerarlas?

4 Las tres razones anteriores son cuestionables. Explica por qué.

5 El investigador entrevistado propone, en lugar de un aumento (en ese contexto) del salario mínimo interprofesional, un complemento directo. Explica quién lo percibiría y razona si crees que solucionaría algunos de los tres inconvenientes tratados en la pregunta cuarta.

6 ¿Conoces a alguien que cobre el salario mínimo interprofesional? ¿Cuál es su situación laboral en cuanto a duración de contrato, jornada, expectativas de continuidad, etc.?

anayaeducacion.es Consulta en «Revista Digital» noticias sobre emprendimiento.

9

ECONOMÍA INTERNACIONAL

La aldea global

Tal y como lo conocemos en la actualidad, el mundo se parece muy poco a lo que era hace apenas un siglo. Las relaciones internacionales han sufrido profundos cambios debido al fenómeno de la **globalización**, caracterizado por un acercamiento notable de las culturas, gracias a la revolución en las TIC y el desarrollo del comercio y del transporte. Hoy en día, las personas tenemos acceso a los acontecimientos que ocurren en cualquier punto del planeta.

anayaeducacion.es Consulta en el apartado «Economía y vida cotidiana» aspectos económicos.

PLANIFICAMOS

ECONOMÍA INTERNACIONAL

- GLOBALIZACIÓN Y COMERCIO INTERNACIONAL
- LA POLÍTICA COMERCIAL
- LA UNIÓN EUROPEA
- LA UNIÓN ECONÓMICA Y MONETARIA
- MEDIO AMBIENTE Y SOSTENIBILIDAD

Globalización y comercio internacional

¿Qué es la globalización? ¿Qué ha supuesto para el comercio entre naciones? ¿Por qué comercian los países entre sí?

La política comercial

¿Existe libre comercio o, por contra, el comercio está limitado? ¿Qué herramientas se utilizan para ello?

La Unión Europea

¿Cuándo y por qué motivos surge la Unión Europea? ¿Cuáles han sido los principales acuerdos a lo largo de su historia? ¿Qué es el Brexit?

La Unión Económica y Monetaria (UEM)

¿Qué es una unión monetaria? ¿Qué implica? ¿Cuáles son sus ventajas?

Medio ambiente y sostenibilidad

¿Qué entendemos por «desarrollo sostenible»? ¿Es posible? ¿Cuáles son las metas que el mundo se ha propuesto alcanzar?

1 GLOBALIZACIÓN Y COMERCIO INTERNACIONAL

Los mercados son globales. Al mundo en que vivimos lo denominamos, en muchas ocasiones, **«aldea global».** Podemos comunicarnos con personas que están a miles de kilómetros de distancia, relacionarnos con ellas y establecer intercambios económicos con una mayor transparencia.

La globalización ha conectado el mundo y ha hecho posible que las culturas se acerquen entre sí más que nunca.

1.1 ¿Qué es la globalización?

Entre las muchas acepciones que posee el término globalización, la que aquí nos interesa sería la siguiente:

«Fenómeno de cambio tecnológico gracias al cual las economías aumentan su **apertura al exterior** motivadas por una **reducción de los costes** del **transporte** y por una revolución tecnológica de las **comunicaciones».**

Así pues, prestamos atención a los siguientes factores:

- **Cambio tecnológico:** basado en innovaciones **radicales** en las tecnologías de la información y la comunicación **(TIC)** que hacen posible **conectar** los agentes económicos de todo el planeta. Esto produce un **acercamiento** de culturas y, simultáneamente, una **homogeneización** de los gustos y las modas.
- Reducción de los costes del **transporte:** que está motivada por el incremento en la escala de operaciones comerciales. Este factor supone un reto, ya que los medios de transporte usan combustibles fósiles y, por tanto, no encajan dentro del paradigma de desarrollo sostenible.

1.2 Escenario: el mercado mundial

Como puede apreciarse en la gráfica que hay en la siguiente página, según, la **Organización Mundial del Comercio** (OMC), entre 1980 y 2019, el comercio mundial de mercancías se ha multiplicado por nueve, llegando a alcanzar, en 2019, la cifra de 18 932 952 millones de dólares americanos.

Las **causas** de este crecimiento en el comercio tenemos que buscarlas en:

- Una **reducción** en los **costes** de **transporte:** si bien hay que señalar que el actual sistema es intensivo en petróleo, que es un recurso no renovable.
- **Revolución** tecnológica en el mundo de las **comunicaciones:** que ha provocado el conocimiento, la transfusión y la mezcla de rasgos culturales, dando lugar a una homogeneización de los gustos y las costumbres, lo que facilita **vender un mismo producto en muchos lugares** del mundo.
- **Desarrollo** paralelo de los **mercados** de **capitales:** con el fin de dar apoyo y liquidez a los intercambios.
- **Acuerdos mundiales:** bien entre países o entre regiones, que han supuesto la eliminación de las barreras administrativas y comerciales y han aportado **seguridad jurídica** a los intercambios.

Comprende, piensa, investiga...

1 Explica las razones que justifican el intercambio económico entre países.

2 La tabla siguiente muestra datos sobre exportaciones de mercancías (en millones de dólares).

1980	1990	2000	2010	2019
2 036 136	3 489 739	6 454 020	15 306 475	18 932 952

a) Calcula la tasa de variación de las exportaciones mundiales de manufacturas en los períodos comprendidos entre 1980-1990, 1990-2000, 2000-2010 y 2010-2019.

b) Calcula, a partir de la siguiente fórmula, la tasa media de crecimiento anual acumulativo para el período 1980-2019.

$$TMAA = \left\{ \left(\frac{X_{2019}}{X_{1980}} \right)^{\frac{1}{39}} - 1 \right\} \cdot 100$$

c) Comenta los resultados obtenidos en los apartados anteriores.

1.3 ¿Por qué comercian los países?

Existen dos **razones básicas** por las cuales los países comercian:

- Los países tienen **diferentes** cantidades de recursos, produciendo bienes y servicios diferentes (ver «Comprendemos la economía: ¿qué mercancías se comercian entre países?»).
- Los países no intentarán producir una pequeña parte de todos los bienes y servicios, buscando **economías de escala** en su producción, siendo de esta manera más eficientes.

Exportaciones mundiales de mercancías. Millones de dólares USA. Fuente: OMC.

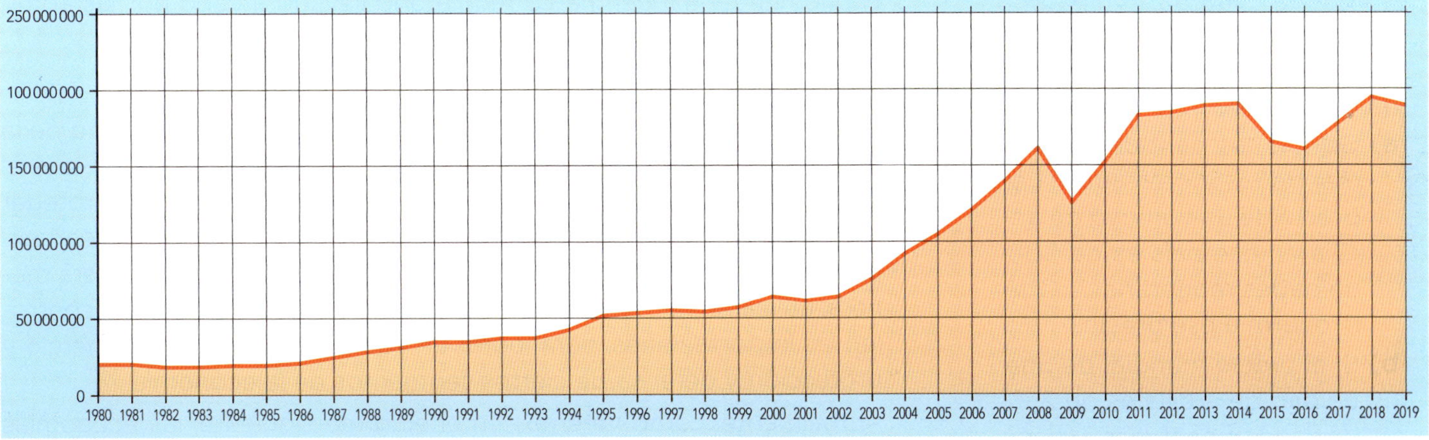

Comprendemos la economía: ¿qué mercancías se comercian entre países?

Evolución de las exportaciones mundiales de mercancías. 1980-2019. 1980=100. FUENTE: OMC.

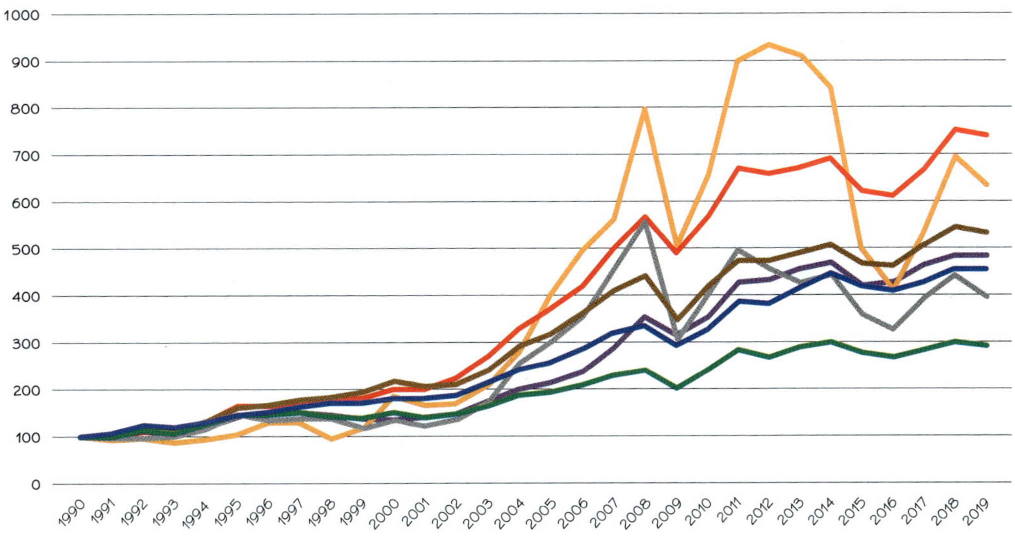

NO TODOS LOS TIPOS DE MERCANCÍAS HAN AUMENTADO SUS EXPORTACIONES CON LA MISMA INTENSIDAD DURANTE EL PERÍODO 1980-2019. DESTACAMOS:

- PRODUCTOS QUÍMICOS → LAS EXPORTACIONES SE HAN **MULTIPLICADO POR 7**
- COMBUSTIBLES → LAS EXPORTACIONES SE HAN **MULTIPLICADO POR 6**
- MAQUINARIA Y TRANSPORTE → LAS EXPORTACIONES SE HAN **MULTIPLICADO POR 5**
- ALIMENTOS → LAS EXPORTACIONES SE HAN **MULTIPLICADO POR 5**

2
LA POLÍTICA COMERCIAL

Comprende, piensa, investiga...

1 Supongamos que en un país determinado, el mercado de arcilla se comporta de acuerdo a las siguientes ecuaciones:

$Q^d = 80\,000 - 80 \cdot p$ y $Q^s = 20\,000 + 40 \cdot p$, donde Q^d, Q^s y p son las cantidades demandadas, ofertadas y el precio unitario, respectivamente.

a) Calcula las cantidades demandadas y ofertadas si el precio de una unidad de arcilla en ese país es de 500 unidades monetarias. ¿Qué le ocurre a ese precio?

b) Si el precio mundial de una unidad de arcilla es de 250 unidades monetarias, ¿cuánto se demandaría? ¿Cuánto ofrecerían las empresas nacionales a ese nuevo precio? ¿Sería suficiente? Si no lo fuera, responde: ¿cuántas unidades se importarían?

c) Imagina que el Gobierno decide aplicar un arancel, de tal manera que el precio mundial aumente en un 50 % (arancel *ad valorem*). Con el nuevo precio, ¿cuánto se demandaría? ¿Cuánto ofrecerían las empresas nacionales a ese nuevo precio? ¿Sería suficiente? Si no lo fuera, responde: ¿cuántas unidades se importarían? ¿Qué efecto ha conseguido el arancel?

2 **Consecuencias y resultados (CyR).** Explica por qué los países A y B obtienen ganancias del comercio en cada uno de los casos contemplados en la sección «Comprendemos la economía: las ganancias del comercio».

Aunque el comercio internacional genera ventajas (ver «Comprendemos la economía: las ganancias del comercio»), el comercio libre no existe. Los países aplican, con mayor o menor intensidad, herramientas que les permitan **proteger** algunas de sus industrias locales.

2.1 Las políticas comerciales

Nos referimos a políticas comerciales cuando hablamos de todas aquellas **medidas** e instrumentos que los estados ponen en marcha con objeto de controlar, supervisar, **regular** e influir en el conjunto de los intercambios que tienen lugar con las economías del **resto del mundo.** Por tanto, hemos de entender la política comercial de una economía dentro del marco regulatorio llevado a cabo por las administraciones públicas.

¿Por qué se necesitan políticas comerciales?

El porqué de las políticas comerciales hay que enfocarlo dentro de la disyuntiva **libre comercio – proteccionismo.** No hay duda de que el comercio reporta ventajas, pero todos los estados intentan proteger sectores considerados estratégicos o **clave** y, por ello, no desean exponerlos completamente a la competencia internacional. De esta manera, utilizarán herramientas que impulsen las exportaciones y controlen las importaciones, para lograr un equilibrio entre libre comercio y protección y defensa de ciertos segmentos de la economía.

Actualmente, como veremos en el epígrafe siguiente, las economías del mundo tienden a la **integración** en grandes bloques comerciales con objeto de defender intereses comunes, reduciendo entre ellas las trabas al libre comercio, y presentar una mayor posición de fuerza en las negociaciones internacionales. Por ello, más que hablar de políticas comerciales de una economía, es más correcto referirse a la política comercial de la **Unión Europea,** al Tratado de Libre Comercio de América del Norte **(TLCAN)** o a la **Alianza del Pacífico,** entre otros. Por último, no hay que olvidar el papel de la Organización Mundial del Comercio **(OMC),** que se ocupa de las normas que rigen el comercio entre los países a partir de acuerdos establecidos por la mayoría de ellos, con objeto de facilitar la actividad comercial.

2.2 Instrumentos comerciales

Hemos señalado anteriormente que las políticas comerciales se sirven de instrumentos para conseguir sus fines. Señalaremos, aquí, algunos de los más utilizados.

- **Arancel:** es una herramienta destinada a controlar las importaciones vía precio. Mediante la aplicación de un arancel, el precio del bien importado se eleva, bien en una cuantía fija **(arancel específico)**, bien en un porcentaje del mismo precio ***(arancel ad valorem).*** Los aranceles, por tanto, buscan hacer más atractivos los bienes domésticos, al encarecer los bienes procedentes del resto del mundo.
- **Cuotas a la importación:** mediante este instrumento, los estados restringen la cantidad que puede ser importada de un bien determinado. De esta manera, al crear escasez del bien importado, su precio se elevará. Además, tal escasez fomentará la producción doméstica del bien.

- **Subsidios a la exportación:** al contrario que las medidas anteriores, estamos ante una herramienta que fomenta las exportaciones. Mediante este instrumento, los bienes domésticos destinados a la exportación disfrutarán de un subsidio (fijo o *ad valorem*) que los convertirá en competitivos en el mercado mundial. Estas medidas están muy reguladas por la OMC, con objeto de impedir su aplicación directa o específica.

2.3 Libre comercio *vs.* proteccionismo

- El proteccionismo permite que los sectores de actividad más indefensos (por ser incipientes) se **desarrollen** frente a la competencia mundial.
- El proteccionismo permite afianzar el **empleo** existente en sectores protegidos.
- Algunas medidas proteccionistas muy utilizadas (aranceles) suponen **ingresos** para el Estado.
- El proteccionismo **distorsiona** los mercados, asegurando que industrias y sectores ineficientes sigan existiendo sin estímulos hacia la inversión y la innovación.
- El proteccionismo consolida una transferencia de rentas desde los consumidores hacia los productores, ya que los **precios** de los productos **aumentan** y **disminuye** la **cantidad** óptima.

Comprendemos la economía: las ganancias del comercio

Adam Smith

IMAGINEMOS QUE DOS PAÍSES (A Y B) PRODUCEN DOS BIENES (ROBOTS Y VACUNAS).

SUPONGAMOS QUE, PARA FABRICAR ROBOTS Y VACUNAS, SE NECESITAN LAS SIGUIENTES HORAS DE TRABAJO

	A	B
Vacunas	1000	2000
Robots	600	400

El país **A** se especializará en la producción de **VACUNAS** (las produce con menos horas de trabajo).

El país **B** se especializará en la producción de **ROBOTS** (los produce con menos horas de trabajo).

A tiene **VENTAJA ABSOLUTA** en vacunas.

B tiene **VENTAJA ABSOLUTA** en robots.

Cada país produce el bien en el que tiene ventaja y lo exporta para importar el otro bien.

David Ricardo

¿Y SI EL PAÍS A TIENE VENTAJA ABSOLUTA EN LOS DOS BIENES (ROBOTS Y VACUNAS)? ¿COMERCIARÁN?

SUPONGAMOS QUE, PARA FABRICAR ROBOTS Y VACUNAS, SE NECESITAN LAS SIGUIENTES HORAS DE TRABAJO

	A	B
Vacunas	1000	2000
Robots	200	1000

En el país **A** ➡ 1 vacuna = 5 robots

En el país **B** ➡ 1 vacuna = 2 robots

En el país **A** compraría 1 vacuna por menos de 5 robots.

En el país **B** vendería 1 vacuna por más de 2 robots.

Supongamos que:

País **A** recibe 1 vacuna y entrega 3 robots.

País **B** recibe 3 robots y entrega 1 vacuna.

AUNQUE UN PAÍS TENGA VENTAJA ABSOLUTA EN LA PRODUCCIÓN DE TODOS LOS BIENES, LO QUE IMPORTA ES **LA VENTAJA RELATIVA.**

3

LA UNIÓN EUROPEA

Como hemos señalado en las páginas anteriores, el comercio y la actividad económica mundial se han intensificado a la vez que se han venido produciendo procesos de integración económica y acuerdos regionales de comercio. Dedicaremos los dos próximos epígrafes a analizar el proceso de integración europea.

3.1 Las primeras fases

Tras la Segunda Guerra Mundial, los principales países europeos promovieron acciones que evitaran un nuevo conflicto bélico.

En **1951,** se firma el **Tratado de París,** por el que se constituye la Comunidad Europea del Carbón y el Acero **(CECA).** Su objetivo consistía en garantizar la libertad de circulación del carbón y del acero, materias primas fundamentales para la actividad económica de la época. Los países firmantes fueron Francia, Alemania, Italia, Bélgica, Holanda y Luxemburgo.

Tan solo unos años más tarde, en **1957,** se crea la Comunidad Económica Europea **(CEE)** y la Comunidad Europea de la Energía Atómica (EURATOM) con la firma de los **Tratados de Roma** por parte de los mismos países constituyentes de la CECA.

La creación de la CEE supone un paso de gigante dentro del proceso de construcción de lo que hoy entendemos por Europa. La creación de la CEE implicaba:

- Promover la futura creación de un mercado común que garantizara la libertad de movimientos de personas, servicios, mercancías y capitales.
- La **creación de una unión aduanera** con la aplicación de una tarifa exterior común.
- La puesta en marcha de políticas comunes en sectores clave, como la agricultura, el comercio y los transportes.
- La aparición de las tres principales **instituciones europeas:**
  - a) Consejo Europeo, que aprobaría las normas.
  - b) Comisión Europea, que formularía las propuestas.
  - c) Parlamento Europeo, con una función consultiva.

En **1986** (año de entrada de España en la CEE), tiene lugar la firma del **Acta Única Europea,** mediante la cual se crean nuevas competencias comunitarias y se reforman las instituciones, todo ello con el objetivo de establecer progresivamente el mercado interior en el transcurso de un período que concluye el 31 de diciembre de 1992.

3.2 De Maastricht hasta hoy

Por el Tratado de Maastricht nace la Unión Europea. Se firma el 7 de febrero de **1992,** y sus objetivos quedan explicitados en cinco ámbitos, uno de los cuales supondría un hito en la historia económica del mundo, como es el de la creación de un área monetaria supranacional y la supresión de las monedas nacionales de la mayoría de los países pertenecientes.

Comprende, piensa, investiga...

1. Realiza una presentación sobre el Parlamento Europeo, el Consejo Europeo y la Comisión Europea, destacando su composición y competencias. Ayúdate del enlace http://europa.eu/about-eu/index_es.htm.
2. **Asamblea de ideas.** Descarga el Tratado de Maastricht (http://europa.eu/eu-law/index_es.htm) y consulta en CIUDADANÍA DE LA UNIÓN para explicar quiénes son ciudadanos de la Unión y cuáles son sus derechos.

Conceptos económicos: secuencia lógica de un proceso de integración

1. **Acuerdos preferenciales:** los países se conceden ventajas comerciales.
2. **Zona de libre cambio (ZLC):** se eliminan las trabas al comercio entre ellos.
3. **Unión Aduanera (UA):** establecen una política comercial exterior común frente a terceros.
4. **Mercado Común (MC):** establecen la libre circulación de personas y capitales.
5. **Unión Económica (UE):** coordinan sus políticas monetarias y establecen mecanismos fiscales para acercar sus economías.
6. **Unión Monetaria (UM):** adoptan una misma moneda o fijan de manera irreversible sus tipos de cambio. La política monetaria es única.

En concreto, el Tratado de Maastricht establece como **objetivos:**

- Fortalecer el funcionamiento democrático y eficaz de las instituciones.
- Lograr el refuerzo y la convergencia de sus economías.
- **La creación de una unión económica y monetaria.**
- Crear una ciudadanía común a los nacionales de sus países.
- Desarrollar una política exterior y de seguridad común.

Los Tratados de **Ámsterdam (1997),** de **Niza (2001)** y de **Lisboa (2007)** se centran en los aspectos políticos derivados de la toma de decisiones y de la capacidad legislativa de sus instituciones, con objeto de lograr una mayor y eficiente coordinación tras la incorporación de nuevos estados a la Unión Europea. El 31 de diciembre de 2020, el Reino Unido se desvinculó totalmente de la UE, tras un tedioso proceso de negociación iniciado tras los resultados del referéndum sobre el **Brexit,** celebrado el 23 de junio de 2016.

Conceptos económicos: el presupuesto de la UE

La UE requiere de un presupuesto común para afrontar políticas que logren acercar a las economías de sus Estados miembros, logrando de esta manera la pretendida cohesión social y económica que todo proceso de integración requiere. En «Comprendemos la economía: el presupuesto de la Unión Europea» analizamos su principal figura: el marco financiero plurianual o, en otras palabras, el presupuesto de la UE.

Comprendemos la economía: el presupuesto de la Unión Europea»

¿QUÉ ES EL MARCO FINANCIERO PLURINACIONAL?

ES EL PRESUPUESTO DE LA UNIÓN EUROPEA QUE SE PLANIFICA Y APRUEBA PARA 7 AÑOS

EL MFP **2021-2027**, (APROBADO EL 17 DE DICIEMBRE DE 2020 POR EL PARLAMENTO EUROPEO Y ADOPTADO POR EL CONSEJO) ESTÁ DOTADO DE:

1,0743 BILLONES DE €

750 000 MILLONES DE €

NEXT GENERATION UE

COVID-19

1,0743 BILLONES DE EUROS OBTENIDOS A PARTIR DE LOS RECURSOS PROPIOS DE LA UE

(derechos de aduana [aprox. 15%], recurso IVA [aprox. 12%] y recurso renta nacional bruta [aprox. 73%] por el que cada estado miembro aporta un porcentaje de su RNB [similar al PIB]).

OBJETIVOS: POLÍTICAS AGRÍCOLAS Y DE COHESIÓN Y DE TRANSICIÓN ECOLÓGICA Y DIGITAL

PROGRAMAS DE GASTO (cifras en millones de euros):

- Mercado único, innovación y sector digital: 132 800
- Cohesión, resiliencia y valores: 377 800
- Recursos naturales y medio ambiente: 356 400
- Migración y gestión de las fronteras: 22 700
- Seguridad y defensa: 13 200
- Vecindad y resto del mundo: 98 400
- Administración pública europea: 73 100

750 000 MILLONES DE EUROS QUE CONSEGUIRÁ LA UNIÓN EUROPEA A TRAVÉS DE DEUDA.

OBJETIVOS: CREAR EMPLEO Y REPARAR LOS DAÑOS DE LA PANDEMIA COVID-19

PROGRAMAS DE GASTO (cifras en millones de euros):

- Mecanismo de recuperación y resiliencia: 672 500 ➡ reformas para una recuperación sostenible
- ReactUE: 47 500 ➡ promover la recuperación ecológica y digital
- Horizonte Europa: 5 000 ➡ reforzar la investigación e impulsar la innovación
- InvestEU: 5 600 ➡ financiar infraestructuras sostenibles
- Desarrollo rural: 7 500
- Fondo de transición justa: 10 000 ➡ mitigar el impacto socioeconómico de la transición ecológica
- RescEU: 1 900 ➡ mejorar el mecanismo colectivo frente a desastres naturales

4 LA UNIÓN ECONÓMICA Y MONETARIA (UEM)

Comprende, piensa, investiga...

1 Cabezas pensantes. La tabla siguiente muestra el nivel de PIB para la zona euro en su conjunto y, también, para una serie países, para el tercer trimestre de los años 2019 y 2020. Calcula la tasa de variación interanual (entre los dos trimestres) para cada país y para la zona euro. Razona si la crisis de la pandemia COVID-19 afectó de la misma manera a todos los países. ¿Qué economías han sufrido más? ¿Cómo se llama este efecto? ¿Supone una ventaja o un inconveniente?

Zona euro/ países	Cifras en millones de euros	
	2019-T3	2020-T3
Zona euro/ 19 países	2995578,6	2897448,9
Alemania	866495	838686
España	311674	287511
Francia	608584	592800
Italia	447872,2	428854,6
Holanda	203544	203471,8
Portugal	53588	51532

Fuente: Eurostat. 2020.

El **Tratado de Maastricht** (1992) abrió la puerta para la creación de la Unión Económica y Monetaria (UEM) en Europa. En este epígrafe analizaremos este proceso, así como las ventajas y los inconvenientes que han venido presentándose desde su creación.

4.1 La creación de la UEM

El **artículo segundo** del Tratado de **Maastricht** establece la declaración de la Comunidad Europea como una unión económica y monetaria. Asimismo, en su **artículo cuarto,** establece que las acciones de los estados miembros implicarán «la fijación irrevocable de tipos de cambio con vistas al establecimiento de una **moneda única».**

El **artículo séptimo** establece la creación del Sistema Europeo de Bancos Centrales **(SEBC)** y del Banco Central Europeo **(BCE).**

La **hoja de ruta** para la creación de la **UEM** se dispuso en tres fases:

- **1 de julio de 1990-1 de enero de 1994:** profundización del mercado común y creación del SEBC.
- **1 de enero de 1994-1 de enero de 1999:** creación del IME (Instituto Monetario Europeo) para regular las relaciones monetarias de los distintos estados. Convergencia de las políticas económicas de los estados miembros, en función de la aplicación del Protocolo sobre los **Criterios de Convergencia,** en virtud del cual, los estados aspirantes a abordar la tercera fase de la UEM debían converger en materia de precios, déficit público, deuda pública, tipos de interés y tipos de cambio. Creación del BCE en 1998.
- **1 de enero de 1999:** fijación irrevocable de los tipos de cambio y adopción de la moneda única (euro) por parte de los once estados que accedieron a la UEM, bajo la tutela del BCE. En el año 2001, Grecia se incorpora a la UEM.

4.2 Las ventajas de la unión monetaria

La moneda única genera, para los estados de la UEM, ciertas ventajas:

a) En una zona donde el **comercio intracomunitario** tiene un peso significativo, eliminar el riesgo de tipo de cambio (desaparecen las monedas nacionales) es, sin lugar a dudas, la ventaja más evidente.

b) Una unión monetaria simplifica el escenario de política económica, ya que existirá una única autoridad monetaria (BCE) con objetivos sencillos (promover la estabilidad de precios). Por tanto, disminuye la incertidumbre y bajan los tipos de interés reales.

c) Una unión monetaria supone un estímulo al mercado único creado en el espacio europeo.

4.3 Las asimetrías

A pesar de las ventajas de una unión monetaria, esta cuenta con algunos inconvenientes, que se harán evidentes durante las crisis económicas, provocando asimetrías (efectos con diferente intensidad en cada estado miembro).

Reducido grado de movilidad del factor trabajo

Al contrario de lo que ocurre en otras zonas monetarias (EE.UU., por ejemplo), la **movilidad** del factor **trabajo** en la zona euro no es intensa.

Lo impiden factores culturales y lingüísticos. Además, los mercados de trabajo no funcionan de la misma manera. Como consecuencia, ante la aparición de una crisis global, se producirá más desempleo en unas zonas que en otras, y este será difícil de erradicar, pues el factor trabajo no se desplaza fácilmente desde las zonas de desempleo hacia las zonas con menor tasa de paro.

Escaso peso relativo de la Hacienda Común

La UEM **no cuenta con un presupuesto comunitario lo suficientemente grande** como para realizar transferencias de renta que palien los efectos de una crisis severa, como puede ocurrir a nivel nacional. Así pues, la falta de un gran presupuesto es, en este caso, otro inconveniente para aliviar las asimetrías que se generan entre los distintos Estados miembros, dando lugar a lo que conocemos como «Europa de dos velocidades».

Pacto de estabilidad

También conocido como «corsé de estabilidad», en materia fiscal, los estados miembros deben cumplir severas reglas sobre déficit público (exceso de gasto público sobre ingresos públicos) y deuda pública. De esta manera, la **política fiscal** (subidas/bajadas de impuestos/subsidios) de cada Estado miembro queda **limitada** para operar de manera autónoma ante los efectos dispares de una crisis económica.

Pérdida de la soberanía monetaria

Los Estados miembros **ya no deciden la política monetaria.** Ninguno de ellos, de manera independiente, puede decidir sobre la cantidad de dinero presente en su economía o del nivel de los tipos de interés. Se pierden, por tanto, las herramientas de política monetaria para corregir los efectos del ciclo económico, ya que estas se hallan en manos del BCE, que las usará con el objetivo de mantener la estabilidad de precios en toda la zona euro, y no para paliar los efectos adversos de la crisis en una región determinada.

4.4 El papel del BCE en la crisis COVID-19

La crisis provocada por la **pandemia COVID-19** ha golpeado duramente a las economías de la UEM. Debido a ello, los miembros de la eurozona (al igual que el resto de países) se vieron obligados a **aumentar su gasto público** muy significativamente. Este incremento de gasto público fue posible gracias a la emisión de deuda pública que cada país realizó. **El BCE** ha tenido un papel muy importante en este proceso ya que **ha otorgado estabilidad y tranquilidad a los mercados de deuda** para que el coste de la misma no se dispare en algunos países y estos puedan endeudarse lo necesario como para hacer frente a los gastos de la pandemia.

De esta forma, pertenecer a un área monetaria como el euro ha supuesto, para muchos países de la eurozona, un salvavidas al que agarrarse. **Sin la garantía del BCE como último recurso, difícilmente ciertas economías, con grandes cifras de deuda pública anteriores a la pandemia, hubieran podido colocar más deuda en los mercados a costes razonables.**

Conceptos económicos: los criterios de convergencia

El Tratado de Maastricht establecía unos criterios de convergencia nominales que los Estados aspirantes a la tercera fase de la UEM debían cumplir:

- La tasa de **inflación** no podía ser superior en 1,5 puntos a la media de los tres Estados con menor tasa de inflación.
- El **déficit público** no podía exceder el 3 % de su PIB.
- El **tipo de cambio** de la moneda debía permanecer dos años sin tensiones dentro del sistema.
- El nivel de **deuda pública** no debía sobrepasar el 60 % del PIB.
- Los **tipos de interés** no debían ser superiores en 2 puntos a la media de los tres Estados con menores tipos de interés.

5

MEDIO AMBIENTE Y SOSTENIBILIDAD

Comprende, piensa, investiga...

1 Visita la web del Programa de las Naciones Unidas para el Desarrollo (http://www.undp.org/content/undp/es/home/), accede al menú «Objetivos de Desarrollo Sostenible» y elige tres objetivos (ODS) de entre los 17 listados, explicando en qué consisten.

2 Entre el siglo XIX y el siglo XX, la población mundial creció de 1262 a 6000 millones de personas. ¿A qué factores crees que es debido? ¿Qué consecuencias negativas ha podido tener este intenso crecimiento?

OBJETIVOS DE DESARROLLO SOSTENIBLE

Industria, innovación e infraestructuras

«Desarrollar infraestructuras fiables, sostenibles, resilientes y de calidad, incluidas infraestructuras regionales y transfronterizas, para apoyar el desarrollo económico y el bienestar humano, haciendo especial hincapié en el acceso asequible y equitativo para todos».

Objetivos de Desarrollo Sostenible, obj. 9.

ODS Busca en la web información sobre los fondos «Next Generation UE» y encuentra cifras relacionadas con las inversiones sostenibles y resilientes.

En los últimos doscientos años, la humanidad ha experimentado las mayores cotas de crecimiento en bienestar y progreso.

La esperanza de vida ha aumentado y el tamaño de la población mundial se ha multiplicado a tasas impensables hace tan solo unos siglos.

El comercio mundial, como hemos estudiado en esta unidad, ha puesto en contacto a los habitantes del planeta y nos permite disfrutar de bienes y servicios procedentes de otros rincones del mundo.

Pero ¿podremos mantener la salud del planeta? ¿Podremos controlar el crecimiento de la población? El **crecimiento** debe ser **sostenible.**

5.1 El desarrollo sostenible

El crecimiento económico, a lo largo de la historia, ha estado ligado a la explotación de los recursos naturales. Metales preciosos, como el oro y la plata, fueron protagonistas del desarrollo y la expansión del comercio ya en el siglo XVI.

La Revolución Industrial (siglos XVIII y XIX) está ligada a la **máquina de vapor** y al carbón.

Dióxido de carbono

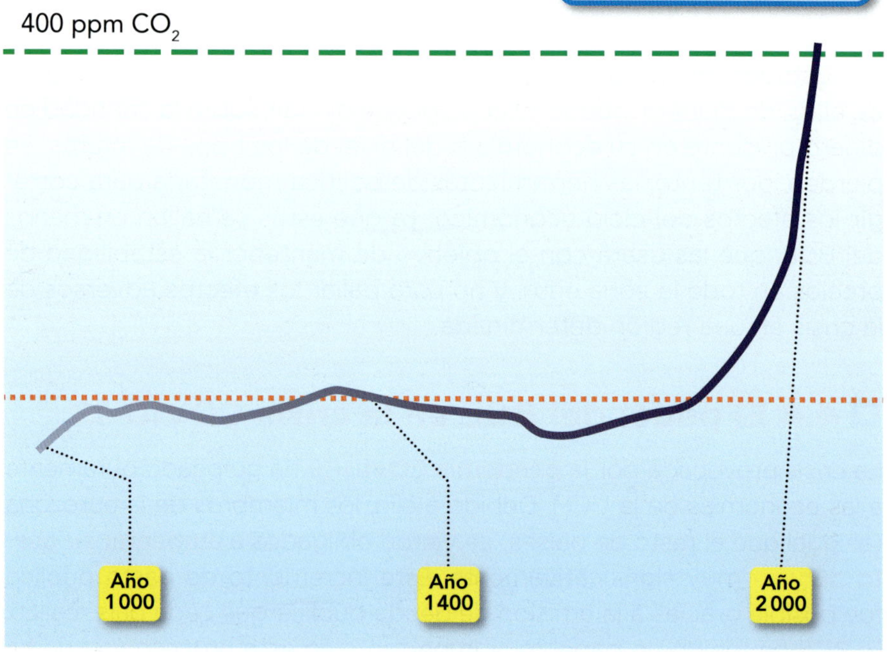

A partir del siglo XX, el **petróleo** se convierte en el recurso más consumido por las innovaciones tecnológicas, las cuales, además de traer consigo crecimiento económico, han hecho posible que la población mundial aumente de manera espectacular y, con ello, que aparezcan problemas de sostenibilidad que amenazan con destruir la salud del planeta.

Por ello, aparece el paradigma del **desarrollo sostenible,** un paso más que implica que las sociedades alcancen el desarrollo económico sin causar desequilibrios ambientales ni sociales.

anayaeducacion.es Consulta la información correspondiente a las metas del objetivo 9.

5.2 Los objetivos mundiales para el desarrollo sostenible

En septiembre de 2015 se celebró la Cumbre para el Desarrollo Sostenible. En ella, los países miembros de la ONU aprobaron un conjunto de 17 Objetivos de Desarrollo Sostenible **(ODS)** para poner fin a la pobreza, luchar contra la desigualdad y la injusticia, y hacer frente al cambio climático. Son los siguientes:

1. Fin de la pobreza.	2. Hambre cero.	3. Salud y bienestar.	4. Educación de calidad.	5. Igualdad de género.	6. Agua limpia y saneamiento.
7. Energía asequible y no contaminante.	8. Trabajo decente y crecimiento económico.	9. Industria, innovación e infraestructura.	10. Reducción de las desigualdades.	11. Ciudades y comunidades sostenibles.	12. Producción y consumo responsables.
13. Acción por el clima.	14. Vida submarina.	15. Vida de ecosistemas terrestres.	16. Paz, justicia e instituciones sólidas.	17. Alianzas para lograr los objetivos.	

Las economías mundiales se enfrentan al reto de desarrollarse sin agredir al medio ambiente. La transición hacia un modelo sostenible no es sencilla y necesitará ajustes en las estructuras sociales y en los mercados de trabajo. Los países deberán instrumentar herramientas que faciliten esta transición y alivien los problemas socioeconómicos que traerán consigo.

Conceptos económicos: desarrollo económico

Diremos que existe desarrollo económico si se dan de manera simultánea dos **condiciones:**

- Un **crecimiento del PIB** (o del PIB per cápita) **continuado en el tiempo:** cada año somos capaces de producir mayor cantidad de bienes y servicios útiles para la sociedad.
- Una **mejora continuada en las condiciones de vida** de los habitantes: mayores tasas de alfabetización y formación, mejoras en la distribución de la renta, aumento de la esperanza de vida al nacer, mejora de la atención sanitaria, etc.

El desarrollo sostenible implica velar por la protección de los parajes naturales como, por ejemplo, en Cabo de Gata (Almería), combinando turismo deportivo y respeto del medio ambiente.

anayaeducacion.es Recuerda que dispones, en tu banco de recursos, de diversos talleres para gestionar tus emociones y de fichas para mejorar tu ciudadanía digital.

ECONOMÍA: PIENSA Y RESPONDE

CUESTIONARIO

Solo una respuesta es correcta:

1. La globalización:
   - Es un fenómeno que ha acercado significativamente a las culturas del mundo.
   - Se caracteriza por tener lugar en un contexto de alza en los costes del transporte.
   - Es un fenómeno plagado de inconvenientes que superan a los beneficios.
   - Ninguna es correcta.
2. El comercio mundial:
   - Ha experimentado una drástica reducción en los últimos treinta años.
   - Ha experimentado un aumento importantísimo en los últimos treinta años.
   - Es, cada vez, menos intenso.
   - Ninguna es correcta.
3. En cuanto al comercio de mercancías:
   - Destacan las exportaciones de productos químicos.
   - Es significativa la volatilidad en las exportaciones de combustibles.
   - Las exportaciones de alimentos se hallan entre las más importantes.
   - Todas son correctas.
4. Un arancel:
   - Es un impuesto a las importaciones.
   - Reduce el bienestar de las empresas nacionales.
   - Beneficia a la población consumidora del país que lo aplica.
   - Todas son correctas.
5. Entre las ventajas del libre comercio:
   - Destaca el establecimiento de aranceles.
   - Cabe citar el desarrollo de la industria nacional sin competencia exterior.
   - Puede señalarse el uso intensivo de las cuotas a la importación.
   - Todas son correctas.
6. Un país:
   - Tendrá ventaja absoluta en la producción de un bien si emplea más horas de trabajo en ella que el resto de países.
   - Tendrá ventaja relativa en la producción de un bien si lo produce más eficientemente que el resto de países.
   - Que tiene ventaja absoluta en la producción de todos los bienes no le interesa comerciar.
   - Ninguna es correcta.
7. Una unión aduanera:
   - Es una zona libre de cambio.
   - Es un mercado común.
   - Es una unión monetaria.
   - Ninguna es correcta.

CUESTIONARIO

8. El marco financiero plurianual:
   - Es el presupuesto anual de la UE.
   - Es la planificación, para un período plurianual, de los ingresos y de los gastos que llevará a cabo la UE.
   - Es un presupuesto que se alimenta, principalmente, de los ingresos recabados por la UE a través de sus aduanas.
   - Todas son correctas.
9. La Unión Monetaria Europea (UME):
   - Implica que los países miembros mantienen su soberanía monetaria.
   - Implica que los países miembros mantienen fijos los tipos de cambio de sus respectivas monedas.
   - Implica la pérdida total de soberanía monetaria de los países miembros.
   - Ninguna es correcta.
10. Bajo una unión monetaria:
    - Los países miembros deben coordinar sus políticas fiscales.
    - Cada país miembro puede implementar su propia política fiscal sin necesidad de coordinación.
    - Existe un tipo de interés para cada estado miembro.
    - Ninguna es correcta.
11. En relación con la unión monetaria europea:
    - Existe la posibilidad de que aparezcan asimetrías.
    - Contribuyen al fomento del comercio entre los Estados miembros.
    - La movilidad del factor trabajo no es muy intensa.
    - Todas son correctas.
12. El desarrollo sostenible:
    - Consiste en alcanzar cotas de bienestar superiores en la economía, a costa del medio ambiente.
    - Implica la coexistencia de crecimiento económico con protección del medio ambiente.
    - Es un paradigma inviable.
    - Ninguna es correcta.
13. Los Objetivos de Desarrollo Sostenible (ODS):
    - Son 17.
    - Están diseñados para los países en desarrollo.
    - Han quedado, en la actualidad, desfasados.
    - Ninguna es correcta.
14. A tu juicio:
    - La desigualdad de la renta es compatible con el desarrollo sostenible.
    - Desarrollo sostenible implica luchar contra la desigualdad de la renta.
    - La economía debe decrecer para preservar el medio ambiente.
    - Ninguna es correcta.

COMPRUEBA TU APRENDIZAJE

1 Justifica si las siguientes afirmaciones son verdaderas o falsas, proponiendo las correcciones oportunas en caso de ser necesario:

a La globalización provoca una reducción en el grado de apertura de las economías de los diferentes países.

b Los países no comercian entre sí, si poseen ventaja absoluta en la producción de los bienes que necesitan.

c Un arancel *ad valorem* es aquel que se aplica en aduana mediante un recargo sobre el precio en forma de una cantidad fija de unidades monetarias.

d El Tratado de Roma abrió las puertas a la unión económica y monetaria de la Unión Europea.

e El marco financiero plurianual contiene únicamente los gastos que la UE espera acometer en sus políticas.

2 Dos países, A y B, producen velas de decoración y lectores de libros electrónicos. Se sabe que:

a El país A necesita emplear 10 horas de trabajo para producir un lector de libro electrónico y 1 hora de trabajo para producir una vela decorativa.

b El país B necesita emplear 18 horas de trabajo para producir un lector de libro electrónico y 3 horas de trabajo para producir una vela decorativa.

¿Existe posibilidad alguna de comercio y que ambos países resulten beneficiados? Demuéstralo. Explica cómo se denomina esta teoría.

3 A continuación, se detalla información relativa a las importaciones y las exportaciones de bienes de la economía española en el trimestre tercero de los años 2019 y 2020, en millones de euros:

a) Exportaciones de bienes, T3-2019: 68 191,8.

b) Importaciones de bienes, T3-2019: 78 925,7.

c) Exportaciones de bienes, T3-2020: 64 299,9.

d) Importaciones de bienes, T3-2020: 67 831,8.

a Calcula el saldo comercial exterior (exportaciones menos importaciones) para cada trimestre.

b ¿Cuál es la variación del saldo?

c Calcula la variación que han sufrido tanto las exportaciones como las importaciones para el período analizado. ¿Cuál ha sido mayor? ¿A qué crees que se debe?

4 Para medir el grado de apertura al exterior de una economía se usa el denominado «coeficiente de apertura» que relaciona la suma de exportaciones e importaciones con el PIB de un país. Calcula el coeficiente de apertura para el tercer trimestre de 2019 y de 2020 en la economía española, usando los datos de la actividad anterior (nota: PIB tercer trimestre de 2019: 311 674 millones de euros; PIB tercer trimestre de 2020: 287 511 millones de euros).

5 Establece las diferencias entre una unión aduanera y un mercado común.

6 El jueves, 23 de junio de 2016, un euro podía comprar 0,777900 libras esterlinas. Días más tarde, tras el resultado del referéndum que obligaba al Reino Unido a avanzar en su desconexión de la Unión Europea, el jueves 30 de junio de 2016, un euro podía comprar 0,833200 libras esterlinas. Años más tarde, el 5 de enero de 2021, con la economía británica completamente desconectada de la Unión Europea, un euro podía comprar 0,902800 libras esterlinas.

Suponiendo que te dedicas a la exportación y que vendes tu producto al Reino Unido a un precio unitario de 23,50 euros, calcula:

a) El precio que pagaría el importador británico por una unidad de tu producto el 23 de junio de 2016.

b) El precio que pagaría el importador británico por una unidad de tu producto el 30 de junio de 2016.

c) El precio que pagaría el importador británico por una unidad de tu producto el 5 de enero de 2021.

¿Qué situación, como exportador, prefieres? ¿Crees que esto mismo ocurriría si el importador fuera francés o alemán? ¿Por qué?

anayaeducacion.es Realiza la autoevaluación interactiva de la unidad.

Un triste acuerdo para el Brexit económico

Enrique Feás 01/01/2021
www.vozpopuli.com

La **Unión Europea** y el **Reino Unido** han firmado un **Acuerdo de Comercio y Cooperación** que marcará el futuro de la relación económica bilateral en los próximos años.

[...] El acuerdo es, sin embargo, de mínimos. Y no porque sea un mal acuerdo comercial, ya que incluye pesca y productos agrícolas (algo realmente infrecuente en acuerdos de libre comercio), además de comercio digital y algunos aspectos secundarios de servicios. Sería un buen acuerdo... si ahora mismo no tuviéramos relación alguna con el Reino Unido. Pero no es el caso: **es un acuerdo de mínimos porque el salto que va desde ser miembro de pleno derecho del mercado único a compartir un régimen preferencial sin aranceles mejorado es un salto de gigante.** Pero hacia atrás.

[...] los principales objetivos de cada uno se han cumplido. [...] No se puede tener todo, y **acordar es siempre ceder parcialmente.** Para el que diga que se ha sacrificado la pesca, aparte del período transitorio hay que recordarle que la alternativa no era el mantenimiento del *statu quo,* sino la pérdida total del acceso a los caladeros británicos (que son suyos) y además a su mercado. Tras un período transitorio de cinco años, desde 2026 el acceso a los caladeros se negociará anualmente. Curiosamente, ese mismo año se renegociará también la continuidad del acceso británico a la red eléctrica europea, de modo que se cabe esperar unas negociaciones entretenidas.

Ahora bien, que nadie piense que un comercio sin aranceles ni cuotas es un gran éxito. [...] cuando un acuerdo de libre comercio habla de «comercio sin aranceles» en realidad está hablando de «comercio sin aranceles de productos considerados originarios de la otra parte según las complejas reglas de origen establecidas en el acuerdo». [...] Por ejemplo, un automóvil eléctrico británico se venderá en Europa sin aranceles **si, y solo si, se garantiza que el 45% del valor añadido es británico o europeo y además si la batería es británica o europea en su totalidad.** Es decir, que un coche fabricado en Inglaterra pero con batería china estará sujeto a aranceles. [...] Ahora entienden mejor por qué Theresa May quería una unión aduanera con la UE: en ese caso no habría sido necesario comprobar el origen de algo que entra por la frontera británica.

[...] Tiempo habrá de entrar en más detalles sobre las **consecuencias.** Conviene destacar que el Reino Unido tan solo ha decidido participar en unos pocos programas europeos tecnológicos (Horizon EU, Euratom Research, ITER, Copernicus o SST), pero se ha salido de los demás, incluido el Erasmus (pese a que Boris Johnson prometió –ejem– garantizarlo). La excusa del Erasmus ha sido que era muy caro, pero **todo hace pensar que han decidido reemplazarlo por el suyo propio por un motivo muy claro: funcionaba, es decir, promovía el europeísmo entre los jóvenes** (recordemos que tres de cada cuatro jóvenes entre 18 y 24 años votaron en contra del Brexit).

Lo verdaderamente bueno del acuerdo, en cualquier caso, es que, de aprobarse finalmente [...], mantendrá **abierto el canal de negociación eurobritánico.** Es decir, da pie a seguir profundizando en la relación.

CUESTIONES

1 **Pienso, me interesa, investigo...** Explica con tus propias palabras por qué el acuerdo para el Brexit económico entre la UE y el Reino Unido es un acuerdo de mínimos.

2 ¿Qué particularidades tiene el comercio sin aranceles acordado?

3 ¿Crees que existe margen de mejora?

anayaeducacion.es Consulta en «Revista Digital» noticias sobre emprendimiento.

Suma Piezas es un proyecto educativo de Anaya para Educación Secundaria.

En la realización de esta obra han intervenido:

EDICIÓN: Miguel Ángel Muñoz Sanjuán.

DISEÑO Y GRÁFICOS: Patricia G. Serrano, Juan Carlos Quignon.

ILUSTRACIÓN: Rubén González García.

MAQUETACIÓN: Aurora Martín.

CORRECCIÓN: Sergio Borbolla.

EDICIÓN GRÁFICA: Rocío Álvarez.

FOTOGRAFÍA: **Archivo Anaya** (Cosano, P.; Martín, J. A.; Peñuela Py, E.), 123RF y colaboradores, **Dreamstime/Quick Images** (Filippo Romeo, Konstik, Monikabaumbach, Roman Romaniuk), **Getty Images** (d3sign/moment), **iStock/ Getty images** (1933bkk, Alberto Pardo Gomez, AndreyPopov, appledesign, artursphoto, bitterfly, bluejayphoto, DarthArt, Dmytro Varavin, Dragonimages, eternalcreative, fizkes, GeorgeRudy, gintas77, jacoblund, Khongtham, Kirill Smyslov, kunchainub, LightFieldStudios, Lux Blue, metamorworks, nightman1965, nevoskaru, NiseriN, piovesempre, SeventyFour, shironosov, smshoot, sutlafk, TanawatPontchour, Traimak_ Ivan, wastesoul).

ORIENTACIÓN ACADÉMICA Y PROFESIONAL: elaborada con el asesoramiento de la Fundación Bertelsmann.

COMPROMISO ODS

Nuestras publicaciones mantienen el rigor en el uso y en la selección de los contenidos, en las imágenes y en el lenguaje, para cumplir con la **no discriminación** por razón de género, cultura u opinión.

Grupo Anaya considera la **responsabilidad social** y **medioambiental** uno de sus valores fundamentales. Por ello, se compromete a:

- mejorar nuestros resultados en materia de medio ambiente,
- reducir nuestras emisiones de carbono,
- hacer uso de los recursos naturales de manera responsable y
- eliminar cualquier impacto negativo de nuestra actividad en los bosques en peligro.

Dichos compromisos, entre otros, hacen que **el 100 % del papel utilizado** en nuestros libros tenga el sello **PEFC.**

Importante:

Las **actividades** propuestas en este libro deben ser realizadas en cuadernos u hojas sueltas; nunca en el propio libro.

Los **enlaces** a las páginas web que aparecen en este libro han sido revisados en la fecha de su impresión. La editorial no se hace responsable de las modificaciones o las anulaciones que se produzcan en ellos con posterioridad a dicha fecha.

ISBN: 978-84-698-8405-8 - Depósito Legal: M-2828-2021 - Printed in Spain.

ET040596/1E1I - 8450065